Datenverarbeitung in der praktischen Bewährung

in privaten und öffentlichen Betrieben

Herausgegeben
von
Prof. Dr. Jörg Biethahn
und
Prof. Dr. Dr. Erich Staudt

R. Oldenbourg Verlag München Wien

Inhaltsverzeichnis

CIP-Kurztitelaufnahme der Deutschen Bilbiothek

Datenverarbeitung in der praktischen Bewährung in privaten und öffentlichen Betrieben / hrsg.
von Jörg Biethahn u. Erich Staudt. – München ;
Wien : Oldenbourg, 1984.
ISBN 3-486-28131-3

NE: Biethahn, Jörg [Hrsg.]

Gesamtherstellung: R. Oldenbourg Graphische Betriebe GmbH, München

ISBN 3-486-28131-3

Vorwort

Seit über 40 Jahren gibt es EDV und seit über 20 Jahren Datenverarbeitung in der Wirtschaft. Die Datenverarbeitung hat inzwischen auf fast jeden Betrieb Einfluß genommen. Es gibt kaum noch Bereiche, die von der EDV „verschont" geblieben sind. Selbst in die privaten Haushalte, die bisher nur mittelbar Kontakt mit der EDV über die Banken bei der Kontoführung und staatliche Stellen wie z.B. Finanzämter hatten, wird sie demnächst über den Bildschirmtext unmittelbar eindringen. Dieser Vormarsch der EDV wird häufig als Ursache des Fortschritts der Nachkriegszeit bezeichnet. Ohne die EDV wäre man heute kaum in der Lage, die Großbetriebe zu führen. Die Banken könnten ohne EDV ihren Service kaum aufrecht erhalten. Der Staat wäre kaum in der Lage, in akzeptabler Zeit seine Steuern einzutreiben. Selbst im Gesundheitswesen kann man nicht mehr auf sie verzichten. Die EDV ist dank der Fähigkeit, große Datenmengen in kürzester Zeit zuverlässig auszuwerten, aus dem Wirtschaftsleben nicht mehr wegzudenken.

Doch diese Fähigkeit der EDV scheint auch ein Nachteil zu sein. Viele Menschen fürchten die EDV, da sie die Arbeitsweise nicht durchschauen. Sie erkennen nicht, daß die Anlage „nur" vorhandene Daten auswertet und nicht im eigentlichen Sinne intelligent ist. Sie sehen z.B. nur die Mengen an schnell über Personen gewonnenen Daten und meinen George Orwell's „1984" ist nicht mehr fern. Andere fürchten, daß durch den Einsatz der EDV immer mehr Arbeitsplätze wegrationalisiert werden und die EDV als preiswerterer und zuverlässigerer, ausdauernderer Konkurrent anzusehen ist.

Schließlich sehen viele EDV-Eingeweihte in der EDV dank der Möglickeit große Mengen an Daten zu speichern, diese mit den Daten anderer entfernt stehender Anlagen zu kombinieren und alle zusammen nach unterschiedlichen Gesichtspunkten auswerten zu können die Gefahr, daß man diese Fähigkeiten auf personenbezogene Daten anwenden könnte und daß dann Orwell's „1984" tatsächlich nicht fern ist.

In Anbetracht dieser gegensätzlichen Standpunkte beschlossen wir, im WS 82/83 ein Seminar durchzuführen, in dem wir mit der Unterstützung namhafter Vertreter aus dem privatwirtschaftlichen und aus dem öffentlichen Bereich zu zeigen versuchten, wie sehr sich der Einsatz der Datenverarbeitung bewährt hat und wo die tatsächlichen Gefahren der Anwendung bestehen.

Nach einem einführenden Beitrag über den Stand der Datenverarbeitung und der daraus resultierenden Perspektiven wird zunächst auf den Produktionsbereich eingegangen. Hier wird anhand des Einsatzes der Datenverarbeitung in der Stahlindustrie – als einer der kapitalintensivsten Industrien – von Herrn Wissel gezeigt, wie die verschiedensten Datenverarbeitungsanlagen, die auch durchaus dezentral verteilt installiert sein können, innerhalb eines gemeinsamen Rechnernetzes zentral gesteuert zusammenwirken.

Der Produktionsbereich großer Betriebe war bisher Tummelplatz von Rationalisierungsmaßnahmen, die auf mathematischen Methoden aufbauten und über die EDV durchgeführt wurden. Anhand einer Studie in einem mittelständischen Fertigungsbetrieb wird von Herrn G. Meier deshalb in einem zweiten Beitrag verdeutlicht, daß auch hier eine deckungsbeitragsoptimierende Produktions- und Vertriebsplanung durchgeführt werden kann und daß dabei auch Probleme entstehen können.

Anschließend wird der Einsatz der DV und der Mikroelektronik im Produktionsbereich aus dem Blickwinkel eines Vertreters der Bundesanstalt für Arbeit als Vermittler von Arbeitskräften, Herrn W. Dostal, und der Gewerkschaft als Schützer der Arbeitsplätze, Herrn U. Klotz, betrachtet.

Der zweite Schwerpunkt dient dem privaten Dienstleistungsbereich. Zunächst werden hier die neuen Technologien und deren Auswirkungen auf den Arbeitsplatz untersucht, bevor bewährte Lösungen aus dem Bereich der Banken und des Marketing vorgestellt werden. Der Bereich des Marketing wurde deshalb ausgewählt, weil man hier versucht, Daten über die Bedürfnisse und das Verhalten der Konsumenten auszuwerten, die im Grunde personenbezogene Daten sind. Wie diese Daten erhoben werden und wie sichergestellt wird, daß dabei die Intimsphäre von Individuen nicht verletzt wird, zeigt E. Cabus.

Durch die Banken bekommt der Privatmann den häufigsten Kontakt zur EDV. Deshalb zeigt hier Herr Richter, wie eine zukünftige Datenverarbeitung aussehen kann und wie diese dank des Bildschirmtextes zur Datenverarbeitung vom heimischen Bildschirm führen kann.

In diesem Beitrag zum privaten Dienstleistungsbereich wird auch deutlich, daß der Einsatz bei weitem nicht immer mit Arbeitsplatzvernichtung verbunden ist. Gerade in diesem Bereich kann gezeigt werden, wie mit Hilfe neuester Technologien der Konsument in die Datenverarbeitung einbezogen wird.

Im 3. Kapitel wird auf zwei Bereiche der öffentlichen Dienstleistungen eingegangen: H.-R. Haacke zeigt anhand der Finanzverwaltung des Landes Nordrhein-Westfalen, daß auch der Staat ohne Datenverarbeitung heute nicht mehr auskommt. Das Beispiel der kommunalen Datenverarbeitung der Stadt Duisburg zeigt, daß es dank des Einsatzes weniger Personen möglich ist, derart beispielhafte Lösungen zu finden, daß andere Städte diese inzwischen kopieren. In dem von Herrn Prinz vorgestellten Konzept wird eine integrierte Lösung auf der Basis eines Rechnerverbundsystems vorgestellt.

Im abschließenden Beitrag zum Recht des Bürgers auf Datenschutz wird der in den ersten Kapiteln zum Teil erzeugte positive Eindruck ein wenig gedämpft. Frau Dr. Leuze zeigt an Beispielen, wie und wo personenbezogene Daten verarbeitet werden und was mit Hilfe der Datenverarbeitung entstehen kann, wenn man das im Grundgesetz verankerte Recht des Bürgers auf Schutz seiner Daten mißachtet.

Unser abschließender Eindruck nach dem Seminar läßt sich in folgendem Satz zusammenfassen:

Die Datenverarbeitung hat sich bewährt und wird sich weiter bewähren, wenn jeder aufgeschlossen die Anwendung der Datenverarbeitung verfolgt und auf diese Art die Gefahren schon in den Ansätzen zu verhindern weiß.

Die hier veröffentlichten Beiträge stellen somit eine Grundlage dar, die an der Universität Duisburg in die Veranstaltungen „Aufbau von Informationssystemen", „Gesellschaftliche Auswirkungen der Datenverarbeitung" Eingang finden wird. Sie werden aber sicher auch jedem aus Wirtschaft und Verwaltung wesentliche Anregungen bieten.

Den Autoren, die mit ihren Beiträgen zum erfolgreichen Bearbeiten des von uns gestellten Themas beitrugen, gilt unser besonderer Dank. Dank sagen möchten wir aber auch den Teilnehmern am Seminar aus Hochschule und Praxis, die mit ihren Wortmeldungen, die leider nicht abgedruckt werden konnten, zum Gelingen beigetragen haben. Dank gebührt auch Frau B. Kirchhoff für ihre Mithilfe bei der Koordination der Vorträge und Manuskripte und Herrn J. Oldenbourg vom Oldenbourg-Verlag, der in gewohnter Weise für eine zügige Bearbeitung dieses Buches gesorgt hat.

Duisburg, im November 1983

Jörg Biethahn
Erich Staudt

Entwicklung der Datenverarbeitung
Perspektiven der Datenverarbeitung

Prof. Dr. J. Biethahn

1. Einführung
2. Technologie
3. Instrumente für den Einsatz der EDV (Software)
4. Anwendungen der Datenverarbeitung
5. Anwender von EDV
6. Konsequenzen und Perspektiven

1. Einführung

Die Datenverarbeitung[1] hat sich in den letzten 30 Jahren in fast allen Bereichen der Wirtschaft, der Industrie, der Verwaltung und der Wissenschaft durchgesetzt. Insofern ist sie eine wesentliche Komponente der allgemeinen Informationsverarbeitung. Außerdem bietet sie die Möglichkeit der systematischen Informationsverarbeitung[2], die für die Vorbereitung ökonomischer Entscheidungsprozesse heute nahezu unerläßlich ist.

Nach einer Studie der Stanford University verdoppelte sich das Wissen von 1800 bis 1900. Die jeweils nächsten Verdoppelungen traten 1950, 1960 und 1966 ein (vgl. Abb. 1).

Die Menge des Wissens nimmt also derart rapide zu, daß man unbedingt Hilfsmittel zur Informationsbewältigung benötigt um auch nur auf dem laufenden zu bleiben. Vergegenwärtigt man sich, welche Mengen an Büchern und Zeitschriften jährlich neu erscheinen, so wird dadurch die Aussage der Studie noch verstärkt.

Die Vermutung liegt daher nahe, daß unser heutiger Lebensstandard und unser ständiger Fortschritt ohne automatisierte Datenverarbeitung, also ohne die Datenverarbeitung mit elektronischen Datenverarbeitungsanlagen (oder ohne den Computer), nicht erreicht worden wären. Es ist offensichtlich, daß auch unsere zukünftige Wettbewerbsfähigkeit wesentlich vom richtigen Einsatz der computerunterstützten Datenverarbeitung, die im folgenden kurz EDV genannt wird,

---

[1] Unter „Datenverarbeitung" soll im folgenden die Verarbeitung, die Auswahl und die Aufbereitung der aus Informationen gewonnenen Daten mit elektronischen Datenverarbeitungsanlagen verstanden werden.

[2] Die ebenfalls gegebene Möglichkeit der vollständigen Informationsverarbeitung wird bis heute kaum genutzt, da sie wirtschaftlich sehr selten vertretbar ist.

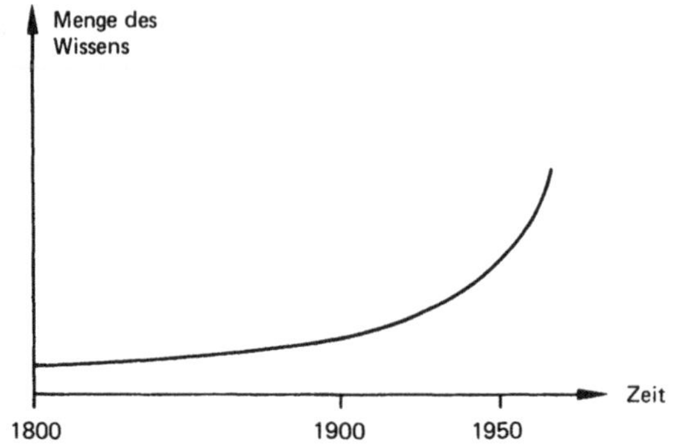

Abb. 1 Wissensentwicklung

abhängt. Durch die EDV wurden Möglichkeiten eröffnet, auf die heute wohl kaum noch jemand zu verzichten bereit wäre.

Doch trotz oder vielleicht gerade wegen ihres Erfolges ist die EDV in der öffentlichen Meinung nicht unumstritten. Viele Menschen sehen in ihr den mächtigen „großen Bruder" aus George Orwell's „1984". Andere halten sie für den Bereich, der die hohe Arbeitslosigkeit „auf dem Gewissen" hat, und der weitere Arbeitsplätze fordern wird.

Im folgenden soll anhand der Geschichte der Datenverarbeitung untersucht werden, inwieweit diese Meinungen berechtigt sein könnten, und es soll außerdem dargestellt werden, wie sich die EDV voraussichtlich weiter entwickeln wird.

Bei den meisten Diskussionen um die Trends in der EDV wird nur auf Möglichkeiten der technischen Konzeption von EDV-Anlagen eingegangen. Daß diese aber nur **ein** Fundament für die **Datenverarbeitung** ist, wird dabei leicht übersehen[3]. Man hält sich gerne an den faszinierenden, relativ allgemein verständlichen Ergebnissen wie Speicherkapazitäten und Verarbeitungsgeschwindigkeiten fest, die aber **nur** Basis für spezielle Anwendungen wie z.B. im Bereich der Wirtschaft, der Computergrafik oder der Medizin sein können. Diese Anwendungsseite wird jedoch meist nicht öffentlich diskutiert. Deshalb werden wir versuchen, beide Seiten in diesem und den folgenden Beiträgen zu durchleuchten. In dieser Einführung wird nacheinander auf folgende Teilaspekte eingegangen:

Technologie der EDV (Hardware)

Instrumente und Methoden für den
Einsatz der EDV (Software)

Anwendung der EDV

Anwender der EDV („Der Mensch und die EDV")

---

[3] Dieses ist insbesondere deshalb bedauerlich, weil die Kosten der Hardware im allgemeinen weniger als 1/5 der gesamten Kosten der EDV ausmachen.

Diese aufeinander aufbauenden Teilaspekte und insbesondere die möglichen Gefahren, die mit der Anwendung der EDV verbunden sind, werden in dem abschließenden Abschnitt

„Perspektiven der EDV"

wieder aufgenommen. Natürlich kann im Rahmen dieses einführenden Beitrages nicht auf Details der vielen unterschiedlichen EDV-Anwendungen, die sich im praktischen Einsatz bewährt haben, eingegangen werden[4].

2. Technologie

Schon früh bemühte man sich, schnell und fehlerfrei zu rechnen. So wurde schon vor Christi Geburt das „Rechenbrett" erfunden, eine Rechenmaschine, auf der man durch Verschieben von Kugeln die Ergebnisse von Subtraktionen und Additionen ablesen kann. Das Prinzip der „Rechenuhr" oder des mechanischen Rechners[5], deren wichtigste Bausteine Zahnräder waren, geht auf Schickard (1623) zurück. Verfeinerungen hierzu entwickelten Pascal, Leibniz und Babbage.

Damit war es möglich, relativ einfach zu addieren und zu subtrahieren. Jedoch war eine automatische Programmsteuerung, d.h. der kontrollierte Ablauf mehrerer einzelner aufeinanderfolgender Aktionen, nicht möglich. Beispiele für Programmsteuerungen findet man aber schon im Altertum, u.a. beim automatischen Türöffner am Tempel von Alexandria, der um 62 n. Chr. von Heron entwickelt wurde (vgl. Abb. 2).

Der erste für die Informationsverarbeitung wesentliche Automat der neueren Geschichte, der in der Lage war, unterschiedliche Folgen an Befehlen abzuarbeiten, war die Z 3, die 1941 von Konrad Zuse auf der Basis der Relais-Technik entwickelt wurde. Auf dieser Anlage war neben den vier Grundrechenarten sogar das Wurzelziehen möglich.

1944 bzw. 1946 wurden in den USA die MARK I und der ENIAC, der erste elektronische Rechner, entwickelt. In der ENIAC-Anlage befanden sich u.a. 18.000 Röhren und 1.500 Relais, und sie benötigte 150 kW Leistung (die meiste für die Kühlung).

Die bis zu diesem Zeitpunkt entwickelten Rechner arbeiteten mit externen Programmen, die auf Lochstreifen oder Schalttafeln dargestellt wurden. Durch

[4] Neuere zukunftsweisende Anwendungen werden in den folgenden Beiträgen behandelt. Den Versuch einer Würdigung der bisherigen Anwendungen im Rahmen dieses Beitrages findet man in den Abschnitten 3 und 4.

[5] Derartige Rechner arbeiten nach dem Prinzip des „Kilometerzählers"

Abb. 2 Der automatische Türöffner von Heron[6]

diese Grundphilosophie waren Wiederholungen von gleichartigen Befehlsfolgen[7] nur mit manuellem Eingriff möglich.

Erst John v. Neumann verhalf dem Computereinsatz durch die Erkenntnis zum Durchbruch, daß Programme neben den Daten wie Daten abgespeichert werden müssen. Dann können durch spezielle Befehle im Programm – die bedingten Sprungbefehle – Befehlsfolgen ohne manuellen Eingriff wiederholt werden. Damit könnte in dem in Fußnote 1 genannten Beispiel folgender Befehlsablauf realisiert werden:

1. Führe die Lohnabrechnung für die nächste Person aus.
2. Falls die bearbeitete Person nicht die 200. Person war, kehre zur 1. Anweisung zurück.
3. Wenn die 200. Person bearbeitet worden ist, beende das Programm.

Damit waren die Komponenten moderner EDV-Anlagen festgelegt:

(1) Der Prozessor, der für die Ausführung der einzelnen Anweisungen sorgt und den Programmablauf überwacht,
(2) der Speicher zur Aufnahme von Programmen und Daten,
(3) die Ein- und Ausgabeeinheiten.

[6] W. Schmid, „Heron von Alexandria, Druckwerke und Automatentheater", B. G. Teubner, Leipzig, 1899, Stuttgart

[7] Ein Beispiel für sich wiederholende Befehlsfolgen ist die Lohnabrechnung für eine bestimmte Anzahl Personen, z.B. 200. Hier müssen 200mal dieselben Befehlsabläufe ausgeführt werden.

Innerhalb dieser drei Bereiche spielt sich auch heute noch der Wettbewerb der verschiedenen EDV-Anbieter ab.

Der Verwendung von Relais, Röhren und Transistoren als Hauptbauteile der EDV-Anlagen folgte ab 1960 das „Silizium-Zeitalter“[8]. Silizium ist das Grundmaterial, aus dem Chips (Siliziumkristallscheiben von ca. 5×5 mm Größe) hergestellt werden, die Träger miniaturisierter Schaltkreise sind.

Durch diese neue Technologie konnte das Preis-/Leistungsverhältnis um den Faktor 1.000 verbessert werden, denn die Chips können aufgrund der Reinheit des Materials immer kleiner produziert werden. Diese Miniaturisierung erlaubt es, die Wege der Signale kürzer zu halten und so größere Geschwindigkeiten zu erreichen. Hier sind weitere Steigerungen möglich und sogar wahrscheinlich, wenn auch in beschränkterem Maße als bisher, da durch die Lichtgeschwindigkeit und z.T. auch durch bestimmte Materialeigenschaften Grenzen gesetzt sind.

Zur Zeit können auf bestimmten Chips bis zu $2^{15} = 32.768$ Buchstaben, bzw. der Text von ca. 15 Schreibmaschinenseiten, gespeichert werden. Prognosen besagen, daß bis zum Jahre 1990 auf einem Chip ca. 130.000 Buchstaben aufgenommen werden können, und im Jahre 2000 sollen, unter Berücksichtigung der Supraleit-Technologie nach Josephson, 2 Millionen Buchstaben oder knapp 1.000 Seiten Schreibmaschinentext auf einem Chip Platz finden können.

Die Schaltzeiten sind ebenfalls beeindruckend schneller geworden. Während heute schon Zeiten von mehr als 10 Millionen Instruktionen pro Sekunde (MIPS) erreicht werden können, erwartet man von der Josephson-Technologie noch Steigerungen um fast den Faktor 1.000. Weitere Beschleunigungen könnten durch den Übergang von elektromagnetischen zu optischen Schaltelementen[9] auftreten.

Neben den Speicherchips werden auch Prozessorchips hergestellt, die in der Lage sind, die gesamten Funktionen einer Großrechenanlage der ersten Generation aufzunehmen. Da auch hier die Produktion relativ billig ist, vorausgesetzt sie erfolgt in entsprechender Stückzahl, wird versucht, den eigentlichen Prozessor von Aufgaben wie Datentransport von und nach langsameren Ein- und Ausgabeeinheiten zu entlasten und diese speziellen – hierfür entwickelten – Prozessoren zu übertragen. Dadurch kann sich der (Haupt-)Prozessor anderen Aufgaben, z.B. in anderen Programmen, zuwenden[10]. Durch die Verwendung mehrerer Prozessoren, z.T. mit unterschiedlichen Funktionen, versucht man also, weitere Leistungssteigerungen zu erreichen.

Hält man sich die in der Einführung genannten Mengen an zu bearbeitenden Informationen vor Augen, so wird deutlich, daß die Speicher auf der Basis der Si-

---

[8] nach Ganzhorn, K., Industrielle Innovation und Informationstechnik, in: IBM-Nachrichten Nr. 260, 6/82, Seite 21-27, hier Seite 22

[9] Vgl.: R. Seidel, Entwicklungstendenzen in der Datenverarbeitung, in: Wirtschaftsinformatik III, hrsg. von H. D. Plötzeneder, Seite 153-180

[10] Derartige Prozessoren können aber auch – mit festen Programmen ausgerüstet – die Steuerung von Werkzeugmaschinen oder ganzen Produktionsanlagen übernehmen.

lizium-Technologie trotz der mehrfach erwähnten kostengünstigen Produktionsmöglichkeiten noch zu teuer sind. Außerdem ist eine Datensicherheit gegen Stromausfall auf diesen Speichern nicht gegeben. Deshalb wählt man weitere Speichermedien für die externe Speicherung, die ebenfalls geeignet sind, Informationen zwischenzuspeichern, so daß diese erneut eingelesen werden können, ohne von Menschen ein zweites Mal eingegeben werden zu müssen, und die sicherer sind. Derartige periphere Speicher sind:

(1) bei mittleren und großen Anlagen:
- Magnettrommel
- Magnetplatte
- Magnetdiskette
- Magnetband
- Massenspeicher

(2) bei kleinen Anlagen
- Magnetplatte
- Magnetdiskette
- Magnetkassette

Die Magnettrommel ist heute schon fast verdrängt worden. Als weiteres peripheres Speichermedium bei mittleren und großen Anlagen wird sich in der nächsten Zeit eventuell der Magnetblasenspeicher ausbreiten, der zur Zeit auf einem Chip bis zu 1.2 Millionen Buchstaben aufnehmen kann und von dem man annimmt, daß seine Kapazität demnächst um das 25fache wachsen wird. Das würde bedeuten, daß dieser Chip in der Lage wäre, den Inhalt eines Bücherstapels von ca. 1,5 m Höhe aufzunehmen. Die Zugriffszeiten würden dabei im Bereich von 1 bis 5 Millisekunden liegen, während sie bei den übrigen peripheren Medien, die Informationen durch die Magnetisierung einer dünnen Magnetschicht speichern, um etwa den Faktor 20 bis 100 schlechter sind.

Bei Magnetplatten ist eine Vergrößerung des Speichervolumens durch engere Beschreibung möglich. Schon jetzt sind Plattentürme auf dem Markt, die 1.9 Milliarden Buchstaben bzw. die Informationen eines Bücherstapels von mehr als 30 m Höhe, aufnehmen können.

Im Bereich der Ein- und Ausgabe bemüht man sich ebenfalls um schnellere bzw. preiswertere Techniken. Den meisten Ein- und Ausgabeeinheiten sind durch die mechanischen Elemente Grenzen gesetzt, neue Lösungen sind aber auf dem Gebiet der Holographie in Sicht. Eine Beschleunigung auf der Basis der Mechanik könnte im wesentlichen durch Parallelisierung erreicht werden, allerdings scheint hierfür wenig Bedarf zu bestehen. Man bemüht sich heute eher, im Dialog nur die Datenmengen an Ausgabe (z.B. Papier) zu erzeugen, die als Information zu einem Zeitpunkt wirklich gebraucht wird.

Es ist anzunehmen, daß die Peripherie um eine weitere Gruppe von Prozessoren ergänzt wird, die Daten, evt. in transformierter Form, an andere Rechner oder sonstige informationsverarbeitende Anlagen weitergeben. Um diesen Gedankengang nachzuvollziehen, sollte man sich vergegenwärtigen, daß sich auch die Art der speicherfähigen Informationen im Laufe der Zeit geändert hat. War z.B. in den Anfängen der EDV die kleinste zu speichernde Einheit, also der Inhalt eines Speicherplatzes, ein binärer Wert, so wurde es später möglich, auf einem Speicherplatz einen Buchstaben oder eine Zahl unterzubringen. In absehbarer Zeit könnte ein Speicherplatz eventuell ein Farbbild oder einen in einer bestimmten Stimmlage gesprochenen Text aufnehmen.

Die oben erwähnten Prozessoren werden dann die Aufgabe haben, Informationen für jeden Verwendungszweck aufzubereiten und an andere, für die Weiterverarbeitung geeignete Rechner, zu schicken. Derartige Systeme findet man schon heute, beispielsweise in der Druckindustrie.

Generelle Lösungen sind von der Hardwareseite her für fast jeden Problembereich möglich. Doch die Software kann hier noch nicht mithalten. Die Zukunft liegt also im Bereich der betrieblichen und überbetrieblichen Rechnernetze. Einige Netze werden bereits betrieben, z.B. mit Hilfe der Deutschen Bundespost[11].

Die Beteiligung jedes einzelnen an einem derartigen Rechnernetz steht unmittelbar bevor, wenn man an den Bildschirmtext und seine Erweiterungen denkt (ab 9/1983). Mit einer Zusatzeinrichtung zur Datenübertragung durch das Telefonnetz ist man z.B. in der Lage, seine Bankgeschäfte vom heimischen Fernseher aus zu tätigen[12].

Erfolgreich verwendete Netze zur Inhouse-Kommunikation, die jeweils wieder mit anderen Netzen gekoppelt werden können, findet man bereits in vielen großen Unternehmen[13]. Hier sind von der Hardwareseite her kaum Grenzen erkennbar.

3. Instrumente für den Einsatz der EDV (Software)

Die Möglichkeiten des Einsatzes von EDV-Anlagen scheinen vielversprechend zu sein, wenn man nur die technische Seite, also die Hardware, berücksichtigt. Doch der Weg bis zur problemlosen Anwendung ist dornenreich, denn ohne Programme ist eine EDV-Anlage funktionsunfähig. Genauer gesagt muß für jeden Anwendungszweck mindestens ein Programm entwickelt werden.

In der Anfangsphase der EDV mußten solche Programme in Bits, d.h. in Kombinationen von 0/1-Informationen, dargestellt werden. Die Eingabemedien waren Lochkarten oder Lochstreifen, auf denen die nicht vorhandene Lochung die 0 darstellte, eine Lochung also die 1 bedeutete. Für jeden Standardbefehl, z.B. „Addiere eine Zahl zu einer anderen" oder „Hole eine Zahl aus dem 2057. Speicherplatz", gab es eine eigene Bitkombination, z.B.

---

[11] Vgl.: Elias, D., Das Dienstleistungsangebot der Deutschen Bundespost für Datenverkehr, in: Informatik – Spektrum 4, 1981, Seite 3-10

[12] Vgl. z.B. auch Kapitel III.2

[13] Vgl. z.B. auch Kapitel II.1.

„0010010010010000001001", die auch noch von Anlage zu Anlage unterschiedlich war. Es gab also bereits in der Anfangszeit ein babylonisches Programmiersprachenwirrwarr.

Der Effekt war, daß ein EDV-Benutzer, der seine Anlage wechseln wollte, alle Programme neu schreiben lassen mußte. Dies konnten aber nur EDV-Spezialisten, deren Tätigkeit für den Auftraggeber nicht nachvollziehbar waren, da sie sich häufig bemühten, unübersichtlich und unstrukturiert zu programmieren. Dadurch geriet der Auftraggeber in Abhängigkeit von seinen Programmierern.

Die Unzufriedenheit darüber, daß ein Programm für eine bestimmte Anwendung für jeden Rechner neu geschrieben werden mußte, führte zu der Forderung nach anlagenunabhängigen, problemorientierten Sprachen. Mit Hilfe dieser Sprachen sollte es ermöglicht werden, ein Problem einmalig in einer für alle Rechner „verständlichen", einheitlichen Sprache zu formulieren, die zudem für den Programmierer leichter nachvollziehbar war als eine der Maschinensprachen und von der sich die Auftraggeber erhofften, die Programmierer entmachten zu können. Jeder Produzent von EDV-Anlagen mußte nun, sofern er sich am Markt beteiligen wollte, Programme mit den Anlagen anbieten, die die Befehle der problemorientierten Sprachen in Befehle der spezifischen Maschinensprache transformierten. Auf diese Art wurde das Sprachwirrwarr für den Anwender zunächst fast wieder transparent, denn im wesentlichen waren es die beiden problemorientierten Sprachen COBOL und FORTRAN, die zur Verfügung standen.

Mit dem Übergang auf die problemorientierten Sprachen wurde der Hersteller also gleichzeitig Programmlieferant für die Übersetzungsprogramme. Zusätzlich versuchte er immer mehr, neben Hardware und Übersetzern andere Programme und Dienstleistungen zu verkaufen. So wurden von den Herstellern z.B. Programme zur Daten- und Programmverwaltung entwickelt und angeboten. Diese Programme, die von jedem, der an der EDV-Anlage arbeitet, genutzt werden können, werden als Systemprogramme bezeichnet.

Die Aufrechterhaltung einer Programmierabteilung ist für ein Unternehmen sehr teuer. Aus diesem Grund fanden auch Programme, die Speziallösungen darstellten, also Programme von Anwendern für andere Anwender, einen guten Absatzmarkt. An diesem Markt beteiligten sich neben den Herstellern bald auch sogenannte „Software-Häuser"[14].

Als Folge der Forderung der Anwender nach problemorientierten Sprachen entstanden für jeden Problembereich unterschiedliche Progammiersprachen mit unterschiedlichem Sprachumfang (es gibt mehr als 1.000 problemabhängige Programmiersprachen oder Progammgeneratoren). Diese neuen Sprachen waren z.T. auch wieder anlagenabhängig. So entstand aus der zunächst angestrebten

---

[14] Neben dem Hardwaremarkt entwickelte sich, da hierfür meist nur „Know-How" erforderlich ist (wenig kapitalintensiv), schnell ein Markt für kleinere Software – Unternehmen, die sich z.T. problemabhängig und z.T. anlagenabhängig spezialisierten und dem Computeranbieter Konkurrenz machten. Z.Z. gibt es in Deutschland bereits mehrere Tausend Software-Anbieter, von denen viele nur sehr kurzlebig sind.

Transparenz wieder ein völlig intransparenter Bereich. Diese Intransparenz hatte auch Auswirkungen in den Anwenderunternehmen, denn kaum jemand war noch in der Lage, den Überblick über die EDV-Anwendungen und die dafür notwendigen Daten zu behalten.

Ein Versuch, sich aus diesem Dilemma zu befreien, bestand in der Entwicklung der strukturierten Programmierung in Verbindung mit dem Einsatz von Datenbanksystemen. Unternehmen, die diesem Schritt folgten, waren danach wenigstens in der Lage zu verstehen, in welcher Form ihre Daten verarbeitet wurden und welche Qualität die daraus resultierenden Ergebnisse hatten[15].

Die Intransparenz auf dem Software-Markt blieb selbst für EDV-Spezialisten aufgrund der großen Anzahl der angewandten Sprachen und der vielfältigen „maßgeschneiderten" Problemlösungen, die von den Software-Häusern angeboten wurden, nach wie vor bestehen. Diese Entwicklung hat sich bis heute fortgesetzt, so daß es immer noch äußerst schwierig ist, unterschiedliche Anwendungsprogramme für eine Problemlösung miteinander zu vergleichen.

Allerdings sind heute für viele Anwendungsbereiche, die in fast jeder Unternehmung vorkommen, gute Lösungen auf dem Markt, so z.B. für die Finanzbuchhaltung, die Lagerbestandsführung und die Textverarbeitung. Außerdem gibt es Programmsysteme, die in der Lage waren, ganze Industriebereiche zu revolutionieren. Dies geschah z.B. in der Druckindustrie über Programme, die die Herstellung von Farbbildern vereinfachten. Bilder werden durch einen Scanner nach Farben abgetastet, die Werte der Farbkomponenten und ihre Koordinaten werden als Zahlen gespeichert, und die derart aufbereiteten Bilder lassen sich problemlos vergrößern, verkleinern oder mit anderen Bildern und Texten verbinden.

Allen diesen Ansätzen fehlt jedoch eine gemeinsame Basis, ohne die es nicht möglich ist, Lösungen aus unterschiedlichen Problembereichen miteinander zu verbinden. Dies trifft ebenfalls auf die verschiedenen Datenbankkonzepte zu. Hier scheint der Trend drei grobe Richtungen anzuzeigen:

1. Die „Klassischen" Datenbanksysteme in den einzelnen Unternehmen, in denen für jeden Verwendungszweck Datenbanken definiert und mit den zugehörigen Programmen ausgestattet werden.
2. Unternehmensunabhängige Datenbanksysteme für spezielle Zwecke, an die sich verschiedene Anwender über Rechnernetze anschließen können, z.B. das gemeinsame Buchungssystem von Bundesbahn, Reisebüros, Fluggesellschaften u.a.
3. Informationsbanken, von denen jeder Benutzer z.B. über Fernseher und Telefon Informationen abfragen kann (Bildschirmtext).

---

[15] Dieses Verständnis beschränkte sich i.a. nur auf die formalen Aspekte der Datenkommunikation, und mehr ist meist auch für den Endbenutzer nicht erforderlich, sofern die Programme zufriedenstellend arbeiten.

Es muß noch einmal betont werden, daß trotz dieser schönen Lösungen z.Z. noch kein ganzheitlicher Ansatz in Sicht ist; selbst die Einbeziehung von Ton, Bild, Faksimile usw. in diese Kommunikationswege gibt es für die Zukunft wenig Hoffnung auf Integration.

4. Anwendungen der Datenverarbeitung

In den vorangegangenen Kapiteln wurde bereits angedeutet, daß es Beispiele für EDV-Anwendungen in fast allen Lebensbereichen gibt. Einige davon sollen im folgenden genannt werden.

In den USA werden fast 80% aller Kaufhauswaren vom Hersteller mit einer Artikelnummer in Strichcode versehen. Dieser Artikelnummer, die an der Kasse mit einem speziellen Lesestift (Scanner) automatisch gelesen wird, kann der angeschlossene Rechner den zugehörigen Preis und die Artikelbezeichnung zuordnen, so daß der Kunde, ohne daß an der Kasse irgendetwas getippt wird, eine allgemein verständliche Rechnung erhält. Da der Rechner auf diese Weise auch über alle Warenbewegungen informiert ist, werden Bestandsführung und Nachbestellung ebenfalls über die Anlage durchgeführt.

Als weiteres Beispiel sei hier das „START“-System erwähnt, ein Rechner- und Programmverbundsystem der Bundesbahn, der Lufthansa und des Reiseveranstalters TUI, an das durch mehr als 1.500 Datenendgeräte über 950 Reisebüros angeschlossen sind. Jedes dieser Büros kann sich jederzeit den aktuellen Stand der Belegung von Bus- und Flugsitzplätzen, von Hotelbetten und von Fahr- und Flugplänen anzeigen lassen. Ebenso können für verschiedene Angebote die Preise errechnet werden und schließlich wird reserviert, gebucht oder storniert. Hier werden täglich zwischen 300.000 und 400.000 Transaktionen durchgeführt.

Eine in Deutschland nur punktuell realisierte Anwendung soll im folgenden beschrieben werden, der Bereich der Literaturverarbeitung. Seit Jahren existiert die notwendige Hard- und Software für die maschinelle Literatursuche. Dazu werden zu jedem Titel Kurzfassungen eingegeben, aus denen automatisch alle wesentlichen Worte für einen Index extrahiert werden können. Wie schön wäre es, wenn z.B. die Deutsche Bibliothek bei der Aufnahme jedes Buches auch gleichzeitig einen solchen Index pflegen und allen Bibliotheken zur Verfügung stellen würde. Im Ausland existieren derartige Literaturdatenbanken bereits; in Deutschland finden sich nur Spezialanwendungen, z.B. die Steuerrechtsdatenbank der Steuerberater.

Weitere Beispiele für die Anwendung der EDV findet man jedesmal, wenn man in irgendeiner Form mit öffentichen Institutionen zu tun hat, seien es die Finanzämter[16], die Meldebehörden[17] oder die Flensburger Verkehrssünder-Kartei.

[16] Vgl. auch Kapitel IV.1.
[17] Vgl. auch Kapitel IV.2.

5. Anwender von EDV

Anhand der zuvor beschriebenen Anwendungen wird deutlich, daß niemand mehr an der EDV vorbeikommen kann. Schließlich ist jeder nicht unmittelbare Anwender zumindest mittelbar von der EDV „betroffen", man denke nur an den öffentlichen Bereich oder an die Banken. Für die Zukunft ist zu erwarten, daß, vor allem in Hinblick auf die Möglichkeit des Bildschirmtextes, nahezu jeder zu einem unmittelbaren Anwender wird, so daß die heutige Zweiklassengesellschaft der „EDV-Berührten" und „-Unberührten" wieder nach einer Neugliederung verlangt.

Die heutigen unmittelbaren Anwender der EDV sind diejenigen, die direkt mit einer EDV-Anlage arbeiten, z.B. Mitarbeiter von Software-Häusern und von Programmierabteilungen bei Anwendern. Für ihre Tätigkeit gibt es eine Reihe von Berufsbezeichnungen, die allerdings keinen festen Definitionen und Berufsbildbeschreibungen unterliegen (z.B. Systemspezialist, Systemanalytiker, Systemorganisator, Programmierer u.ä.). Diese Spezialisten müssen neben genauen Kenntnissen der Anlage ein hohes Problemabbildungs- und -lösungsverständnis haben.

Doch nicht jeder, der direkt mit der EDV-Anlage arbeitet, muß EDV-Spezialist sein. Deshalb gehören zu der Gruppe der unmittelbaren Anwender auch Personen ohne tiefere EDV-Kenntnisse, so z.B.:

- Personen, die als Sachbearbeiter im Dialog sowohl Informationen von der EDV-Anlage für ihre Arbeit beziehen als auch durch Eingaben die vorhandenen Informationen vervollständigen. Für diese Tätigkeitsbereiche, die z.B. bei Versicherungen, Reisebüros und neuerdings auch bei der Platzreservierung eines Theaters in Berlin gefunden werden können, wird ein Bildschirm am Arbeitsplatz benötigt.
- Personen, die als Sachbearbeiter nur Informationen abrufen können. Auch diese Gruppe benötigt ständig die Zugangsmöglichkeit zu einem Bildschirm; auf die Zuordnung zu einem bestimmten Arbeitsplatz kann aber verzichtet werden, wenn die Kapazität eines Terminals auf mehrere Arbeitsplätze verteilt werden kann. Beispiele für diesen Tätigkeitsbereich findet man bei Banken, Bausparkassen, Versicherungen u.a.
- Personen, die große Datenmengen eingeben, z.B. Datentypistinnen im Bestellwesen.
- Personen, die mittlere Datenmengen während ihrer eigentlichen Arbeit eingeben, z.B. als Kassierer an Kassenendgeräten im Handel.
- Personen, die Texte be- oder verarbeiten, wobei unter Textbearbeitung die Texterstellung und -korrektur verstanden wird, während bei der Textverarbeitung aus vorformulierten Bausteinen z.B. Briefe zusammengesetzt werden. Letzteres kan auch bedeuten, daß der erstellte Text über ein Rechnernetz in einen „fremden" Rechner übertragen und dort angezeigt und gespeichert wird.

Technisch ist dies bereits möglich, die breite Anwendung liegt aber noch in der Zukunft[18].

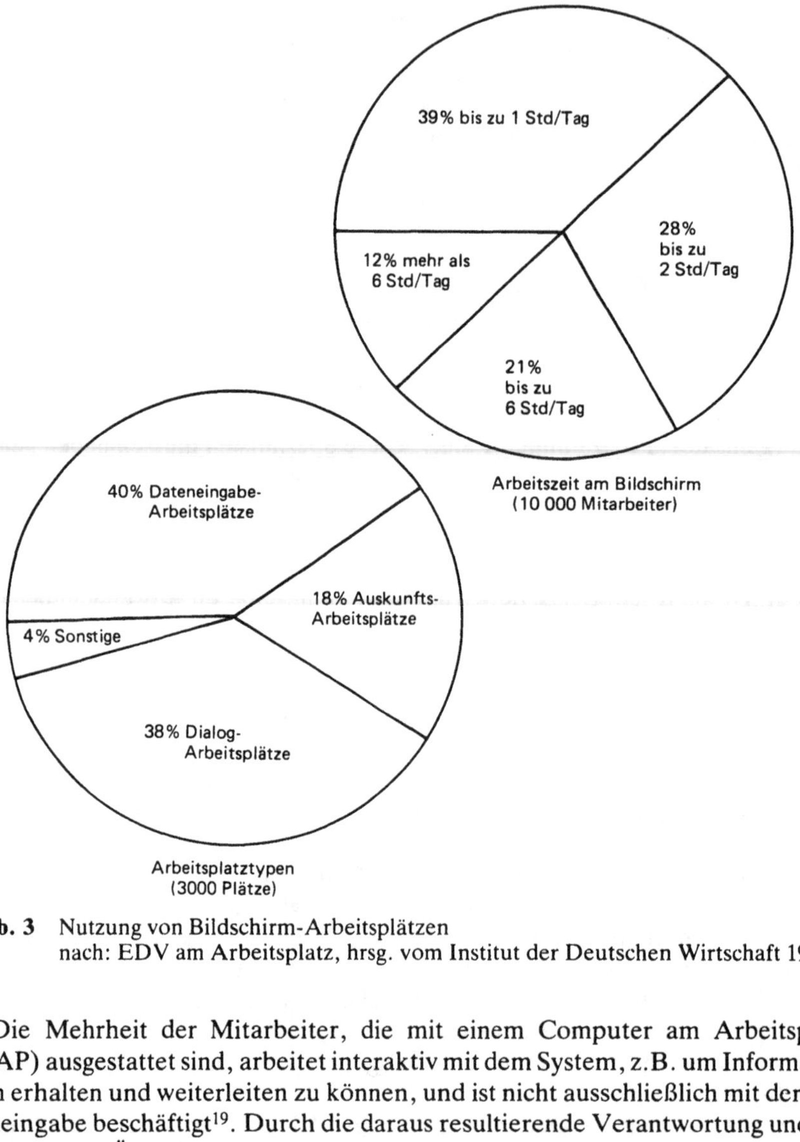

Abb. 3 Nutzung von Bildschirm-Arbeitsplätzen
nach: EDV am Arbeitsplatz, hrsg. vom Institut der Deutschen Wirtschaft 1981

Die Mehrheit der Mitarbeiter, die mit einem Computer am Arbeitsplatz (CAP) ausgestattet sind, arbeitet interaktiv mit dem System, z.B. um Informationen erhalten und weiterleiten zu können, und ist nicht ausschließlich mit der Dateneingabe beschäftigt[19]. Durch die daraus resultierende Verantwortung und die Zunahme an Übersicht wurden diese Arbeitsplätze im allgemeinen interessanter (Job Enrichment).

[18] z.B. mit Datex P, vgl. Elias, D., Das Dienstleistungsangebot der Deutschen Bundespost, a.a.O.

[19] Vgl. Abb. 3

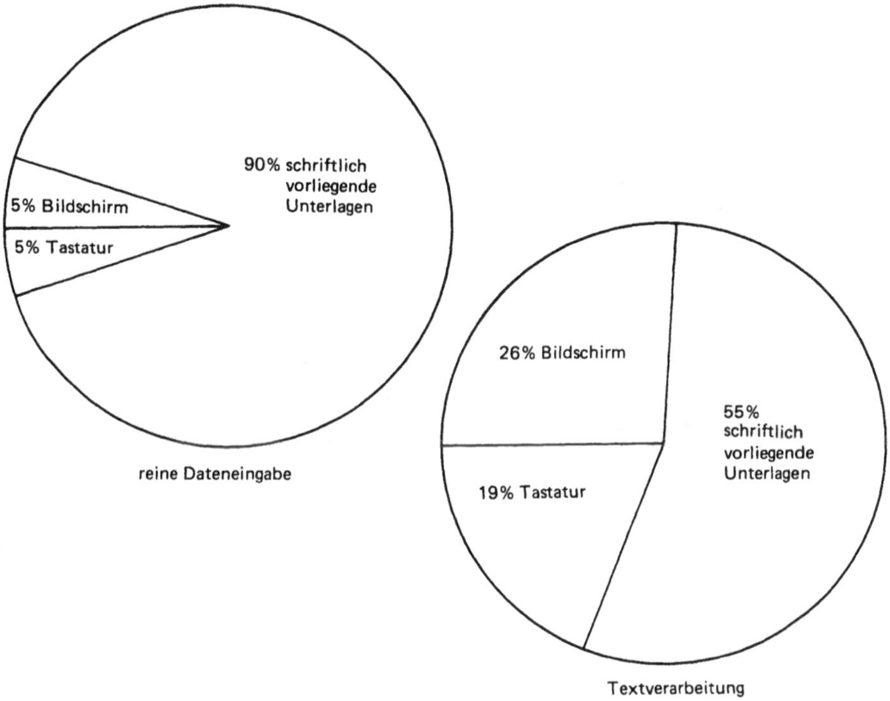

Abb. 4 Zeitliche Verteilung des Augenkontaktes beim Bildschirm-Arbeitsplatz nach: EDV am Arbeitsplatz, hrsg. vom Institut der Deutschen Wirtschaft 1981

Die Dauer des Kontaktes mit der Anlage ist abhängig von der Art der Tätigkeit. Den längsten Kontakt haben die Personen, die mit der Dateneingabe bzw. der Textbe- oder -verarbeitung beschäftigt sind. Dies muß nicht unbedingt mit einer Bereicherung des Arbeitsplatzes einhergehen, aber zumindest der Vorwurf, diese Arbeitsplätze seien durch den häufigen Blickkontakt mit dem Bildschirm gesundheitsschädlich, kann entschärft werden. Es wurde nämlich festgestellt, daß während des größten Teils der Arbeitszeit kein Augenkontakt mit dem Bildschirm besteht[20].

Es ist zu erwarten, daß das „Büro der Zukunft" mit mehr technischen Hilfsmitteln ausgestattet sein wird, als dies heute der Fall ist. Neben dem CAP werden Teletext (Bürofernschreiben, Übertragungsdauer pro Seite 3 bis 4 Sekunden) und Möglichkeiten zum Fernkopieren und zur Datenübertragung von jedem Telefon aus eingesetzt werden. Dabei ist zu vermuten, daß die Anforderungen an die Bedienungspersonen kaum steigen werden. Es ist sogar noch nicht einmal unwahrscheinlich, daß die Handhabung durch höhere Software-Anforderungen, z.B. stärkere Benutzeranpassung und Einbau von „HELP"-Funktionen, vereinfacht werden wird.

[20] Vgl. Abb. 4

Bis vor kurzer Zeit war die EDV eine Domäne der mittleren und großen Unternehmen. Aufgrund der Verbesserung des Preis/Leistungsverhältnisses bei EDV-Anlagen – kleinere Rechner sind heute bereits für weniger als 10.000 DM erhältlich – wenden auch immer mehr kleine Unternehmen die EDV an. Hier ist jedoch trotz des hervorragenden Hardwareangebots keine Euphorie angebracht.

Die Gründung einer eigenen EDV-Abteilung wird den meisten Unternehmen aus Kostengründen nicht möglich sein, es muß also sowohl die Hard- als auch die Software am Markt gekauft werden. Dabei machen die Softwarekosten mehr als 2/3 der Gesamtkosten aus, was meistens immer noch günstiger als eine Eigenentwicklung ist, denn gerade bei Neueinsteigern ist die Gefahr des Verkalkulierens bei Softwareprojekten sehr groß. Dadurch ist der Weg der EDV-Beschaffung in kleinen Unternehmen vorgezeichnet: Die Suche nach einer Problemlösung wird durch ein Softwarepaket beendet, dessen Einsatz wiederum die Beschaffung einer bestimmten Hardware bedingt.

6. Konsequenzen und Perspektiven

Nach der Darstellung der Hardware- und der Softwaresituation, der Anwendungsmöglichkeiten und der Anwender soll nun auf gesamtwirtschaftliche Konsequenzen und insbesondere auf die Gefahren, die durch den Einsatz der EDV verursacht werden können, eingegangen werden. In der Einleitung wurden bereits kurz einige Aspekte erwähnt, die nun, nachdem die Voraussetzungen für eine fundiertere Diskussion gelegt wurden, wieder aufgegriffen werden sollen.

Zunächst soll ein Vorwurf, der immer wieder erhoben wird, nämlich daß der Computer Arbeitsplätze vernichte, näher untersucht werden. Die EDV-Hersteller und Unternehmer, die die EDV einsetzen, halten dem meist entgegen, daß sowohl im Bereich der EDV selbst als auch in der Anlagenproduktion und im Vertrieb ständig neue Arbeitsplätze geschaffen würden. Ob und inwieweit der obige Vorwurf eventuell dennoch zutrifft, soll mit Hilfe der folgenden Tabellen untersucht werden.

Erwerbstätige nach Stellung im Beruf (absolut in Mill.)[21]

Jahr	Selbst.	Angehör.	Beamte	Angest.	Arb.	Gesamt
1950	3.2	3.1	0.85	3.2	9.9	20.3
1960	3.3	2.6	1.5	6.1	12.6	26.3
1960	2.7	1.7	1.9	7.8	12.5	26.0
1981	2.4	1.1	2.3	9.2	10.7	26.0

[21] Vgl. Tab. 5 aus: Zahlen zur wirtschaftlichen Entwicklung der Bundesrepublik Deutschland; Institut der Deutschen Wirtschaft, Köln 1982

Erwerbstätige nach Stellung im Beruf (in %)

Jahr	Selbst.	Angehör.	Beamte	Angest.	Arb.
1950	15.9	15.5	4.2	15.8	48.6
1960	12.7	10.1	5.6	23.5	48.1
1970	10.1	6.5	7.3	29.2	46.9
1981	9.2	4.1	8.9	35.9	41.9

Aus diesen Zahlen wird deutlich, daß der Anteil der Angestellten, also der Personen, die mit der Informationsverarbeitung zu tun haben, erheblich zugenommen hat. In anderen Bereichen, insbesondere bei den Selbständigen und bei den Arbeitern fand ein Abbau statt, der aber sicher nicht nur durch den Einsatz der EDV zu erklären ist, ebensowenig wie die Verringerung der Arbeitsplätze in der Landwirtschaft von 5 Millionen im Jahr 1950 auf 1.4 Millionen im Jahr 1981. Das gleiche gilt auch für den Bergbau, wo im selben Zeitraum fast 1/4 der Arbeitsplätze abgebaut wurde. Zusätzlich geschaffen wurden insgesamt 5.5 Millionen Arbeitsplätze. Es haben also u.a. aufgrund von Innovationen Strukturverschiebungen stattgefunden, die aber nicht ausschließlich auf den Computer zurückzuführen sind.

Bei dem heutigen hohen Anteil der Angestellten an der Gesamtheit der Erwerbstätigen fragt man sich allerdings, ob durch den verstärkten EDV-Einsatz Büroarbeitsplätze verloren gehen. Eine Studie des Instituts der Deutschen Wirtschaft[22] zeigt jedoch, daß von der Bürorationalisierung eine Produktivitätssteigerung von 3% bis 5% pro Jahr erwartet wird, daß dem aber eine Steigerung des Arbeitsvolumens von 5% gegenübersteht, so daß in diesem Bereich eher eine Vermehrung der Arbeitsplätze zu erwarten ist. Die Angst vor der „Wegrationalisierung" durch den Computer reduziert sich ebenfalls, wenn man berücksichtigt, daß nach einer Siemens-Studie[23] nur 43% der Büroarbeit formalisierbar sind und nur ein Viertel automatisierbar, weil 55% der Gesamtkommunikation mündlich (36% fernmündlich) abgewickelt werden. Die Vermutung, daß weitere Büroarbeitsplätze benötigt werden, kann auch durch folgende Zahlen untermauert werden:
Eine neue Informationstechnik wird in den USA im Mittel bereits nach 6 Wochen akzeptiert, während dies in Deutschland fast 2 1/2 Jahre dauert. Entsprechend sind in den USA über 50% aller Arbeitnehmer in der Informationsverarbeitung beschäftigt, während es bei uns erst 37.1% sind[24].

Beruhigend ist auch, daß sich schon einige Propheten geirrt haben, die den Abbau von Arbeitsplätzen weissagten. 1962 wurde in einer Prognose des IFO-Instituts veröffentlicht, daß jährlich 6% der Arbeitsplätze abgebaut würden und 1972 daher nur noch 35 Stunden pro Woche gearbeitet werden könne.

---

[22] Vgl. „Keine Revolution in Sicht", in: IWD, Nr. 40/1981, S. 4
[23] Vgl. Ebenda
[24] Vgl. „Der Wegweiser", in: IWD, Nr. 35/1981, S. 4-5

Diese Prognose war falsch, ebenso wie 1980 die Behauptung von Volker Hauff, Bundesminister für Forschung und Technologie, vor dem Bundestag, daß durch den Einsatz von Mikrocomputern ca. 3% der Arbeitsplätze verloren gingen. Eine von ihm in Auftrag gegebene Studie des VDI-Technologiezentrums mit einem Umfang von 1.200 Befragten (davon 1.000 Unternehmer und 200 Arbeitnehmer) zeigte aber, daß nicht nur keine Freisetzungen, sondern sogar Neueinstellungen erfolgten. Arbeitsplätze gingen nur dann verloren, wenn neue Technologien gar nicht oder zu spät eingesetzt wurden. Insofern scheint das Bild der EDV als „Jobkiller" nicht haltbar zu sein[25].

Im Zusammenhang mit der EDV wird häufig diskutiert, welche Qualifikationen ein Mitarbeiter in Zukunft mitbringen müsse. Oft wird gesagt, für den Einsatz in der EDV seien überdurchschnittliche Kenntnisse natürlich der EDV, aber auch der Mathematik und der Logik unerläßlich. Diese Behauptungen wurden unter anderem von F. Stooß und L. Troll untersucht[26].

Danach waren 1979 im Bereich der computergestützten Anlagen und modernen Büromittel 1.27 Millionen Personen (ca. 6% der Beschäftigten) eingesetzt: 717.000 Männer und 557.000 Frauen (6.7% der weiblichen Beschäftigten insgesamt). Davon arbeiteten 217.000 Männer (1.6% aller Beschäftigten) und 149.000 Frauen (1.75% aller Beschäftigten) direkt am Computer. Die Frauen, denen häufig Logikfeindlichkeit nachgesagt wird, sind also in diesem Bereich stärker vertreten als in anderen.

Eine Befragung unter den Betroffenen ergab außerdem, daß die Mathematik nicht unerläßlich ist; vielmehr werden Kenntnisse über die EDV erwartet. Zusätzlich sind allerdings auch Fähigkeiten in Rechtschreibung und Mathematik erwünscht. Eine Analyse des Bildungsstandes ergab, daß 18% aller am Computer Arbeitenden keine abgeschlossene Ausbildung hatten, jedoch besaßen 9.3% eine Hochschulausbildung und 10.1% eine Fachausbildung.

Aus all dem geht hervor, daß die Scheu vor dem Computer nicht zu rechtfertigen ist. Zur Zeit werden kaum Arbeitsplätze wegrationalisiert, sondern viele neue für jeden Normalbegabten geschaffen, denn durch den Einsatz der EDV ist weder die Dequalifizierung der Mitarbeiter noch sind höhere Qualifikationsansprüche an die Mitarbeiter zu erwarten.

Unter der Voraussetzung, daß die Datenverarbeitung als integrierter Bestandteil des Arbeitsplatzes konzipiert ist, lassen sich folgende Argumente für den Computer anführen:

- Die Mitarbeiter werden durch die unmittelbare Informationsbearbeitung am Arbeitsplatz stärker motiviert und erhalten mehr Möglichkeiten zu verantwortungsvollen Tätigkeiten;

---

[25] Zu ähnlichen Ergebnissen, aber auf der Grundlage von tatsächlichen Beschäftigungsdaten kommt auch Dostal,W. in „Fünf Jahre Mikroelektronik", Diskussion, in: Mitteilungen aus der Arbeitsmarkt- und Berufsforschung, Heft 2/1982, S. 151-166, hier S. 165.

[26] Vgl. F. Stooß und L. Troll, Die Verbreitung programmgesteuerter Arbeitsmittel, aus der Arbeitsmarkt- und Berufsforschung, Heft 2/1982, S. 167-181

- Die Benutzung des CAP führt zu veränderten Aufgabenverteilungen (in den meisten Fällen zum „Job-Enrichment"). Monotone Tätigkeiten können abgebaut werden, wodurch der Arbeitsplatz aufgewertet und die Arbeitszufriedenheit erhöht wird;
- Die Arbeit am CAP erfordert keine grundsätzlich andere Eignung als die für andere Sachmittel in Büro und Verwaltung (manuelle Fähigkeiten und hohe Aufmerksamkeit);
- Die ergonomische Belastung ist nicht zu groß, wenn die Geräte entsprechend angepaßt werden;
- Die Anwendung des CAP erfordert eine sachgerechte und umfassende Schulung und wird im allgemeinen auch akzeptiert, wenn die Technik dem Menschen angepaßt wird;
- Der Mensch kann durch den CAP nicht vollständig verdrängt werden, da nur ein Teil der Sachbearbeitertätigkeiten automatisierbar ist;
- Durch die Delegation von Routinetätigkeiten an den Computern können die Mitarbeiter sich auf die Arbeiten konzentrieren, die tatsächlich Sachkenntnis und Entscheidungsfähigkeit erfordern;
- Durch die Zunahme der Tätigkeiten im Bereich der Informationsverarbeitung ist die Anzahl der Mitarbeiter trotz Produktivitätssteigerung des einzelnen Arbeitsplatzes im wesentlichen gleich geblieben.

Ein Vorwurf, der der EDV gemacht wird, läßt sich leider nicht so leicht von der Hand weisen. Es wird häufig gesagt, „1984", so wie George Orwell es beschrieben hat, stehe vor der Tür. Die Fähigkeit der heutigen Rechnersysteme, Daten aus den verschiedensten Dateien verschiedener Rechner auf einem Rechner über Rechnerverbund auszuwerten, gibt bei Anwendung dieser Fähigkeiten auf personenbezogene Daten die Möglichkeit jeden überall zu überwachen. Insofern könnte diese Prognose in der Tat bald wahr werden. Aus diesem Grunde sollte jeder besondere Vorsicht walten lassen, wenn er mit personenbezogenen Daten umgeht, sei es als EDV-Anwender oder als „zu speichernder". Wenn man dieser Gefahr wirksam begegnen kann, gibt es m.E. keinen Grund, sich gegen die EDV auszusprechen. Sie wird sich weiter ausbreiten und uns helfen, unseren Lebensstandard und hoffentlich auch unsere Lebensqualität zu verbessern.

Einsatz der Datenverarbeitung in der Stahlindustrie

Dipl.-Ing. H. Wissel

1. Zur Situation der Stahlindustrie

Die Stahlindustrie ist eine der kapitalintensivsten Industrien. Als eine der Schlüsselindustrien unserer Volkswirtschaft sieht sie sich zunehmend einem internationalen Wettbewerbsdruck ausgesetzt. Dieser wird durch ständig neu hinzukommende Rohstahlkapazitäten verschärft, die aus Prestigegründen in Entwicklungsländern, oder auch aus Devisengründen, insbesondere in den Ländern des Ostblocks, entstehen.

Diese Entwicklung zwingt dazu, laufend erhebliche Mittel zu investieren, um die Produktionsanlagen auf dem technologisch modernsten Stand zu halten. Das bedeutet Substitution weniger leistungsfähiger Produktionsverfahren durch neue – erinnert sei hier an die Ablösung des Thomas- und Siemens-Martin-Verfahrens für die Umwandlung von Roheisen in Rohstahl durch das erheblich leistungsfähigere Oxygenstahlverfahren in den letzten zwanzig Jahren, und die Einführung des kontinuierlichen Vergießens im Strang anstelle des erneuten Aufheizens von Rohblöcken in Tieföfen mit anschließender Umwandlung auf Block-/Brammenstraßen – sowie Ersatz älterer Produktionsanlagen durch modernere. Dabei geht der Trend aus Kostengründen zu immer größeren Produktionseinheiten. So konnte die tägliche Erzeugung von Roheisen je Hochofen durch größere Einheiten in den letzten zwanzig Jahren etwa verdreifacht werden. Die jährliche Leistung bei der Erzeugung von Rohstahl konnte je Konverter im gleichen Zeitraum auf das Sechsfache gesteigert werden. Obwohl die Rohstahlerzeugung von 1970 bis 1980 um rund 25% anstieg, konnte infolge der Leistungssteigerung die Zahl der betriebenen Konverter um ca. 15% gesenkt werden.

Diese wenigen Angaben mögen verdeutlichen, welche Anstrengungen unternommen wurden und noch unternommen werden, um die deutsche Stahlindustrie wettbewerbsfähig zu halten. Dennoch reichen diese Investitionsmaßnahmen zur Erhaltung der Stahlindustrie nicht aus, wenn der Markt ohne Rücksicht auf Kosten durch subventionierte Produkte anderer Industrienationen oder durch Stahl zu Dumpingpreisen aus Ostblockländern bzw. Stahl aus Billiglohnländern unter Druck gerät. Hier spätestens wird die Bedeutung voll erkennbar, die der Datenverarbeitung zukommt, um die Stahlproduktion rationeller und transparenter, die Produkte hochwertiger, die Qualitätsbeherrschung sicherer und den Kundenservice besser zu machen.

2. Entwicklung der Datenverarbeitung in der Stahlindustrie

Um die Situation, in der sich die Datenverarbeitung der Stahlindustrie heute befindet, besser umreißen zu können, ist es vorteilhaft, sich die Entwicklung der letzten zwanzig Jahre in den wesentlichen Abschnitten vor Augen zu halten. Dies soll am Beispiel der Thyssen AG geschehen, wobei unterstellt werden kann, daß die anstehenden Probleme typisch für die gesamte Stahlindustrie, und die Lösungswege in etwa vergleichbar denen anderer Stahlwerke waren und sind.

Zu Beginn der sechziger Jahre waren – fast ausschließlich im kommerziellen Bereich – bereits größere Rechenanlagen vorhanden, die die bewährten Abläufe des Lochkartenverfahrens übernommen hatten. Diese wurden in den nächsten Jahren in einer ersten Rationalisierungswelle schnell ausgebaut, das heißt auf alle wesentlichen Arbeitsabläufe im Verwaltungsbereich ausgedehnt und verfeinert. Kennzeichnendes Material war und ist im Grunde bis heute das Prinzip der Abarbeitung separat erfaßter Daten im Stapel auf zentralen Großrechenanlagen.

Im technischen Bereich – und dieser umfaßt bei der Thyssen AG unter anderem auch die Produktionsplanung, die betriebliche Auftragsabwicklung inclusive Materialflußverfolgung sowie die Aufgaben des Qualitätswesens und der Gütesicherung, vollzog sich die Entwicklung anfangs etwas langsamer, später jedoch erheblich schneller als im kommerziellen Bereich. Erschwerend wirkte sich zu Beginn der Entwicklung aus, daß der Einsatz von Rechenanlagen nicht nur zentral, sondern auch dezentral in örtlicher Nähe der einzelnen Werke und Produktionsanlagen erfolgen mußte. Der Grund lag darin, daß die Produktionsanlagen praktisch an sieben Tagen in der Woche rund um die Uhr arbeiten, die Verfügbarkeit hoch und die möglichen Störeinflüsse niedrig sein mußten sowie leistungsfähige Fernübertragungseinrichtungen fehlten. Es war deshalb eine Strategie zu entwickeln, die vorsah, die Anwendungen je nach ihrem Typ unterschiedlichen Einsatzebenen zuzuordnen.

Hierfür hat sich bis heute die Gliederung des Rechnereinsatzes in drei Hauptebenen bewährt (Abb. 1). Bei der Anlagenautomation handelt es sich grob gesehen heute um den Einsatz der Mikroelektronik als Substitutionsprodukt für bisher konventionelle Steuerung und Regelung. Bei der Prozeßsteuerung steht bereits die Rationalisierung durch Verwendung metallurgischer, mathematischer

Ebene 1	Übergeordnete Aufgaben	Zeitunkritische Informationssysteme
Ebene 2	Betriebsorientierte Aufgaben	Produktionssteuerung Betriebsablaufsteuerung
Ebene 3	Prozeßorientierte Aufgaben	Prozeßautomation Anlagenautomation

Abb. 1

oder dispositiver Modelle im Vordergrund. Beide zusammen decken den Bereich der prozeßorientierten Aufgaben ab.

Bei den betriebsorientierten Aufgaben hat sich eine weitere Untergliederung in Materialflußverfolgung und dispositive Steuerung bewährt. Erstere deckt die wesentliche Funktion der Stoffwirtschaft ab, während die dispositive Steuerung die Aufgaben der Produktionslenkung und Arbeitsvorbereitung umfaßt.

Der ersten Ebene werden diejenigen Aufgaben zugeordnet, die einen übergeordneten Charakter haben oder für ihre Lösung den Einsatz von Großrechenanlagen erforderten, d.h. hier laufen u.a. die Programme des technischen Berichtswesens, der Planungsfunktionen und das Operations Research.

Die Aufgabe der ersten Ebene sind denen des kommerziellen Bereiches vergleichbar, das heißt, auch sie ließen sich zunächst, und zu einem großen Teil auch heute, nach dem Prinzip der Stapelverarbeitung abwickeln. Die prozeßorientierten Aufgaben waren dagegen von Anfang an durch Online- und Echtzeitverarbeitung gekennzeichnet. Die Unterschiede zwischen den einzelnen Ebenen werden verdeutlicht, wenn man zusätzlich die Verarbeitung der Daten, den möglichen Lösungsweg und das Systemziel vor Augen hält (Abb. 2). Bei den betriebsorientierten Aufgaben vollzog sich in den letzten Jahren eine Wandlung von der Offline- zur Online- und von der Stapel- zur Echtzeitverarbeitung. Der Grund hierfür liegt im wesentlichen darin, daß sich bei dem Prinzip der Stapelverarbeitung die Bilanzierung Material gegen Auftrag in festen Planungszyklen vollzieht, die Produktion aber kontinuierlich erfolgt. Das führt nicht nur zu einer systemimmanenten Ungenauigkeit der Ergebnisse, sondern auch dazu, daß die Ergebnisse erst bis zu 24 Stunden und mehr nach den auslösenden betrieblichen Ereignissen vorliegen. Sofern es sich um reines Berichtswesen handelt, kann das hingenommen werden; bei den Sollvorgaben für den Produktionsbetrieb jedoch spätestens nach Inbetriebnahme der Stranggießanlagen nicht mehr. Der Materialfluß drohte schneller zu werden als der ihn steuernde Informationsfluß.

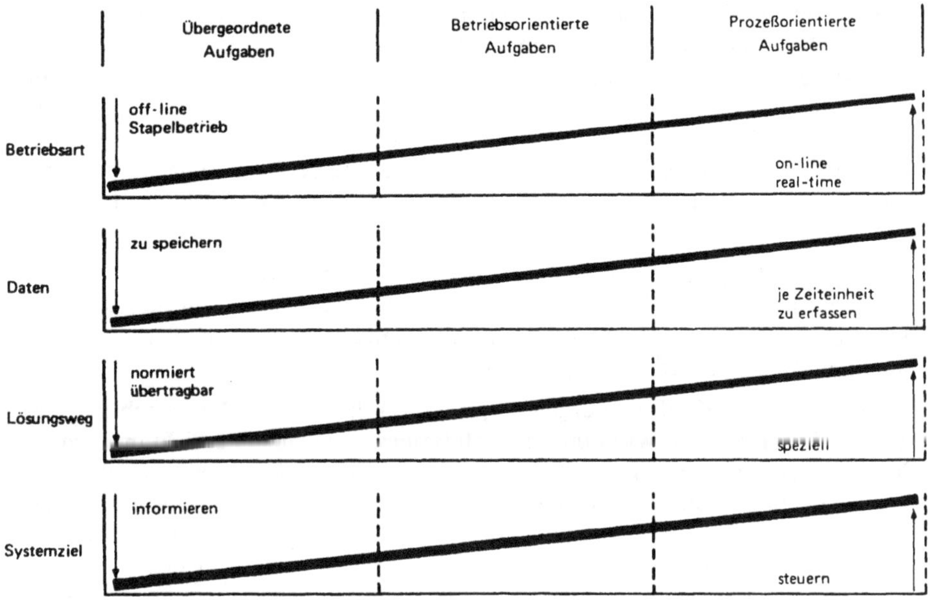
Übergeordnete Aufgaben
Betriebsorientierte Aufgaben
Prozeßorientierte Aufgaben
Betriebsart
off-line Stapelbetrieb
on-line real-time
Daten
zu speichern
je Zeiteinheit zu erfassen
Lösungsweg
normiert übertragbar
speziell
Systemziel
informieren
steuern

Abb. 2

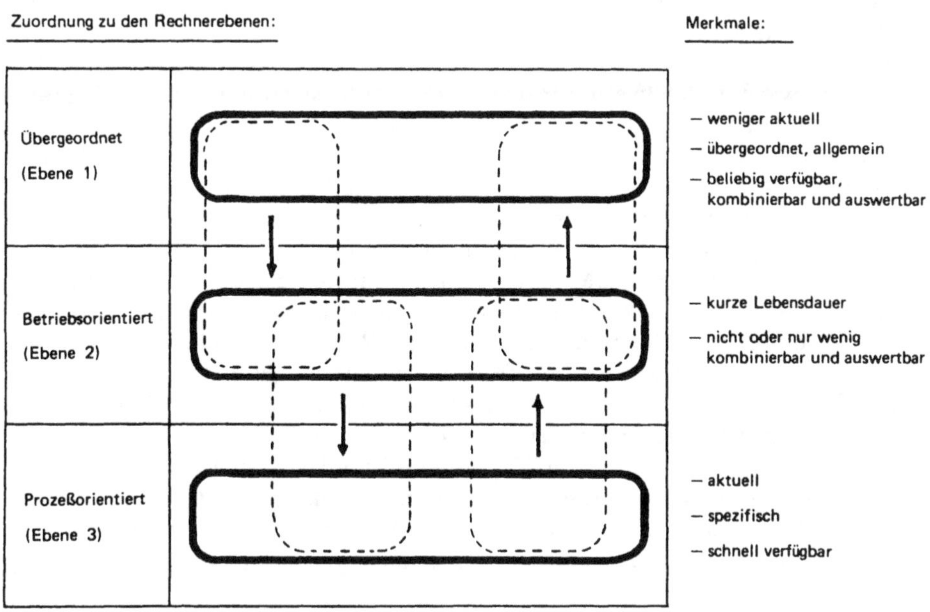
Zuordnung zu den Rechnerebenen:
Merkmale:
Übergeordnet (Ebene 1)
Betriebsorientiert (Ebene 2)
Prozeßorientiert (Ebene 3)
– weniger aktuell
– übergeordnet, allgemein
– beliebig verfügbar, kombinierbar und auswertbar
– kurze Lebensdauer
– nicht oder nur wenig kombinierbar und auswertbar
– aktuell
– spezifisch
– schnell verfügbar

Abb. 3

Mit dem verteilten Einsatz von Rechenanlagen auf drei Ebenen ging auch eine entsprechend hierarchische Zuordnung der Daten einher (Abb. 3). Die Langzeitarchivierung von Daten erfolgte nur auf der übergeordneten Ebene, zunächst mit selbst entwickelter Software, später unter Verwendung der von den Herstellern angebotenen Datenbanksysteme. Weiterhin spielten die Datenfernübertragung und Rechnerkopplung von Anfang an eine nicht übersehbare Rolle. Die technologischen Fortschritte auf diesem Sektor haben das Tempo der Entwicklung mitbestimmt.

Ging es anfangs nur um die Frage, überhaupt Rechnerverbindungen zwischen zum Teil unterschiedlichen Herstellern zu realisieren, so bekam dieses Gebiet sehr schnell eine Eigendynamik, die außer Kontrolle zu geraten drohte. Dies sei an einem Beispiel verdeutlicht (Abb. 4):

Im Februar 1965 wurde bei der Thyssen AG der erste Online-Rechner, eine Zuse Z 25 für die Überwachung der Materialbewegungen in der Erzumschlaganlage Schwelgern, in Betrieb genommen. Mit der Erweiterung der Umschlaganlage von 13 auf 38 Bandwaagen wurde dieser Rechner zu klein. Es wurden deshalb zwei Kleinrechner, für die die Pogrammiersprache und das Betriebssystem selbst entwickelt wurden, davor geschaltet. 1973 ging für die Steuerung des Großhochofens in Schwelgern ein Prozeßrechnersystem in Betrieb, das aus zwei Prozeßrechnern Siemens 306 bestand. Mit diesen mußte die Zuse-Anlage gekoppelt werden, um die auf das Hochofenmodell benötigten Daten der Erzläger und Nebenanlagen zu übertragen. Für die Möllersteuerung selbst wurde ein AEG-Prozeßrechner eingesetzt, der von der Siemens-Anlage die Vorgabewerte bekam und deshalb ebenfalls gekoppelt werden mußte. Zur schnellen und sicheren Übermittlung der Analysenwerte mußte dann eine Verbindung zum DEC-Rechner des Chemischen Labors hergestellt werden. Als nächstes bestand der Wunsch, wichtige Meßwerte für spätere Langzeitauswertungen zu archivieren. Es wurde deshalb eine Datenübertragungsstrecke zum zentralen IBM-Rechenzentrum der Ebene 1 realisiert, um die Daten kontinuierlich übertragen und dort in einer Datenbank abspeichern zu können. Für die Forschung wurde im Produktionsbereich ein Wang-Rechner installiert, um den Fachleuten der Forschung unmittelbar die Auswertung dieser Daten zu ermöglichen. Auch dieser Rechner mußte mit der zentralen IBM-Anlage verbunden werden, um die gewünschten Daten direkt abrufen zu können. Zwischenzeitlich waren auch alle drei Stahlwerke, die vom Großhochofen in Schwelgern aus Roheisen beziehen, mit Prozeßrechnern ausgerüstet worden. Für die Roheisenankündigung und Übermittlung der Mengen, Temperaturen und Analysenwerte wurden auch diese Rechenanlagen mit dem Prozeßrechnersystem des Hochofens verbunden. Das gleiche galt für die Kleinrechner, mit denen Waagen und Entschwefelungsanlagen auf dem Transportwege inzwischen ausgerüstet waren. Bedenkt man, daß die Stahlwerksrechner ihrerseits im Datenaustausch mit den Chemischen Labors und mit den Rechnern nachgeschalteter Produktionsbetriebe stehen müssen, so wundert es nicht, daß Ende der siebziger Jahre im technischen Bereich der Thyssen AG bereits 45 Direktverbindungen zwischen entfernten Rechenanlagen bestanden, und es an der Zeit war, ein standardisiertes Kommunikationssystem zu schaffen.

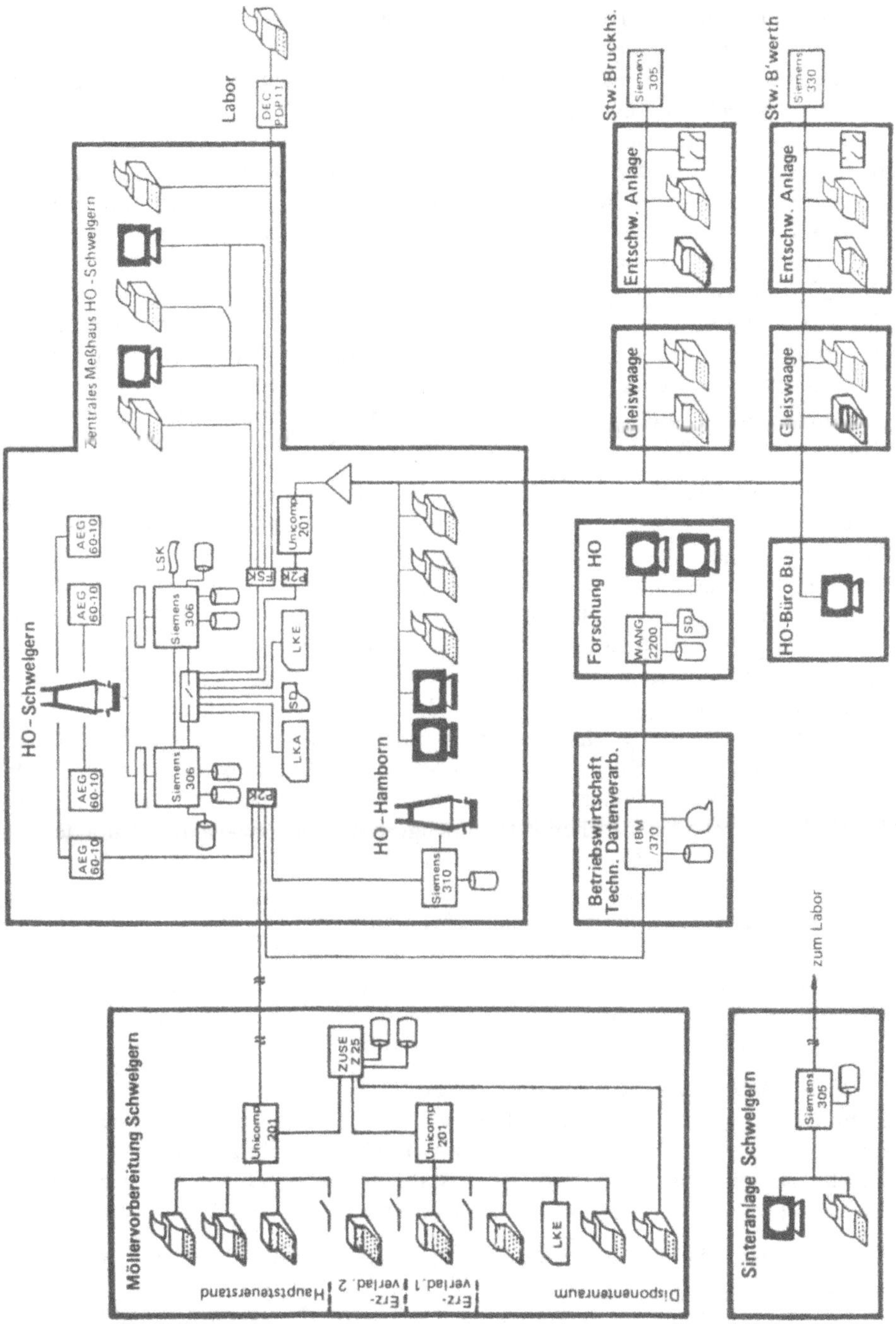
HO-Schwelgern
Zentrales Meßhaus HO-Schwelgern
Labor
DEC PDP11
AEG 60-10
Siemens 306
LSK
LKE
LKA
SD
FSK
P2K
Unicomp 201
HO-Hamborn
Siemens 310
Stw. Bruckhs.
Siemens 305
Stw. B'werth
Siemens 330
Entschw. Anlage
Gleiswaage
Forschung HO
WANG 2200
HO-Büro Bu
Betriebswirtschaft Techn. Datenverarb.
IBM /370
Möllervorbereitung Schwelgern
ZUSE Z 25
Hauptsteuerstand
Erz-verlad. 2
Erz-verlad. 1
Disponentenraum
Sinteranlage Schwelgern
zum Labor

Abb. 4

Ein weiteres nicht vermeidbares Problem waren und sind im technischen Bereich die unterschiedlichen Rechnertypen, Betriebssysteme und Programmiersprachen insbesondere im prozeßnahen Bereich. Pragmatisches Vorgehen war auch hier zunächst Voraussetzung für Fortschritt und Erfolg. Zwanzig Jahre nach Beginn der Automatisierung im prozeßnahen Bereich der Stahlindustrie kann jedoch gesagt werden, daß an praktisch allen neuralgischen Punkten des Produktionsablaufes Prozeßrechner die Produktion steuern oder zumindest unterstützen. Der Bau neuer Anlagen ist ohne den sofortigen Einsatz von Prozeßrechnern nicht mehr denkbar. War bis Ende der siebziger Jahre zumindest noch eine den Prozeßrechnern unterlagerte konventionelle Steuerung und Regelung vorhanden, die den zeitweisen Ausfall eines Prozeßrechners tolerierte, so geht der Trend durch den Einsatz der Mikroelektronik nun in Richtung einer völligen Digitalisierung aller Ebenen der Steuerung und Regelung. Leistungsfähige Mikrocomputersysteme ermöglichen es, auch die Aufgaben der Prozeßautomatisierung wiederum auf mehrere logische Ebenen zu verteilen.

Anfang der siebziger Jahre erkannte man die Notwendigkeit, das gesamte Gebiet der Auftragsabwicklung einschließlich Produktionssteuerung und Materialflußverfolgung zu modernisieren und von den starren, sequentiellen Abläufen der Stapelverarbeitung und fester Planungszyklen auf ein zeitnäheres Verfahren umzustellen. Dieses Gebiet, beginnend vom Auftragseingang, der Verplanung der Aufträge, der auftrags-und termingerechten Steuerung großer, nicht taktgleich arbeitender Produktionsanlagen, der Disposition der Läger und jedes einzelnen Materialstückes, der begleitenden Maßnahmen für die Qualitätssicherung und Kundenbetreuung bis hin zur Versanddisposition, Verladung und Faktorierung, erwies sich jedoch in seiner Gesamtheit als so komplex, daß es selbst nach Zerlegung in überschaubarere Teilaufgaben mit den Methoden üblicher Projektbearbeitung nicht entsprechend den hochgespannten Erwartungen zuende geführt werden konnte. Ein vollständiges Top-Down-Design hätte, da die Einzelanforderungen im Gegensatz zum Prozeßbereich zu wenig determiniert sind und deren Fixierung einen enorm hohen Aufwand an Koordination und Kooperation erfordert, so viel Zeit in Anspruch genommen, daß Änderungen der Umgebungsbedingungen das Ergebnis immer wieder in Frage gestellt hätten. Auf dem Gebiet der betrieblichen Auftragsabwicklung besteht deshalb ein deutlicher Nachholbedarf als Aufgabe für die achtziger Jahre.

Nach rund zwanzig Jahren Datenverarbeitung in der Stahlindustrie kann insgesamt aber wohl gesagt werden, daß die gebotenen Möglichkeiten der Hardware und Software auf allen drei Ebenen sinnvoll und im richtigen Ausmaß genutzt wurden. Es dürfte schwerfallen, in der Stahlindustrie noch ein Arbeitsgebiet zu finden, in dem die Datenverarbeitung als Hilfsmittel nicht präsent ist.

Und dennoch besteht Grund zur Besorgnis. Wie bereits erläutert, ist die deutsche Stahlindustrie im internationalen Wettbewerb darauf angewiesen, weiter zu automatisieren, zu rationalisieren und den Kundenservice zu verbessern. Dem steht eine gewisse Unsicherheit gegenüber, auf welche Weise und in welche Richtung die Arbeiten vorangetrieben werden sollten und können. Der Schwung und die Unbekümmertheit der Gründerjahre scheinen dahin. Mehr als 50% der vorhandenen Programmierkapazität wird für die Wartung der bestehenden Software benötigt. Anwendungsprogramme und Dateiorganisation sind kompliziert und wenig änderungsfreundlich. Die Datenverarbeitung droht, sich überwiegend selbst zu verwalten, anstatt innovativ neue Probleme anzugehen. Ein Durchbruch mit einer vielleicht neuen Konzeption ist erforderlich, und auch die Frage nach den Grenzen des Einsatzes muß gestellt und beantwortet werden.

3. Ausgangssituation für die achtziger Jahre

Die sechziger Jahre waren noch wesentlich dadurch gekennzeichnet, daß mehr Wünsche und Forderungen als technische Realisierungsmöglichkeiten vorhanden waren. Viele Vorablösungen und Unzulänglichkeiten mußten in Kauf genommen werden. Ohne Pragmatismus und Kompromisse kein Fortschritt.

Heute kann man bereits sagen, daß sich das Bild umzukehren beginnt. Obwohl noch viele Wünsche offen sind, fällt es bereits schwer, aus der Vielfalt des Angebotenen und der strukturellen Möglichkeiten die optimale Auswahl zu treffen. Engpaß ist heute der Faktor Mensch. Nicht die Technologie, sondern menschliche Unzulänglichkeiten im weitesten Sinne hemmen bei der Problemfindung und Projektbearbeitung den Fortschritt.

Die Zeit des Eingehens von Kompromissen infolge technologischer Unzulänglichkeiten neigt sich dem Ende zu. Mit der Mikroelektronik stehen uns inzwischen eine neue unbegrenzte Ressource und damit elektronische Funktionen zu einem immer günstigeren Preis im Überfluß zur Verfügung. Das gleiche gilt für Primär- und Sekundärspeicher. Eine weitere unbegrenzte Ressource, die der Übertragungskapazität, wird uns in Kürze zur Verfügung stehen. Informationen können dann in praktisch beliebiger Menge zu beliebiger Zeit zu jedem beliebigen Ort übertragen und dort zur Verfügung gestellt werden. Rechnernetze werden bereits heute von fast jedem Hersteller angeboten. Peripheriegeräte werden immer intelligenter, besser und preiswerter. Hinzu kommen standardisierte Applikationsdienste wie Teletex, Bildschirmtext, Videotext, Telefax und Telekonferenz. In einem künftigen Bürosystem werden sie an einem multifunktionalen Arbeitsplatz zur Verfügung stehen. Die Mitarbeiter im Unternehmen können bereits über elektronische Post Nachrichten austauschen. Zu einem späteren Zeitpunkt wird auch die Speicherung und Übertragung der menschlichen Sprache integriert sein.

Mit diesen sich abzeichnenden, fast unbegrenzten Möglichkeiten und dem Zusammenwachsen von Nachrichtentechnik, Datenverarbeitung und Textverarbeitung könnte auch in der Stahlindustrie das Zeitalter einer „endgültigen", der „totalen Lösung" eingeläutet werden. Aber hier beginnt bereits die Schwierigkeit, was wir unter „endgültig" oder „total" verstehen wollen. Es darf unter keinen Umständen darunter verstanden werden, daß alle Vorgänge im Produktionsbetrieb und insbesondere in den Verwaltungsbereichen automatisiert werden, daß heißt, ohne menschliches Zutun ablaufen sollen. Die Systeme der Zukunft – und das geht ja aus den bereits angebotenen Applikationsdiensten hervor – werden ganz wesentlich Informationssysteme sein. Unter „total“ kann deshalb allenfalls verstanden werden, daß die neuen Hilfsmittel benutzt werden, um jedem Sachbearbeiter die Informationen zeitgerecht zur Verfügung zu stellen, die er zur Durchführung seiner operativen und rückblickenden Arbeiten benötigt. Automatisch ablaufende Funktionen in den Rechenanlagen müssen Eigentum der Abteilung bleiben, die für die Ausübung dieser Funktion verantwortlich ist, egal, wo der Rechner steht und ob er Eigentum der Abteilung ist oder nicht. Die Funktionen selbst dürfen nicht weiter automatisiert werden, als der Sachbearbeiter an der Schnittstelle Mensch/Maschine in der Lage ist, ihre Logik zu durchschauen. Nur so ist es möglich, anpassungsfähig gegenüber zukünftigen Änderungen zu sein. Nur so ist es möglich, daß der Sachbearbeiter die Kontrolle über seine Arbeiten behält, diese schneller und zuverlässiger als bisher ausüben, mehr Zeit auf das Wesentliche verwenden und beweglich auf Sonderfälle reagieren kann. Auf diese Weise ist es zugleich möglich, die Arbeitsplätze der Sachbearbeiter von Routinearbeit zu entlasten und qualitativ aufzuwerten.

Das Fernziel eines optimal erscheinenden Endzustandes kann nur als Vision erahnt werden. Die Grenzen werden sich mit neuen technologischen Möglichkeiten ständig weiter verschieben. Eine umfassende Zielsetzung ist konkret als Projekt nicht faßbar. Es kann allenfalls eine Entwicklung in die richtige Richtung eingeleitet werden. Es muß eine allgemeingültige Konzeption gefunden werden, die ein so umfassendes Vorhaben nicht als Projekt, sondern als Entwicklungsprozeß in kleinen Schritten zu bearbeiten gestattet. Eine solche Basiskonzeption muß deshalb als primäre Zielsetzung haben, Komplexität bei der Anwendungsentwicklung zu vermeiden bzw. komplexe Probleme bearbeitbar zu machen. Weiterhin muß berücksichtigt werden, daß in einem großen gemischten Hüttenwerk heute unter Einbeziehung auch mittelgroßer Rechenanlagen durchaus mehr als hundert Prozeß- und Dispositionsrechner dezentral verteilt im Einsatz sein können, die als Glieder eines umfassenden Systems anzusehen sind und integriert werden müssen. Der ingenieurmäßigen Beherrschung künftiger Kommunikationstechnologien kommt deshalb ebenfalls wachsende Bedeutung zu. Ein zu schaffendes Kommunikationssystem muß transparent zu den bereits auf dem Markt befindlichen lokalen Netzen der Hersteller und dem in schneller Entwicklung befindlichen multifunktionalen Geräten der Büroautomation sein.

Lassen Sie mich deshalb bitte für diese beiden bedeutenden Gesichtspunkte – Basiskonzeption und Kommunikationssystem – kurz skizzieren, welche Vorgehensweise im technischen Bereich der Thyssen AG gewählt wurde.

4. Ereignisorientierte Echtzeitverarbeitung

Eine Analyse der Ursachen, weshalb die Datenverarbeitung nach zwanzig Jahren ihrer Entwicklung schwerfällig und unflexibel zu werden begann, ergab, daß die methodische Ursache im Prinzip der Stapelverarbeitung und damit fester, nicht ereignisgebundener Verarbeitungs- und Planungszyklen zu suchen war. Das stetige Zusammenwachsen bisher unabhängiger Prozesse, Verfahren und Abläufe machte es immer schwieriger, die neu entstehenden Schnittstellen zu synchronisieren und datenmäßig aufeinander abzustimmen. Die unmittelbare Folge war eine immer komplizierter werdende Datenorganisation, die es ihrerseits immer schwieriger machte, auch auf nur geringfügige Änderungen der Ablauforganisation zu reagieren.

Der erste Schritt im Rahmen einer neuen Basiskonzeption bestand deshalb darin, für das komplexe Gebiet der betrieblichen Auftragsabwicklung die Grundlagen für eine einfache Datenorganisation zu legen. Es wurde vereinbart, für die beiden Ebenen des betriebsnahen Rechnereinsatzes im Prinzip nur einen einzigen Datensatz je Materialstück bzw. je Auftragsposition zu führen. Dieser Datensatz war dazu bestimmt, sämtliche aktuellen Daten – und zwar nur diese – aufzunehmen, die für die Verfolgung und Steuerung des Materials im Betrieb bzw. die Bearbeitung der Auftragspositionen benötigt werden.

Die Aktualisierung dieser Datensätze erfolgt sofort aufgrund jedes einzelnen betrieblichen oder dispositiven Ereignisses. Hier deutet sich bereits der wesentliche Unterschied dieser neuen Konzeption gegenüber der früheren Vorgehensweise an. Wurde bisher von Dateien, und damit mehr statisch von Zuständen ausgegangen, so sieht die von der Thyssen AG entwickelte Strategie nun vor, dynamisch von einzelnen Ereignissen auszugehen und dies konsequent auch in den weiteren Verarbeitungsstufen zu nutzen.

Um für spätere Erweiterungen offen zu sein, werden unabhängig von konkret vorliegenden Anforderungen möglichst alle für das Ereignis relevanten Daten erfaßt. Mit diesen Daten wird der Datensatz sofort aktualisiert.

In dieser sofortigen Aktualisierung liegt somit bereits die erste Abkehr vom Prinzip der Stapelverarbeitung und der erste erkennbare Vorteil für den Mitarbeiter, der den Datenerfassungsbeleg mit einem Bildschirm vertauscht. Es gibt keine Teilung mehr in Erfassung der Daten einerseits und Verarbeitung der Daten andererseits. An der Schnittstelle Mensch/Maschine eröffnet sich hierdurch die Möglichkeit, die Konsequenzen der Arbeit unmittelbar nachzuvollziehen und ein besseres Verständnis für die Bedeutung der eigenen Tätigkeit zu gewinnen.

Damit der vor dem Ereignis liegende Zustand des Materialstückes bzw. der Auftragsposition nicht verlorengeht, wird rechnerintern eine Nachricht gebildet, die das Ereignis, zum Beispiel „Ortsveränderung einer Vorbramme“, kennzeichnet, das Materialstück bzw. die Auftragsposition identifiziert und sowohl den vor- als auch nach dem Ereignis liegenden Zustand mit allen für das Ereignis relevanten Daten beschreibt. Diese Nachricht kann nun beliebig gespeichert und/ oder von anderen Programmen weiterverarbeitet werden.

Um für alle operativen Aufgaben im Betrieb und den Fachabteilungen alle ereignisgesteuerten Vorgänge möglichst zeitgleich nachvollziehen zu können, mußte das Prinzip der Stapelverarbeitung hier fast vollends aufgegeben werden.

Das bedeutet, daß alle Vorgänge sofort mit allen dispositiven Konsequenzen im Rechner verarbeitet werden müssen. Das setzt Rechner voraus, die hinsichtlich Hardware und Betriebssystemsoftware eine ständige Kommunikation zwischen den Verarbeitungsprogrammen über Einzelnachrichten ermöglichen.

Keine dieser Nachrichten darf verlorengehen, keine Bearbeitung vergessen werden. Das wiederum setzt den Einsatz von Rechenanlagen voraus, die ein Höchstmaß an Ausfallsicherheit bieten. Rechnerstillstand bedeutet nach kurzer Zeit auch Produktionsstillstand.

Eine daraus resultierende Forderung an die Rechnertechnologie ist, daß sich spätere Änderungen und Erweiterungen an der Hardware möglichst problemlos und in den kurzen Pausen eines Produktionsstillstandes vollziehen lassen müssen.

Eine weitere Forderung an Hardware und Software ergibt sich daraus, daß mehrere Produktionsanlagen selten ihre Stillstände zur gleichen Zeit haben. Überdeckt die Rechenanlage einen zu großen Bereich, dann sind größere Umstellungsmaßnahmen nur noch an hohen kirchlichen Feiertagen möglich. Das bedeutet, daß mehrere Rechner vorhanden sein müssen, die jeweils einzelnen Produktionsbereichen zuzuordnen sind. Diese müssen über eine Netzwerksoftware so mit einander verbunden werden können, daß sie aus Sicht des Benutzers und des Programmierers nur ein einziges System darstellen.

Rechenanlagen, die alle diese Anforderungen hinsichtlich Hardware und Software erfüllen, sind erst seit wenigen Jahren auf dem Markt. Damit läßt sich das beschriebene Konzept nun weitgehend verwirklichen, ohne allzu detaillierte Kenntnis der Anwendungserfordernisse zu besitzen. Dies war eine der gestellten Forderungen, auf ein vollständiges Top-Down-Design des gesamten Anwendungssystems im Sinne eines umfassenden Projektes verzichten zu können.

Bisher liegt für jedes unternehmensrelevante Ereignis nur eine Nachricht im Rechner vor, die den Zustand vor und nach Eintritt des Ereignisses vollständig beschreibt, sowie ein aktueller Datensatz mit allen ein Materialstück oder eine Auftragsposition kennzeichnenden Daten. Spätestens nach Übertragung dieser Nachrichten an ein weiteres Verarbeitungsprogramm ist jedoch die genaue Kenntnis der Anwendung unerläßlich.

Da auch diese Bedingung nicht immer gegeben ist, andererseits der Progammierer mit Absendung der Nachricht sein Programm zum Abschluß bringen möchte und soll, wurde als eine zusätzliche Systemfunktion ein sogenannter „Autopilot" entwickelt. An diesen Autopiloten adressiert der Programmierer seine Nachricht und hat damit erreicht, daß sein Programm lauffähig zum Abschluß gebracht wurde, ohne selbst Kenntnis der weiteren Verarbeitung zu besitzen.

Die Aufgabe des Autopiloten als eine Systemfunktion ist es, über jederzeit – d.h. auch im laufenden Betrieb – änderbare Tabellen zu gewährleisten, daß die gewünschten Nachrichtenverbindungen und Verknüpfungen zwischen den Programmen aufgebaut werden. Diese Verbindungen bleiben so lange bestehen, bis durch erneuten Eintrag beim Autopiloten ein Widerruf erfolgt.

Die auf der organisatorischen Basis des Nachrichtenangebots neu entwickelten Programme werden, nachdem sie ausgetestet sind, ihrerseits durch Anmeldung beim Autopiloten aktiviert. Die Komplexität zukünftiger Anwendungssysteme liegt gegenüber früher somit weniger in den Programmen selbst als in ihrer wachsenden Verknüpfung durch den Autopiloten. Da ein betriebliches oder dispositives Ereignis die kleinste sinnvolle Einheit für die Verarbeitung darstellt, wird zugleich deutlich, daß bei einem vollständigen Angebot aussagefähiger Nachrichten über alle relevanten Ereignisse prinzipiell jede spätere Anforderung an die Datenverarbeitung erfüllt werden kann. Die Weiterentwicklung ist in kleinen Schritten möglich und setzt immer auf dem bereits Erreichten auf. Bisherige Großprojekte können damit ohne Gefahr von Rückschritten als Entwicklungsprozeß betrieben werden. Die Einzelnachrichten können für rückschauendes Berichtswesen auch analog zu den früheren Lochkarten im Stapel verarbeitet werden. Der Lebenslauf eines jeden Materialstückes bzw. einer jeden Auftragsposition läßt sich – wichtig auch für Reklamationszwecke – lückenlos rekonstruieren. Aus der Zustandsverarbeitung in vorgegebenen Zeitintervallen ist eine ereignisorientierte Echtzeitverarbeitung geworden, die zugleich offen gegenüber allen erkennbaren zukünftigen Technologien und möglicher Strukturen verteilter Funktionen und Rechenanlagen in einem gemischten Hüttenwerk ist.

Nach dieser Konzeption ist es zum Beispiel möglich, auch bei beliebig dezentral verteilter Datenverarbeitung jedes System und jeden Sachbearbeiter zeitgerecht mit den Nachrichten zu versorgen, die an dem Arbeitsplatz benötigt werden. Bei Beibehaltung dieses Prinzips müßte nach jedem dezentral abgeschlossenen Arbeitsvorgang ebenfalls eine Nachricht erzeugt und anderen Programmen im gleichen Rechner sowie anderen Systemen angeboten werden. Voraussetzung ist ein sicheres und ausbaufähiges Kommunikationssystem.

5. THYNET, ein Rechnernetz für industrielle Anwendungen

Die Ausgangssituation für die Überlegungen zur Schaffung eines leistungsfähigen Datenkommunikationssystems war, daß im technischen Bereich der Thyssen AG ohne Mikrocomputer bereits 115 autonome Rechnersysteme im Einsatz waren. Abb. 5 zeigt für die wichtigsten Installationen die bereits bestehenden Rechnerverbindungen, die mit zum Teil beträchtlichem Aufwand an Hardware, Software und Verkabelung realisiert wurden. Dieses Verbundsystem heterogener Rechner wurde ständig komplexer, und es mußten immer mehr Daten zwischen immer mehr Rechnern ausgetauscht werden. Störungen in der Datenübertragung wurden zu einer häufigen Fehlerquelle im organisatorischen Ablauf.

Gemeinsam mit dem Fraunhofer Institut wurde deshalb für den Transport von Nachrichten ein Kommunikationssystem entwickelt, das zusammen mit den angeschlossenen Teilnehmern das im schnellen Ausbau befindliche heterogene

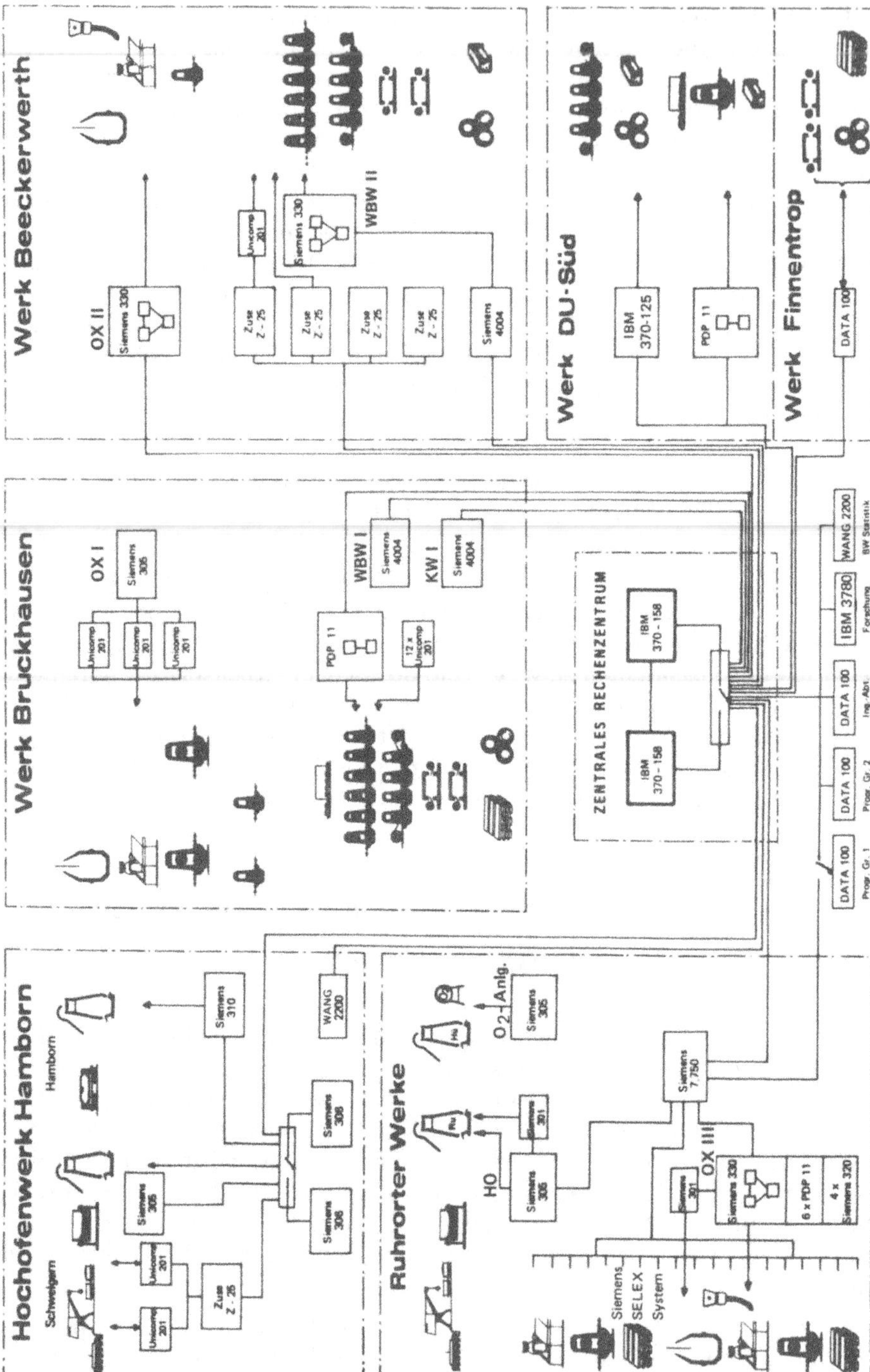
Werk Beeckerwerth
OX II
Siemens 330
Unicomp 201
Siemens 330
WBW II
Zuse Z-25
Zuse Z-25
Zuse Z-25
Zuse Z-25
Siemens 4004
Werk DU-Süd
IBM 370-125
PDP 11
Werk Finnentrop
DATA 100
Werk Bruckhausen
OX I
Siemens 305
Unicomp 201
Unicomp 201
Unicomp 201
PDP 11
12 x Unicomp 201
WBW I
Siemens 4004
KW I
Siemens 4004
ZENTRALES RECHENZENTRUM
IBM 370-158
IBM 370-158
DATA 100
Progr. Gr. 1
DATA 100
Progr. Gr. 2
DATA 100
Ing.-Abt.
IBM 3780
Forschung Math. Abt.
WANG 2200
BW Statistik
Hochofenwerk Hamborn
Schwelgern
Hamborn
Siemens 310
WANG 2200
Siemens 305
Siemens 306
Siemens 306
Unicomp 201
Unicomp 201
Zuse Z-25
Ruhrorter Werke
O_2-Anlg.
Siemens 305
Siemens 7.750
Siemens 301
HO
Siemens 305
OX III
Siemens 301
Siemens 330
6 x PDP 11
4 x Siemens 320
Siemens SELEX System

Abb. 5

Rechnerverbundsystem des technischen Bereiches der Thyssen AG darstellt. Teilnehmer können hierbei Prozeßrechner, kommerzielle Rechner sowie intelligente und nicht intelligente Terminals sein.

Das Nachrichtentransportsystem ist ein vermaschtes Netz, bestehend aus einer nicht begrenzten Anzahl von Netzknoten, den sogenannten Netzknotenrechnern, aus den Nachrichtenwegen, die diese Knoten zum Netz verbinden, und einer gemeinsamen Netzwerksoftware.

Aufgabe des Nachrichtentransportsystems ist es, die Teilnehmer über deren teilnehmerspezifische Schnittstellen, geräte- und programmtechnisch anzukoppeln und den Datentransfer zwischen diesen Teilnehmern durch Transport von Nachrichten zu realisieren. Die Knotenrechner übernehmen im Auftrag der Teilnehmer die Aufgaben der Steuerung, Koordination und Überwachung des Nachrichtentransportes und entlasten so die Teilnehmer von den Kommunikationsvorgängen. Durch variable Programme und Geräteschnittstellen ist der Anschluß von Teilnehmern mit unterschiedlichen Schnittstellen gewährleistet.

Der Nachrichtentransport erfolgt im Teilstreckenbetrieb mit Paketvermittlung, in dem die Nachrichten – in Pakete zerlegt – sukzessive mit Zwischenspeicherung von Knotenrechner zu Knotenrechner übertragen werden. Diese Entkopplung der Teilwege, verbunden mit einer Wegesteuerung, erlaubt eine effiziente Kommunikation adaptiv zum Betriebs- und Belastungszustand des Netzes.

Da sich einzelne Nachrichten überholen können, wird in den Knoten eine Ende-zu-Ende-Kontrolle durchgeführt. Die Kontrolle des Nachrichtenflusses und die Überwachung der Komponenten des Gesamtsystems läuft dezentral in den einzelnen Netzknotenrechnern ab, wobei aus Gründen der Bedienbarkeit eine zentrale Sammlung der Informationen über den Systemzustand in einem Knoten mit Sonderaufgaben (Netzbedienplatz) erfolgt.

Jeder Netzknoten besteht aus einem Hauptprozessor Intel 3000 mit 48 K Bytes, einem zweiten Prozessor für Sonderaufgaben sowie einer Bus- und Interrupt-Steuerung. Es sind maximal 8 Netzkanäle und 16 Teilnehmerkanäle vorhanden. Für jeden Netzkanal wird ein Leitungsprozessor Z 80 benötigt, der die Netzleitung mit HDLC und 19.200 Band betreibt. Für jeden Teilnehmerkanal wird ein sogenannter Prozedur-Prozessor benötigt, der den Teilnehmer mit seiner speziellen Prozedur und Geschwindigkeit an die Schnittstelle des Netzknotens anpaßt. Im ungünstigsten Fall muß somit nur noch eine Schnittstelle je Rechnertyp entwickelt werden.

Die Netzwerksoftware sorgt über gespeicherte Wegetabellen dafür, daß auch bei Ausfall einzelner Knoten die Nachricht nach Möglichkeit den Zielrechner erreicht. Zur Erhöhung der Sicherheit werden Teilnehmerrechner im allgemeinen an zwei Netzknoten angeschlossen. Dies wird aus Abb. 6 deutlich, das die bis jetzt realisierten Rechneranschlüsse ausweist.

Mit THYNET steht jetzt bereits das zweite Netz im technischen Bereich der Thyssen AG zur Verfügung. Die Abgrenzung beider Netze zeigt Abb.7. Während die Rechenanlagen der mittleren Einsatzebene in einem Anwendungsver-

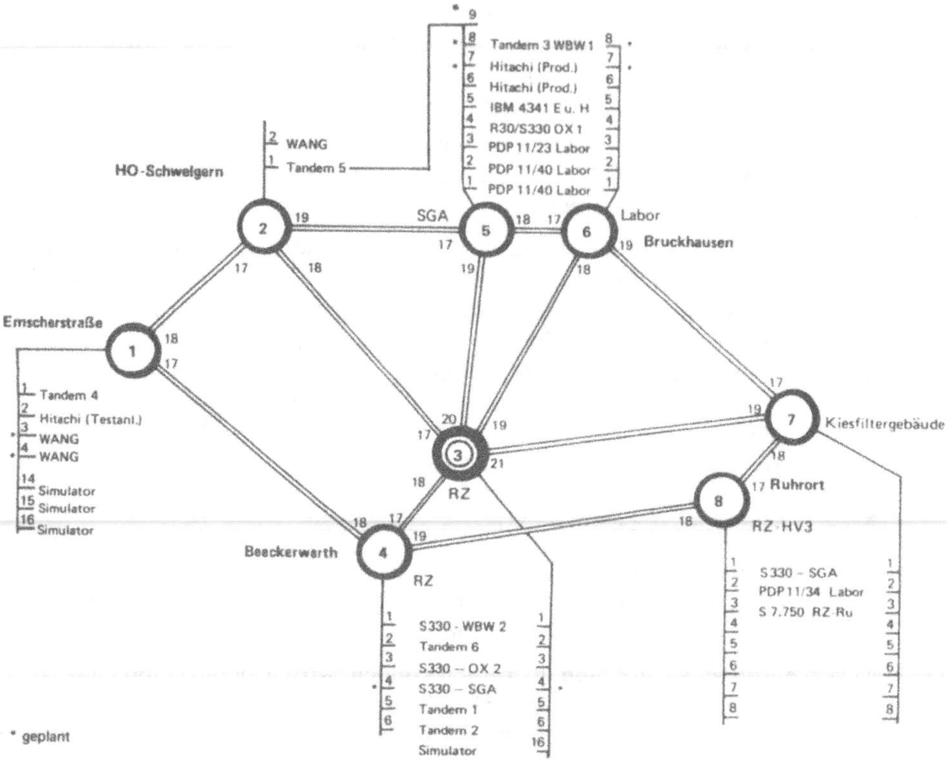

Abb. 6

bund als homogenes Gesamtsystem arbeiten, handelt es sich bei THYNET um ein heterogenes Netz zum Nachrichtenverbund für autonome Rechner. Es wird kaum vermeidbar sein, daß zukünftig lokal begrenzte Netzwerke (LAN) zusätzlich für besondere Aufgaben eingesetzt werden. Die Durchgängigkeit aller Netze muß durch sogenannte Gateways sichergestellt werden.

6. Ausblick

Sowohl die neue Konzeption für Projektbearbeitung und ereignisorientierte Echtzeitverarbeitung als auch die Netzwerk-Philosophie basieren auf Einzelnachrichten für den Informationsaustausch innerhalb des Unternehmens. Auch unter Einsatz modernster Hilfsmittel der Büroautomation muß und wird sich hieran nichts ändern. Im Gegenteil wird das Angebot von Einzelnachrichten zunächst einmal Voraussetzung für deren Einsatz sein. Ein Sammeln von Nachrich-

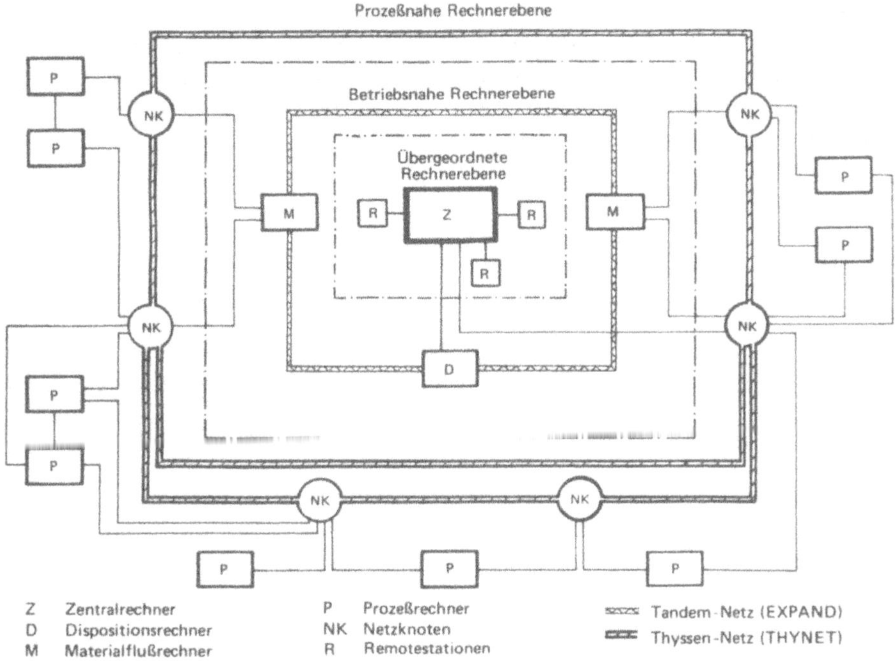

Abb. 7

ten, um sie von Zeit zu Zeit im Stapel zu verarbeiten, ist jederzeit möglich und bietet sich, z.B. für Planungsaufgaben und Berichtswesen, an.

Überall dort aber, wo es auf schnellstmögliche Reaktion ankommt, wird es zukünftig von großem Vorteil sein, einzelne Nachrichten über Ereignisse sofort an jedem beliebigen Ort aufgreifen und bearbeiten zu können. Das Personal an den zukünftigen hochtechnisierten Arbeitsplätzen wird im Prinzip so miteinander kommunizieren wie bisher, wobei Telefon, Werkspost und dergleichen durch formatierte und auch nichtformatierte Nachrichten zum Teil ersetzt werden. Da die Übertragung sehr schnell geschieht, kann jede Arbeitsgruppe in Betrieb und Verwaltung auch genau die Funktion ausüben, die ihr in der Strukturorganisation des Unternehmens zukommt. Es muß keine Kompetenzverschiebungen mehr geben, die aus pragmatischen Gründen wegen unterschiedlicher Verfügbarkeit von Informationen heute noch sinnvoll sein können. Es muß andererseits sichergestellt werden – und das ist durchaus möglich –, daß Nachrichten nur die Empfänger erreichen, seien es nun Personen oder Rechner oder Programme innerhalb eines Rechners, die dazu autorisiert sind.

Die Systeme der Zukunft werden jeden Mitarbeiter, der an einem modern ausgerüsteten Arbeitsplatz arbeitet, auch in die Lage versetzen, auf die Informationen zuzugreifen, die er für die Bearbeitung eines Vorgangs benötigt. Er wird in der Lage sein, den Ablauf automatischer Arbeitsgänge zu verfolgen und zu beeinflussen. Er wird mehr Durchblick in die Konsequenzen und Zusammenhänge seiner Arbeit haben, als dies heute der Fall ist, und damit an Bedeutung gewinnen. Er wird die moderne Technik beherrschen und nicht von ihr beherrscht werden. Die Erfahrungen der vergangenen Jahre haben diese Erwartungen bisher bestätigt.

Einführung einer deckungsbeitragsbezogenen Produktions- und Vertriebsplanung bei einem mittelständischen Fertigungsunternehmen

Prof. G. Meier

1. Einleitung und Zielsetzung

Die Behandlung von Problemen der Produktions- und Transportplanung – als solche kann eine Vertriebsplanung für verschiedene Vertriebsgebiete verstanden werden – mittels Linearer Progammierung hat sich bei größeren Unternehmen weitgehend durchgesetzt[1]. Bei mittelständischen Unternehmen besteht jedoch auch heute noch eine gewisse Scheu vor der Entwicklung mathematischer Modelle und ihrem praktischen Einsatz. Einerseits wird argumentiert, daß die Verwendung solcher Modelle große Rechner bedingt. Andererseits werden unzureichende spezielle Kenntnisse der Mitarbeiter auf den Gebieten „Operations Research" und EDV ins Feld geführt.

Nach dem derzeitigen Stand der Entwicklung der Microcomputer darf aber die Begründung „Kapazitätsengpaß" nicht mehr als prinzipieller Hinderungsgrund angesehen werden. Auch das zweite Gegenargument muß zumindest als entschärft gelten, denn bei der Durchführung einer gemeinsamen Studie mit einem mittelständischen Unternehmen wurde uns bewußt, daß die mangelnden Kenntnisse durch die allerdings zu fordernde Aufgeschlossenheit der Mitarbeiter des Studienpartners mehr als aufgewogen werden können. Von entscheidender Bedeutung ist vielmehr die Transparenz der Unternehmensbereiche, hier Produktion und Vertrieb.

Im folgenden soll das an der Studie beteiligte Unternehmen charakterisiert werden, ohne daß hierbei auf unwesentliche Details eingegangen wird. Die Struktur des Unternehmens, seine Zielsetzung in bezug auf das angestrebte Modell zur Produktions- und Vertriebsplanung und das bereitgestellte Mengengerüst sollen das Verständnis der in den folgenden Kapiteln abstrahiert dargestellten Modellentwicklung und -implementation unterstützen und als Datengrundlage für die Beispiele dienen.

Unser Studienpartner aus der metallverarbeitenden Industrie (KG) hat eine zentrale Produktion und einen nach Ländern dezentralisierten Vertrieb. Die ca. 300 unterschiedlichen Produkte werden auf 80 Maschinen gefertigt, wobei Teile eines Produkts während seiner Herstellung mehrfach von einer Maschine bearbeitet werden können. Die Produktion ist rein montageorientiert, insbesondere liegt keine Kuppelproduktion wie beispielsweise in der chemischen Industrie vor.

Der Vertrieb der Produkte wird von Tochtergesellschaften in Deutschland, Österreich, Frankreich, Großbritannien und der Schweiz durchgeführt. Dabei werden abhängig vom Markt aus der gesamten Produktpalette jeweils 100 bis 250 Produkte angeboten. Die Produkte dieser Sortimente sollen im folgenden zur besseren Unterscheidung Artikel genannt werden. Die jeweiligen Märkte lassen sich als bilaterale Oligopole charakterisieren[2].

Die Reaktionsgeschwindigkeit der Marktteilnehmer ist jedoch nicht hoch, was die Planung auf Jahresbasis begünstigt.

Diese Struktur ist für die Produktions- und Vertriebsplanung als vorgegeben anzusehen. Die Planungsziele sind die Ermittlung einer Basis für die jährliche

[1] Vgl.: V. Steinecke, O. Seifert, D. Ohse: Lineare Planungsmodelle im praktischen Einsatz, DGOR-Schrift Nr. 5, 1973

[2] Vgl.: Haberstock, L.: Grundzüge der Kosten- und Erfolgsrechnung, 3., verb. Auflage, München, Vahlen, 1982.

Vertriebsplanung der Tochtergesellschaften und davon abhängig die Vorbereitung von Investitionsentscheidungen im Produktionsbereich. Zur Bewertung sollten Deckungsbeiträge herangezogen werden. Diese Entscheidung war nicht unwesentlich von der Tatsache beeinflußt, daß parallel ein System zur Deckungsbeitragsrechnung entwickelt wurde. Die theoretischen Probleme in diesem Zusammenhang können hier nicht diskutiert werden, die daraus resultierenden praktischen Probleme werden im abschließenden Kapitel beschrieben.

Für die erste Zielsetzung „Ermittlung einer Basis für die jährliche Vertriebsplanung der Tochtergesellschaften" waren typische Fragestellungen:

- Welche Produkte sind in welchen Mengenkombinationen (unter Berücksichtigung vorhandener Produktionskapazitäten) produzierbar;
- Welche Artikel tragen am meisten zur Deckung fixer Kosten und somit zum Gewinn bei;
- Welche Artikel sollen bei einem vom Markt aufnehmbaren höheren Absatzpotential zu niedrigeren Preisen (Deckungsbeiträgen) angeboten werden.

Da wegen nur begrenzt verfügbaren Produktionsfaktoren nicht unbedingt von der Höhe des Deckungsbeitrags auf die Präferenz für einen Artikel zu schließen ist, muß der Bereich der Produktion in die Betrachtung einbezogen werden. Hier sind in Abhängigkeit von den Gegebenheiten des Vertriebs folgende Fragestellungen von Interesse:

- Welche Produktionskapazitäten stellen Engpässe dar?
- Für welche Produktionskapazitäten sind Investitionen möglich, wenn sie (im ersten Jahr) eine geforderte Mindestrendite erbringen sollen?

Zur Beantwortung dieser und ähnlicher Fragestellungen ist die Lineare Planungsrechnung (LP) geeignet. Ihre Komponenten, das formale Modell und die Modellaufbereitung und -generierung, werden in den folgenden Kapiteln beschrieben.

2. Modellkomponenten und Datengrundlage

In der folgenden Darstellung der Modellkomponenten wurde weitgehend von dem vorher beschriebenen Beispiel abstrahiert, um die Möglichkeit zu schaffen, mit eigenen Entwicklungen ohne Umschweife hier anzusetzen. Außerdem sind die im Verlauf der Studie gewonnenen Erkenntnisse mit verarbeitet worden. Die Komponenten des Modells beziehen sich auf

1. Produktion
2. Vertrieb
3. Investitionen.

Zur Modellerstellung sind Daten und Beziehungen aus diesen Bereichen erforderlich, die das dort ablaufende reale Geschehen hinreichend genau beschreiben.

2.1 Produktion

Mit den Daten aus dem Produktionsbereich wird die Erstellung der Produkte beschrieben, z.B. durch die spezifische Produktionsbeanspruchung für die einzelnen Produkte in Maschinenstunden pro 100 Stck. Diese Daten sind für Teile und Zwischenprodukte bzw. Baugruppen überwiegend in Stücklisten/Rezepturen vorhanden. Im Rahmen der Deckungsbeitragsoptimierung wird die Inanspruchnahme der Produktionsfaktoren pro Artikel (Maschine/Fertigungsplätze) erfaßt, um Engpässe in der Produktion aufzuzeigen und Engpaßkapazitäten nach dem Zielkriterium einer optimalen (maximalen) Deckungsbeitragssumme auf die zu produzierenden Artikel zu verteilen.

Aus der Inanspruchnahme von Ressourcen können variable Herstellungskosten ermittelt werden, die ebenso wie die (variablen) Vertriebskosten vom Erlös abgezogen werden, so daß sich implizit ein Deckungsbeitrag ergibt. Für die Erstellung eines Modells ist es jedoch einfacher, mit explizit ermittelten Deckungsbeiträgen zu arbeiten. Ausschließlich diese Möglichkeit wird im folgenden erörtert. Explizite Deckungsbeiträge sind Voraussetzung dafür, daß nur solche Produktionsfaktoren betrachtet werden müssen, die zu Kapazitätsengpässen führen können. Bei Verwendung expliziter Deckungsbeiträge und uneingeschränkter Materialverfügbarkeit kann z.B. Material als Produktionsfaktor unberücksichtigt bleiben, während bei impliziten Deckungsbeiträgen der Materialverbrauch einen Beitrag zu den variablen Herstellungskosten liefert und deshalb berücksichtigt werden müßte.

2.2 Vertrieb

Mit den Daten des Bereichs Vertrieb wird beschrieben, welche Artikel auf welchen Märkten angeboten werden[3]. Besondere Sorgfalt ist hier der Ermittlung der Deckungsbeiträge zu widmen. Sie werden aus dem jeweiligen Marktpreis vermindert um Vertriebskosten und kalkulierte variable Produktkosten errechnet. Dabei können sich unterschiedliche Deckungsbeiträge für dasselbe Produkt durch die unterschiedlichen Marktpreise und Vertriebskosten der Tochtergesellschaften ergeben, also nach unserer Definition die Deckungsbeiträge pro Artikel.

Weiterhin können unterschiedliche Deckungsbeitragsniveaus auf Grund von Großabnehmer-Rabatten oder wegen geringeren Produktionskosten bei Großaufträgen auftreten. Existieren pro Artikel unterschiedliche Deckungsbeitragsniveaus, z.B. entsprechend dem normalen Preis und einem reduzierten Preis, so wird diesem Umstand durch eine formale Unterscheidung im Modell Rechnung

[3] Die Unterscheidung mehrerer Märkte (z.B. nach Ländern) ist nur dann sinnvoll, wenn unterschiedliche Preisniveaus oder Vertriebskosten vorliegen, oder wenn aus organisatorischen Gründen (z.B. Vertriebsbereich = Tochtergesellschaft) eine Mindest-Deckungsbeitragssumme erwirtschaftet werden muß.

getragen, hier also „Artikel zum normalen Preis“ und „Artikel zum reduzierten Preis“.

Zusätzlich sind für die jeweiligen Deckungsbeitragsniveaus auf den Märkten obere Absatzgrenzen zu ermitteln bzw. zu planen.

2.3 Investitionen

In diesem Rahmen werden nur Investitionen für den Bereich Produktion betrachtet, d.h. Investitionen zur Erweiterung der Produktionskapazitäten. Dazu sind Daten über die Leistung und die Kosten für eine erweiterte Produktionsanlage (z.B. Maschine, Arbeitsplatz) erforderlich. Es ist sinnvoll, die Anzahl der möglichen Erweiterungen nach Gesichtspunkten der technisch-organisatorischen Realisierbarkeit (z.B. Raumanforderungen für Anlagen, Ausbildung der Mitarbeiter, etc.) einzuschränken. Darüber hinaus ist die Summe der Gesamt-Investitionen durch die zu diesem Zweck verfügbaren liquiden Mittel beschränkt.

Der Einsatz der Mittel wird mit einer vorgegebenen Mindest-Rendite im ersten Jahr (als Maß für die Wirtschaftlichkeit) bewertet. Dies geschieht bei einer Mindest-Rendite von z.B. 5% durch Verwendung von

> Deckungsbeitragssumme – 0,05 * Investitionssumme als Zielfunktion des Modells

Die Berücksichtigung von Renditen über mehrere Jahre erfordert mehrperiodische Modelle, auf deren Darstellung hier verzichtet wird. Formal ist dies ausgehend vom einperiodischen Modell leicht möglich[4], jedoch sollte nicht außer acht gelassen werden, daß hier u.a. sehr vage Daten über den Absatz in den Folgejahren in die Modellrechnung eingehen.

3. Formales Modell

Die im vorigen Kapitel beschriebenen Daten gestatten die Erstellung eines Modells zur Maximierung der Deckungsbeitragssumme. Bei dieser Optimierung werden vorgegebene Beschränkungen oder Restriktionen (max. Absatzmengen, Produktionskapazitäten, Investitionssumme, Fixkostendeckung der Tochtergesellschaften) berücksichtigt. Diese Restriktionen werden durch die Modelldaten und die Werte der Modell-Variablen in Form von linearen Gleichungen bzw. Ungleichungen dargestellt.

Nehmen wir an, daß zwei Produkte „PR_1“ und „PR_2“ in den Mengen X_1 und X_2 gefertigt werden und diese pro Stück auf einer Maschine „1“ jeweils A_{11} bzw. A_{12}

---

[4] Vgl.: z.B. Müller-Merbach, Heiner: Operations Research, 3. Auflage, München 1973, S. 160

Minuten Verarbeitungszeit benötigen, so beträgt die benötigte Gesamtverarbeitungszeit auf der Maschine „1“:

$$A_{11} * X_1 + A_{12} * X_2 .$$

Weiterhin seien K_1 Minuten Verarbeitungszeit (primäre Kapazität) auf der Maschine „1“ verfügbar, wobei „primär“ hier und im folgenden „Kapazität ohne Erweiterungsinvestitionen“ bedeutet. Dann läßt sich diese Kapazitätsgrenze durcheine lineare Restriktion (Ungleichung) der Form

$$A_{11} * X_1 + A_{12} * X_2 \leq K_1$$

darstellen. Unter Verwendung einer Variablen „beanspruchte (primäre) Kapazität“ B_1 läßt sich obige Ungleichung in eine Bilanzgleichung

(1) $$A_{11} * X_1 + A_{12} * X_2 - B_1 = 0$$

und eine zusätzliche Variableneinschränkung

(2) $$B_1 \leq K_1$$

überführen. Obwohl diese Vorgehensweise nicht alle Möglichkeiten der heute auf dem Markt verfügbaren Anwendungs-Software, z.B. MPSX/370, ausnutzt, bietet sie den Vorteil, daß alle Planungsvorgaben (Vertriebsvorgaben für Produkte, Kapazitätserweiterungen usw.) als Begrenzungen für Variable (Lower/Upper Bounds) formuliert werden können.

Darüber hinaus gestattet die Verwendung von Bilanzgleichungen eine einfache Modell-Generierung und trägt zur Transparenz des Modells bei.

3.1 Produktion

Wie bereits angedeutet, läßt sich mengenmäßig die gesamte Produktion in Form von Bilanzgleichung (vgl. (1)) und Begrenzung (vgl. (2)) beschreiben, wobei als Datenbasis vorhandene Stücklisten/Rezepturen und Kapazitätskennzahlen benutzt werden können. Wir erhalten allgemein für einen Produktionsfaktor „i“ und Produktmengen pro Produkt „PR_j“ X_1, X_2, X_3, ... X_N unter Verwendung der Variablen „beanspruchte (primäre) Kapazität“ B_i und „primäre Kapazität“ K_i:

(1′) $$\sum_{j=1}^{N} A_{ij} * X_j - B_i = 0$$

(2′) $$B_i \leq K_i .$$

Im Fall einer Kapazitätserweiterung[5] ist die Bilanzgleichung (1′) zu modifizieren. Dazu benötigen wir als weitere Daten die zusätzliche Kapazität Z_i, die eine Erweiterung des Produktionsfaktors „i“ um eine Einheit erbringt. Die Anzahl der Erweiterungen E_i für einen Produktionsfaktor soll durch eine Maximal-Anzahl M_i beschränkt sein. Dann lautet der Produktionsteil des Modells:

$$(1'') \qquad \sum_{j=1}^{N} A_{ij} * X_j - B_i - E_i * Z_i = 0$$

$$(2') \qquad B_i \leq K_i$$

$$(3) \qquad E_i \leq M_i.$$

Die beanspruchte Kapazität pro Maschine ergibt sich aus der Summe der Primärkapazität und der jeweiligen Kapazitätserweiterung. Sie kann im Modell unberücksichtigt bleiben, da ihr Wert wegen der vorausgesetzten expliziten Dekkungsbeiträge nicht benötigt wird.

3.2 Vertrieb

Der Modellteil Vertrieb beschreibt die Verteilung der mengenmäßig ermittelten Produkte als Artikel auf die Märkte unter Berücksichtigung evtl. unterschiedlicher Preisniveaus. Nehmen wir an, daß Produkte „PR_j“ (j = 1, …, N) auf Märkten „k“ (k = 1, … K) zum Preisniveau „l“ (l = 1, …, L) vertrieben werden und bezeichnen mit X_{jkl} die Menge des im Markt „k” zum Preisniveau „l“ vertriebenen Artikels „j“, so gilt folgende Bilanz:

$$(4) \qquad X_j = \sum_{k=1}^{K} \sum_{l=1}^{L} X_{jkl}$$

wobei X_j die Gesamtabsatzmenge pro Produkt „j“ und X_{jkl} die Absatzmenge pro Artikel ist.

Diese triviale Formulierung der Produktverteilung erzeugt im Modell $N * K * L$ Variable X_{jkl} ohne Rücksicht darauf, ob ein Produkt „PR_j“ als Artikel auf dem Markt „k“ zum Preisniveau „l“ vertrieben wird.

Zur Vermeidung nicht-relevanter Artikel in der Modellformulierung führen wir Entscheidungsvariable T_{jkl} mit

[5] Vgl.: Müller Merbach, Operations Research, München, 1973, S. 182 ff., beschreibt dort Kapazitätserweiterungen in Form von Überstunden. Die hier gewählte Normierung auf Maschineneinheiten vereinfacht es, Ganzzahligkeitsforderungen an die Anzahl der Erweiterungen zu formulieren. Eine Erkenntnis der Studie war sogar, daß dann derartige Forderungen i.a. nicht explizit erforderlich sind.

$$T_{jkl} = \begin{cases} 1 & \text{Produkt „}PR_j\text{“ wird als Artikel auf Markt „k“ zum} \\ & \text{Preisniveau „l“ vertrieben.} \\ & \text{(Bezeichnung: (k, l) relevant bez. „}PR_j\text{“)} \\ 0 & \text{sonst} \end{cases}$$

ein. Aus der Bilanz (4) ergibt sich damit vermöge

$$(4') \qquad X_j = \sum_{\substack{(k,l)\ \text{relevant} \\ \text{bez. “}PR_j\text{“}}} X_{jkl} = \Sigma\, T_{jkl} * X_{jkl}$$

eine Formulierung, in die nur relevante Artikel einbezogen werden. Nur für diese Artikel benötigen wir die oberen Absatzgrenzen C_{jkl}, für die also gilt

$$(5) \qquad X_{jkl} \leq C_{jkl}$$

sowie die entsprechenden Deckungsbeiträge D_{jkl}. Da im Rahmen der Modellgenerierung von der Existenz einer Absatzgrenze C_{jkl} oder eines Deckungsbeitrags D_{jkl} auf die Relevanz, also das Vorhandensein, des entsprechenden Artikels geschlossen werden kann, sind somit die Entscheidungsvariable T^{jkl} generierbar.

Die den Artikeln X_{jkl} zugeordneten Deckungsbeiträge D_{jkl} tragen zur Deckung der dem Markt der Tochtergesellschaft zurechenbaren Fixkosten F_k bei. Die Forderung nach Fixkostendeckung durch die Deckungsbeitragssumme D_k pro Markt geben die Restriktionen

$$(6) \qquad \sum_{j=1}^{N} \sum_{l=1}^{L} D_{jkl} * X_{jkl} - D_k = 0 \text{ bzw.}$$

$$(6') \qquad \sum_{\substack{(k,l)\ \text{relevant} \\ \text{bzgl. „}PR_j\text{“}}} D_{jkl} * X_{jkl} - D_k = 0$$

$$(7) \qquad D_k \geq F_k$$

wieder.

Der Erfolg der Gesamtunternehmung wird durch die zu maximierende Dekkungsbeitragssumme D, also durch die Summe der Deckungsbeiträge D_k auf den einzelnen Märkten, bewertet:

$$(8) \qquad \sum_{k=1}^{K} D_k - D = 0$$

$$(9) \qquad D \rightarrow \max!$$

Schließlich soll noch darauf hingewiesen werden, welche Vereinfachungen in dem Spezialfall „Ein Markt auf dem alle Artikel nur ein Preisniveau haben“ bei der Modellierung möglich sind:

- Produkt und Artikel werden als identische Objekte behandelt, damit kann die Verteilungsbilanz (4′) entfallen
- Absatzgrenzen C_j können direkt auf die Produkte bezogen werden. Dadurch wird (5) modifiziert zu

(5′) $$X_j \leq C_j$$

- Die Produkte können durch Deckungsbeiträge D_j bewertet werden
- die Summe der Deckungsbeiträge D_j für die Produkte X_j ergibt sofort vermöge

(8′) $$\sum_{j=1}^{N} D_j * X_j - D = 0$$

die gemäß (9) zu maximierende Gesamtdeckungsbeitragssumme D.

3.3 Investitionen

Die mengenmäßigen Auswirkungen einer Kapazitätserweiterung haben wir bereits im Abschnitt 3.1 betrachtet. Zusätzlich bewerten wir jede Einheit eines erweiterten Produktionsfaktors i mit einem Preis P_i. Für die Gesamt-Investitionssumme P gilt dann

(10) $$\sum_{i=1}^{M} P_i * E_i - P = 0$$

wobei P höchstens so groß wie das Investitionsbudget G werden kann.

(11) $$P \leq G.$$

Schließlich soll die Gesamt-Investitionssumme in der ersten Planungsperiode eine Mindestrendite von r% erbringen. Dann ist der Anteil der Rendite R = r/100. Dazu erweitern wir unsere Maximierungsgröße (9) zu

(9′) $$D - R * P \rightarrow \max!$$

An dieser Stelle sei noch einmal ausdrücklich darauf hingewiesen, daß sich die Aussage über die Rendite in dieser Form nur auf die erste Planungsperiode beziehen kann, da über weitere Perioden keine Daten (z.B. Absatzprognosen) in das Modell einbezogen worden sind. Für die dazu notwendigen mehrperiodischen Modelle sind jedoch die Überlegungen dieses Kapitels weitgehend gültig.

3.4 Varianten des Modells

Aus den vorangegangenen Abschnitten ergeben sich vier Modellvarianten:

- ein Markt ohne Investitionen,
- ein Markt mit Investitionen,
- mehrere Märkte ohne Investitionen und
- mehrere Märkte mit Investitionen,

die in den Abbildungen 1 bis 4 schematisch dargestellt sind. In diesen Schemata sind die rechten Seiten der Gleichungen, die jeweils den Wert „0" haben, nicht dargestellt. Die Bezeichnungen an den Zeilen und Spalten stellen den Bezug zur Ableitung der Bedingungen in den vorangegangenen Abschnitten her.

	(5′)	(2′)		
	X_j	B_i	D	Variable
	C_j	K_i		Schranken
(1′)	A_{ij}	−1 −1 … … −1	0	Koeffizient der Modellgleichungen
(8′)	D_j	0	−1	
(9)	0	0	1	

Abb. 1 Modellschema mit einem Markt und ohne Investitionen

	(5′)	(2′)	(3)	(11)	
	X_j	B_i	E_i	P	D
	C_j	K_i	M_i	G	
(1″)	A_{ij}	−1 −1 … −1 −1	$-Z_i$	0	0
(8′)	D_j	0	0	0	−1
(10)	0	0	P_i	−1	0
(9′)	0	0	0	−R	1

Abb. 2 Modellschema mit einem Markt und mit Investitionen

	X_j	(2′) B_i	(5) X_{jkl}	(7) D_k	D
		K_i	C_{jkl}	F_k	
(1′)	A_{ij}	−1 −1 … −1 −1	0	0	0
(4′)	−1 −1 … −1	0	T_{jkl}	0	0
(6)	0	0	D_{jkl}	−1 … −1	0
(8)	0	0	0	1 … 1	−1
(9)	0	0	0	0	1

Abb. 3 Modellschema mit mehreren Märkten und ohne Investitionen

	X_j	(2′) B_i	(3) E_i	(5) X_{jkl}	(7) D_k	(11) P	D
		K_i	M_i	C_{jkl}	F_k	G	
(1″)	A_{ij}	−1 −1 … −1 −1	$-Z_i$	0	0	0	0
(4′)	−1 −1 … −1	0	0	T_{jkl}	0	0	0
(6′)	0	0	0	D_{jkl}	−1 −1 −1	0	0
(10)	0	0	P_i	0	0	−1	0
(8)	0	0	0	0	1	0	−1
(9′)	0	0	0	0	0	−R	1

Abb. 4 Modellschema mit mehreren Märkten und mit Investitionen

Die schematische Darstellung der Modellvarianten zeigt, daß in jeder Gleichung ein Koeffizient mit dem Wert „−1" auftritt. Dies nutzen wir zur Modellgenerierung aus.

4. Modellaufbereitung

4.1 Benennung der Daten

Bisher haben wir das Modell in verschiedenen Varianten unter Verwendung von symbolischen Namen für Variablen (X_j, B_i, D_k, usw.) und Schranken (z.B. C_j) in Form von Gleichungen mit Formelnummern beschrieben[6]. Derartige Benennungen sind für die eindeutige Plazierung der Daten in einem Standard-LP-System erforderlich. Obwohl sie im Prinzip frei wählbar sind, sollte man zugunsten der besseren Überschaubarkeit des Modells darauf achten sich bei der Namensbildung an eine bestimmte Systematik zu halten, die auch die in der Standard-LP-Software limitierte Länge der Namen (z.B. MPSX/370: 8 Zeichen, APEX III: 10 Zeichen) berücksichtigt.

In dieser Darstellung verwenden wir beispeilhaft die Nomenklatur, die während der Studien geprägt wurde, da diese sich sowohl an den oben angegebenen Beschränkungen orientiert als auch memotechnisch sinnvoll erscheint.

1. Artikelbezeichnung Variable X_j)
   Für einen Artikel (ein Produkt) mit einer 5-stelligen Bezeichnung xxxxx wählen wir den Namen ARTxxxxx, also für den Artikel „1“ den Namen ART1.
2. Maschinenbezeichnung (Variable B_i)
   Für eine Maschine (einen Produktionsfaktor) mit einer 5-stelligen Bezeichnung yyyyy wählen wir den Namen MACyyyyy, also für die Maschine „3“ den Namen MAC3.
3. Bezeichnung der Kapazitätserweiterung (Variable E_i)
   Für eine Kapaztiätserweiterung einer Maschine yyyyy wählen wir den Namen KIyyyyy, also für die Katazitätserweiterung der Maschine „3“ den Namen KI3.
4. Artikelbezeichnungen für verschiedene Märkte und Preisniveaus (Variable X_{jkl})
   Wird ein Artikel xxxxx auf einem Markt „2“ zum Preisniveau „1“ angeboten, so bezeichnen wir diesen mit A21xxxxx, also lautet die Bezeichnung für den Artikel „1“ A211. Aus dieser Systematik heraus lassen sich auch die kurzen Namen noch sprechend gestalten: „A“ Artikel auf Markt „z“ (2. Stelle) zum Preisniveau „y“ (3. Stelle) mit nachfolgender Artikelbezeichnung xxxxx.
5. Deckungsbeitragssumme für einen Markt (Variable D_k)
   Die Deckungsbeitragssumme für einen Markt „z“ bezeichnen wir mit DBGESz, also die Deckungsbeitragssumme für den Markt „2“ mit DBGES2.
6. Gesamt-Investitionssumme (Variable P)
   Die Gesamt-Investitionssumme bezeichnen wir mit INVEST.
7. Gesamt-Deckungsbeitragssumme (Variable D)
   Die Gesamt-Deckungsbeitragssumme bezeichnen wir mit DBGES.

---

[6] Vgl. zur Namensvergabe das Schema in Abb. 4

Über diese Vereinbarungen hinaus müssen wir noch die Schranken und Gleichungen benennen.

Als Bezeichnung für die Schranken (Werte K_i, M_i, usw.) wählen wir den Namen VORGABE.

Prinzipiell sind auch die Namen für die Gleichungen (Zeilennamen) frei wählbar. Wenn jedoch das dargestellte Generierungsverfahren zur Anwendung kommt, muß eine Gleichung denselben Namen wie die in ihr auftretenden Schlupfvariable haben. Schlupfvariable der Gleichungen sind jeweils die Variablen mit dem Wert „−1" im Schema, der ebenfalls im Zuge der Modellgenerierung erzeugt wird.

4.2 Dimensionen numerischer Daten

In die zu erfassenden Daten gehen die (technischen) Dimensionen der Variablen mit ein, die für die jeweiligen Bilanzgleichungen verträglich gewählt werden müssen.

Insbesondere sollten die Geldeinheiten (DM oder 1000 DM) zur Vermeidung unnötiger Komplikationen einheitlich gewählt werden. Die Bewertung bei Tochtergesellschaften kann in der Landeswährung vorgenommen werden. In diesem Fall muß jedoch die Umrechnung der Beiträge zum Gesamt-Deckungsbeitrag anhand der Währungsparitäten erfolgen.

Die Bilanzgleichungen (4') und (6') bedingen einheitliche Dimensionen für gleiche Produkte und Artikel (vgl. Abb.5 , Punkt 1. und 4.), jedoch können verschiedene Artikel unterschiedlich dimensioniert sein: so ist z.B. eine Wahl von „Stck", „kg" oder „m" als Dimensionen innerhalb enes Modells durchaus zulässig und in Abhängigkeit von den praktischen Gegebenheiten sinnvoll.

VARIABLE	DIMENSION	BEZEICH.
1. Produkt	Stck 1000 Stck kg t m qm	X_j
2. Maschinen	Std min kg qm	B_i
3. Kapazitätserweiterung	Einheit	E_i
4. Artikel auf Markt zu Preisniveau	wie 1.	X_{jkl}
5. Deckungsbeitragssumme/Markt	DM 1000 DM	D_k
6. Gesamt-Investitionssumme	wie 5.	P
7. Gesamt-Deckungsbeitragssumme	wie 5.	D

Abb. 5 Typische Dimensionen für Variable

Nach Festlegung der Dimensionen für die Variablen ergeben sich die Dimensionen für die Koeffizienten im Modell zwangsläufig, und zwar als Dimension der Varibable bezogen auf die Dimension der Schlupfvariable (Variable mit Wert „−1" im Schema). Diese lassen sich aus den Schemata Abb. 1 bis 4 leicht ablesen.

Nehmen wir z.B. eine Gleichung von Typ (1″) aus Abbildung 2, die die Kapazitätsnutzung einer Maschine, z.B. „3" beschreibt. Sei die Dimension der zugehörigen Schlupfvariablen MAC3 Minuten (Bezeichnung ⟨min⟩); dann ist dies auch die Dimension der Bilanzgleichung

$$(1'') \qquad \sum_{j=1}^{N} A_{ij} * X_j - B_i - Z_i * E_i = 0$$

Alle anderen Koeffizienten (A_{ij}, E_i) sind in Abhängigkeit von der Dimension der Variablen (X_j, Z_i) auf diese Dimension zu beziehen.

Nehmen wir weiter an, daß auf der Maschine „3" der Artikel ART1 gemessen in Einheiten Stück ⟨Stck⟩ und der Artikel ART2 gemessen in Einheiten 100 Stück ⟨100 Stck⟩ gefertigt werden. Weiterhin sei eine Kapazitätserweiterung der Maschine „3" um KI3 (dimensionslose) Einheiten möglich. Dann ist die Kapazitätsnutzung von ART1 auf der Maschine MAC3 in Minuten pro Stück ⟨min/Stck⟩ und die von ART2 in Minuten pro 100 Stück ⟨min/100 · Stck⟩ anzugeben. Die Dimension der Kapazitätserweiterung sind Minuten ⟨min⟩.

Dieser Sachvehalt läßt sich in einer der Gleichung (1″) entsprechenden Dimensionsgleichung darstellen:

Werte:

$$A_{31} * X_1 + A_{32} * X_2 - B_3 - Z_3 * E_3 = 0$$

Dimension:

⟨min/Stck⟩ * ⟨Stck⟩ + ⟨min/100 Stck⟩ * ⟨100 Stck⟩ − ⟨min⟩ − ⟨min/Einh⟩ * ⟨Einh⟩ = ⟨min⟩

Mit Hilfe dieser Eigenschaft lassen sich im Zweifelsfall die korrekten Dimensionen der zu ermittelnden Werte überprüfen. Die Schranken haben immer dieselben Dimensionen wie die von ihnen beschränkten Variablen.

4.3 Datenformate zur Modellaufbereitung

Das Datenformat ist in Anlehnung an das bei Standard-LP-Systemen verwandte MPS-Format[7] gewählt worden. Die folgenden Angaben beziehen sich auf das

[7] Vgl.: IBM (Hrsg.): MPSX/370, Program Reference Manual, 1978,SH 19-1095-2., S. 188 ff., und CDC (Hrgb.): APEX III Reference Manual, Publ. No. 76070000, Rev D. 1975, 6-3 ff.

Eingabeformat für das IBM Lizenzprogramm MPSX/370, geringfügige Abweichungen für andere LP-Systeme sind in den entsprechenden Dokumentationen enthalten. Die Daten werden stellengerecht gemäß der Feldeinteilung von Abb. 6 erfaßt, denn diese starre Form vereinfacht die Implementation eines Modellgenerators (z.B. in FORTRAN).

BEZEICHNUNG	INHALT	SPALTEN
Feld 1	Typ einer Schranke	2-3
Feld 2	Spalten- oder Schrankenname	5-13
Feld 3	Zeilenname (Gleichungsname) oder Name der beschränkten Variablen	15-23
Feld 4	Wert mit Dezimalpunkt	25-40

Abb. 6 Eingabefelder für Modell-Daten

Im folgenden werden die Datenformate der einzelnen Koeffizienten und Schranken beschrieben.

1. Kapazitätsnutzung Produkt xxxxx auf Maschine yyyyy
   (Koeffizienten A_{ij} für Variablen X_j)
   Feld 1: leer
   Feld 2: Name des Artikels – ARTxxxxx
   Feld 3: Name der Maschine – MACyyyyy
   Feld 4: Beanspruchung der Maschine yyyyy durch Produktion des Artikels xxxxx
2. Kapazitätserweiterung der Maschine yyyyy
   (Koeffizienten Z_i für Variablen E_i)
   Feld 1: leer
   Feld 2: Name der Erweiterung – KIyyyyy
   Feld 3: Name der Maschine – MACyyyyy
   Feld 4: negativ anzugebende Zusatzkapazität
3. Preis für eine Kapazitätserweiterung der Maschine yyyyy
   (Koeffizienten P_i für Variablen E_i)
   Feld 1: leer
   Feld 2: Name der Erweiterung – KIyyyyy
   Feld 3: INVEST
   Feld 4: Kosten für eine Einheit der Erweiterung
4. Deckungsbeiträge für Artikel xxxxx

4.a) ohne Differenzierung nach Markt/Preisniveau
   (Koeffizienten D_j für Variablen X_j)
   Feld 1: leer
   Feld 2: Name des Aritkels – ARTxxxxx
   Feld 3: DBGES
   Feld 4: Deckungsbeitrag

4.b) auf Markt z mit Preisniveau n
(Koeffizienten D_{jkl} für Variablen X_{jkl})
Feld 1: **
Feld 2: Name Artikel auf Markt/Preisniveau – Aznxxxxx
Feld 3: DBGESz
Feld 4: Deckungsbeitrag auf Markt/Preisniveau

5. Summierung der Deckungsbeiträge der Märkte z
(Koeffizienten „1" für Variablen D_k)
Feld 1: leer
Feld 2: DBGESz
Feld 3: DBGES
Feld 4: 1.0

6. Investitionsrendite
(Koeffizient „–R" für Variable P)
Feld 1: leer
Feld 2: DBGES
Feld 3: INVEST
Feld 4: negativ anzugebender Anteil der Mindest-Rendite im 1. Jahr

7. Kapazität der Maschine yyyyy
(Obere Schranken K_i für Variablen B_i)
Feld 1: UP
Feld 2: VORGABE
Feld 3: Name der Maschine – MACyyyyy
Feld 4: Kapazität der Maschine

8. Einheiten für Erweiterung Maschine yyyyy
(Obere Schranken M_i für Variablen E_i)
Feld 1: UP
Feld 2: VORGABE
Feld 3: Name der Erweiterung – KIyyyyy
Feld 4: Max. Anzahl Erweiterungen

9. Absatzschranken für Artikel xxxxx

9.a) ohne Differenzierung nach Markt/Preisniveau
(Obere Schranken C_j für Variablen X_j)
Feld 1: UP
Feld 2: VORGABE
Feld 3: Name des Artikels – ARTxxxxx
Feld 4: (obere) Absatzgrenze

9.b) auf Markt z zum Preisniveau n
(Obere Schranken C_{jkl} für Variablen X_{jkl})
Feld 1: UP
Feld 2: VORGABE
Feld 3: Name Artikel auf Markt z zum Preisniveau n – Aznxxxxx
Feld 4: (obere) Absatzgrenze auf Markt z zum Preisniveau n

10. Mindest-Deckungsbeiträge auf Markt z
(Untere Schranke F_k für Variablen D_k)
Feld 1: LO
Feld 2: VORGABE
Feld 3: DBGESz
Feld 4: Mindest-Deckungsbeitrag
11. Maximales Kapital für Investitionen
(Obere Schranke G für Variable P)
Feld 1: UP
Feld 2: VORGABE
Feld 3: INVEST
Feld 4: Maximales Kapital für Investitionen

Abb. 7 dient als Kontroll-Liste der erforderlichen Daten für die im Kapitel 3 dargestellten Modellvarianten.

DATEN	MODELLTYP			
Markt:	ein		mehrere	
Investitionen:	ohne	mit	ohne	mit
1. Kapazitätsnuztung	x	x	x	x
2. Kapazitätserweiterung	–	x	–	x
3. Preise für 2.	–	x	–	x
4. Deckungsbeiträge				
a) ein Markt	x	x	–	–
b) mehrere Märkte	–	–	x	x
5. Deckungsbeitragssumme	–	–	x	x
6. Investitionsrendite	–	x	–	x
7. Maschinen-Kapazität	x	x	x	x
8. Erweiterungseinheiten	–	x	–	x
9. Absatzschranken				
a) ein Markt	x	x	–	–
b) mehrere Märkte	–	–	x	x
10. Mindest-Deckungsbeitr.	–	–	x	x
11. Investitions-Budget	–	x	–	x

Abb. 7 Kontroll-Liste für Daten

4.4 Beispiel zur Modellaufbereitung

Folgendes Beispiel[8] soll die Vorgehensweise verdeutlichen: Es sollen zwei Produkte „ART1“ und „ART2“ mit maximal 200 Einheiten gefertigt werden. Dazu werden 3 Maschinen, „MAC1“, „MAC2“ und „MAC3“ benötigt, die eine verfügbare Kapazität von 170, 130 bzw. 180 Stunden haben. Zur Herstellung von

[8] In Anlehnung an das Beispiel mit Überstunden, in: Müller-Merbach, Operations Research, München 1973, S. 162

Produkt „ART1“, das pro Einheit einen Deckungsbeitrag von DM 300 erbringt, wird jeweils eine Stunde der Maschinen „MAC1“ und „MAC2“ benötigt. Mit jeder Einheit von Produkt „ART2“ wird ein Deckungsbeitrag von DM 500 erwirtschaftet, wobei auf „MAC1“, „MAC2“ und „MAC3“ jeweils 2,1 bzw. 3 Stunden Kapazität in Anspruch genommen werden. Insgesamt stehen DM 7000,– für Investitionen zur Kapazitätserweiterung der Maschinen um je eine Einheit von 30 Stunden zur Verfügung. Je eine Einheit der Maschinen „1“, „2“ und „3“ kostet 4200, 2400 bzw. 3750 DM. Welche Anzahl von Artikeln muß produziert werden, damit ein maximaler Gesamtdeckungsbeitrag bei einer Mindestrendite von 100% erwirtschaftet wird?

Das zugehörige Modellschema für einen Markt mit Investitionen (Abb. 2) wird durch die Benennung und Bewertung der Daten – die Dimensionen der Werte sind offensichtlich verträglich – in Abb. 8 konkretisiert. Hierbei sind die symbolischen Variablenbezeichnungen durch die Variablennamen und die Zeilennamen durch die Variablennamen der Schlupfvariablen ersetzt worden. Außerdem wurde die Zielfunktionszeile von der letzten an die erste Stelle gesetzt, weil sich eine solche Modellstruktur leichter durch einen Modellgenerator erzeugen läßt.

	ART1	ART2	MAC1	MAC2	MAC3	KI1	KI2	KI3	INVEST	DBGES
VORGABE	200	200	170	130	180	1	1	1	7000	
EL									−1	**1**
MAC1	1	2	**−1**			−30				
MAC2	1	1		**−1**			−30			
MAC3		3			**−1**			−30		
DBGES	300	500								**−1**
INVEST						4200	2400	3750	**−1**	

Abb. 8 Modellschema Beispiel
Nicht angegebene Werte sind Null.
Die fett gedruckten Werte werden vom Modellgenerator erzeugt.

Durch sukzessives Abarbeiten der Datenformate anhand der Kontrolliste Abb. 7 ergibt sich die in Abb. 9 gezeigte, für die Modellgenerierung erforderliche, Eingabe.

Feld 1	Feld 2	Feld 3	Feld 4	Kontrollnr.
	ART1	MAC1	1.	1.
	ART1	MAC2	1.	
	ART2	MAC1	2.	
	ART2	MAC2	1.	
	ART2	MAC3	3.	
	KI1	MAC1	−30.	2.
	KI2	MAC2	−30.	
	KI3	MAC3	−30.	
	KI1	INVEST	4200.	3.
	KI2	INVEST	2400.	
	KI3	INVEST	3750.	4.a)
	ART1	DBGES	300.	
	ART2	DBGES	500.	
	INVEST	ZIEL	−1.	6.
UP	VORGABE	MAC1	170.	7.
UP	VORGABE	MAC2	130.	
UP	VORGABE	MAC3	180.	
UP	VORGABE	KI1	1.	8.
UP	VORGABE	KI2	1.	
UP	VORGABE	KI3	1.	
UP	VORGABE	ART1	200.	9.a)
UP	VORGABE	ART2	200.	
UP	VORGABE	INVEST	7000.	11.

Abb. 9 Dateneingabe für Modellgenerierung, Beispiel

5. Modellgenerierung

5.1 Umsetzung in MPS-Format

In diesem Kapitel wird die Modellgenerierung für die Datenschnittstelle eines Standard LP-Systems im MPS-Format beschrieben. Dabei sind die Daten der Modellaufbereitung formal zu vervollständigen durch

- Benennung des Modells (NAME),
- Abschluß der Modelldaten (ENDATA), und
- Aufbau der Modellsektionen (Sections).

Die ROWS-Sektion beschreibt neben der Reihenfolge der Zeilen die Art der Restriktionen, die hier auf Grund der gewählten Modellierung bedeutungslos ist. Das zu generierende Modell hat außer einer freien (N-Typ) Zielfunktionszeile „ZIEL“ nur Restriktionen mit Gleichheitsforderung (E-Typ).

In der COLUMNS-Sektion sind die Koeffizienten (Werte) des Modells nach Variablen getrennt (d.h. spaltenweise) anzugeben. Neben der dadurch erforderlichen Sortierung sind hier folgende Koeffizienten vom Modellgenerator zu generieren:

1. Schlupfvariable für jede E-Typ Zeile
2. Entscheidungsvariable für Artikel bei mehreren Märkten (gekennzeichnet durch „**“ in Feld 1 der Deckungsbeitragsangabe)
3. Zielfunktionsübertrag.

In der RHS-Sektion werden die Werte von den rechten Seiten der (Un-)Gleichungen angegeben. Da hier nur Bilanzgleichungen verwandt wurden, sind diese Werte sämtlich Null. Dennoch muß diese Sektion erzeugt werden, beispielsweise mit einem Nullwert für die Zielfunktionszeile als „rechte Seite“ mit dem Namen „RHS“.

Die BOUNDS-Sektion enthält in Form von Schranken die Planungsvorgaben unter dem Namen „VORGABE“, die bereits in der Modellaufbereitung erfaßt wurden.

Abbildung 10 zeigt wesentliche Ausschnitte des MPS-Formats für unser Beispiel. Die dort umrandeten Namen dienen der Kommunikation mit der LP-Software und sind i.w. frei wählbar, hier aber als Konvention fest angenommen.

```
Stelle 1            Stelle 15            Stelle 25
NAME                MODELL
ROWS
 N  ZIEL
 E  MAC1

 E  DBGES
COLUMNS
    ART1            DBGES                300
    ART1            MAC1                 1.
    ART1            MAC2                 1.
    ART2            MAC1                 2.

    MAC1            MAC1                 -1.
    MAC2            MAC2                 -1.
    MAC3            MAC3                 -1.
RHS
    RHS             ZIEL                 0.
BOUNDS
 UP VORGABE         MAC1                 170.

 UP VORGABE         INVEST               7000.
ENDATA
```

Abb. 10 Ausschnitt MPS-Format für das Beispiel

5.2 Entwurf eines Modellgenerators

Der unten in einem Pseudo-Code skizzierte Modellgenerator zeigt nur die Struktur des während der Studie verwandten Programms auf und ist als erster Anhaltspunkt zur Entwicklung eines eigenen Modellgenerators gedacht. Dabei sind bei Zugrundelegung des MPS-Formats die formalen Aspekte von Abschnitt 5.1 zu berücksichtigen, nicht notwendigerweise aber viele bei der Studie sinnvoll erscheinende Konventionen (z.B. Nomenklatur und Datenformat für die Modellaufbereitung). Die unabdinglichen Fehlerkontrollen und Plausibilitätsprüfungen werden nicht dargestellt. Beispielsweise läßt sich bei geeigneter Nomenklatur feststellen, daß ein Variblenname einen Artikel auf einem Markt repräsentiert. Damit kann einerseits die fehlerträchtige Kennzeichnung in „Feld 1" bei Punkt 4.b) der Datenformate eliminiert werden. Andererseits ist eine Prüfung möglich, ob das zugehörige Produkt überhaupt hergestellt wird.

An dieser Stelle soll auch nicht verschwiegen werden, daß im Verlaufe der Studie der Modellgenerator zur Fehlerkorrektur (z.B. Anpassung bei Dimensionsfehlern) „mißbraucht" wurde. Er erwies sich dadurch als zwar gutes Instrument, war aber nach Abschluß der Studie nicht mehr in einem vorzeigbarem Zustand.

Entwurf Modellgenerator:

Schritt 0: Definitionen

```
ROW       (max. Anz. Zeilen des Modells) CHAR(8);
SPALTE    (max. Anz. Werte := 0)         CHAR(8);
ZEILE     (          "          )         CHAR(8);
WERT      (          "          )         NUMERISCH;
SCHRANKE (max. Anzahl Schranken)          CHAR(8);
STYP      (          "            )       CHAR(2);
SWERT     (          "            )       NUMERISCH;
```

Schritt 1: Initialisierung

```
ROW(1):='ZIEL';
IROW:=2;
ICOEFF:=1;
IBOUND:=1;
```

Schritt 2: Abarbeitung der Modell-Eingabe

```
INPUT (FELD1,FELD2,FELD3,FELD4);
IF (Datei-Ende) GOTO Schritt 6;
IF (FELD1 := '**') GOTO Schritt 3;
IF (FELD1 := '  ') GOTO Schritt 4;
GOTO Schritt 5;
```

Schritt 3: Erzeugung Entscheidungsvariable T_{jkl}

```
SPALTE (ICOEFF):=FELD2;
ZEILE (ICOEFF):= FELD2;
WERT   (ICOEFF):= 1.0;
ICOEFF:=ICOEFF + 1;

GOTO Schritt 4;
```

Schritt 4: Bearbeitung Koeffizient

```
Suche FELD3 in ROW
IF nicht gefunden
    BEGIN
      ROW (IROW):=FELD3;
      IROW:=IROW + 1;
    END;
SPALTE(ICOEFF):= FELD2;
ZEILE (ICOEFF):= FELD3;
WERT(ICOEFF):= FELD4;
ICOEFF:=ICOEFF + 1;

GOTO Schritt 2;
```

Schritt 5: Bearbeitung Schranke

```
STYP (IBOUND) := FELD1;
SCHRANKE(IBOUND):=FELD3;
SWERT (IBOUND):=FELD4;
IBOUND := IBOUND + 1;

GOTO Schritt 2;
```

Schritt 6: Erzeugung Schlupfvariable und Zielübertrag

```
FOR I:= 2 TO IROW - 1 DO
   BEGIN
     SPALTE(ICOEFF):=ROW(IROW);
     ZEILE(ICOEFF):=ROW(IROW);
     WERT (ICOEFF):= -1.0;
     ICOEFF:=ICOEFF + 1;
   END;

SPALTE(ICOEFF) :='DBGES';
ZEILE (ICOEFF) :='ZIEL';
WERT  (ICOEFF) := 1;

IROW:= IROW - 1;
IBOUND:= IBOUND - 1;

GOTO Schritt 7;
```

Schritt 7: Sortieren Koeffizienten spaltenweise

```
SORT (SPALTE,ZEILE,WERT) ASCENDING
      ACCORDING TO SPALTE;

GOTO Schritt 8;
```

Schritt 8: Ausgabe NAME-Satz und ROWS-Section

```
OUTPUT ('NAME      MODELL');
OUTPUT ('ROWS');
OUTPUT (' N ZIEL');
FOR I := 2 TO IROW DO
   OUTPUT (' E   ',ROW(I));

GOTO Schritt 9;
```

Schritt 9: Ausgabe COLUMNS-Section

```
OUTPUT ('COLUMNS');
FOR I:=1 to ICOEFF DO
   OUTPUT ('     ', SPALTE(I),ZEILE(I),WERT(I));

GOTO Schritt 10;
```

Schritt 10: Generierung RHS-Section

```
OUTPUT ('RHS');
OUTPUT ('    RHS        ZIEL       0');

GOTO Schritt 11;
```

Schritt 11: Ausgabe BOUNDS-Section

```
OUTPUT ('BOUNDS');
FOR I :- 1 TO IBOUND DO
  OUTPUT (STYP (I),'VORGABE    ',SCHRANKE(I),
         SWERT(I));

GOTO Schritt 12;
```

Schritt 12: Epilog

```
OUTPUT ('ENDATA');
```

6. Erfahrungen mit dem Modell

6.1 Modellrechnung und Ergebnisaufbereitung

Zur Modellrechnung wurde das IBM Lizenzprogramm MPSX/370 als LP-Software verwandt. Zur Optimierung des Modells, das in der mittleren Größenordnung (ca. 1500 Variable, ca. 400 Restriktionen) anzusiedeln ist, wurde etwa 1 Minute CPU-Zeit auf einem Rechner IBM 370/158 benötigt. Im Anfangsstadium wurden die Ergebnisse in der MPSX-Standard-Ausgabe[9] zwecks Modellverifikation akzeptiert. Die Bemühungen, eine für den Anwender adäquate Ergebnisaufbereitung mit dem Report-Generator MPSRG des MPSX/370[10] zu erstellen, darf man als gescheitert ansehen, weil beim Studienpartner keinerlei Grundkenntnisse in der Handhabung einer Makro-Sprache vorlagen. Es bietet sich hier eine individuelle Ergebnisaufbereitung unter Verwendung einer problemorientierten Sprache (z.B. COBOL, FORTRAN, PL/I usw.) und der standardmäßigen Dateiausgabe der LP-Software[11] als Datenschnittstelle an. Darüber hinaus ist es bei der LP-Software einiger Anbieter möglich, auf fast alle Werte eines Optimierungslaufes mit einer problemorientierten Sprache zuzugreifen, z.B. bei APEX III mit FOR-

[9] IBM (Hrsg.)/ MPSX/370 Program Reference Manual, 1978, SH 19-1095-2, S. 106 ff.
[10] IBM (Hrsg.): a.a.O., S. 290 ff.
[11] IBM (Hrsg.): a.a.O., S. 112 ff.,und CDC (Hrsg.): APEX III Reference Manual, Publ. No. 76070000, Rev D, 1975, S. B-1 ff.

TRAN[12] und bei MPSX/370 mit der „Extended Control Language (ECL)“[13], die eine Erweiterung von PL/I durch MPSX-Fähigkeiten beinhaltet. Die dadurch fast unbegrenzten Möglichkeiten für die individuelle Ergebnisaufbereitung können in diesem Rahmen nicht erschöpfend behandelt werden.

6.2 Modellverifikation

Ein sorgfältiger Entwurf des formalen Modells zeigte Ergebnisse, die sich – allerdings erst nach einigen Korrekturen – aus der betrieblichen Praxis heraus deuten ließen. Somit wurde das primäre Ziel einer hinreichend genauen Abbildung der vorausgesetzten Gegebenheiten durch das Modell erreicht. Auf dem Wege dorthin waren allerdings – resultierend aus mangelnder Abstimmung der Studienpartner – Mißverständnisse zu verzeichnen, die zu formalen Fehlern, Datenunverträglichkeiten und sogar zur Unlösbarkeit des Modells führten.

Die Erkenntnisse, die wir durch die Fehlererkennung und -beseitigung gewannen, sind in den vorangegangenen Kapiteln eingeflossen. Dennoch sollen die wichtigsten Fehler und ihre Beseitigungsmöglichkeiten hier explizit aufgeführt werden, weil dies bei der Nachvollziehung der Studie, aber auch bei der Realisierung eines eigenen Modells wertvolle Hinweise geben könnte.

1. Im Produktionsbereich trat eine Mehrfachbearbeitung von Produkten durch Maschinen auf. Die daraus resultierende „Mehrfachbelegung“ von Modellkoeffizienten konnte durch Akkumulation durch den Modellgenerator beseitigt werden.
2. Die Dimensionen von Produkten ⟨Stck⟩, Kapazitäten ⟨min⟩ und Kapazitätsnutzung ⟨min/10 Stck⟩ waren unverträglich. Die Umrechnung wurde durch Modifikation des Modellgenerators bewerkstelligt (vgl. Ausführungen in Abschnitt 4.2).
3. Seitens des Vertriebs wurden „Vertriebsprodukte“ einbezogen, die nicht zentral produziert wurden. Diese führten, da sie ohne Absatzgrenzen angegeben wurden, zu einer unbeschränkten Lösung und mußten aus dem Modell entfernt werden.
4. Im ersten Entwurf der Studie wurde nicht bemerkt, daß der Vertrieb eines Produktes als Artikel auf einem Markt aus der Angabe des Deckungsbeitrages ableitbar ist. Fehlende „Entscheidungsvariablen „T_{jkl}“ wurden durch Inspektion der (wahlweisen) Ausgabenliste der Umwandlungsroutine CONVERT des MPSX/370 entnommen, in der die von Null verschiedenen Komponenten des Modells je Zeile und Spalte aufgeführt werden. Für die entsprechenden Variablen müssen hier genau 2 von Null verschiedene Koeffizienten im Modell enthalten sein. Entsprechende Informationen bezüglich der Zeilen dienen als Plausibilitätsprüfung für die Anzahl der von einer Maschine bearbeite-

[12] CDC (Hrsg.): a.a.O., S. 4-1 ff.

[13] IBM (Hrsg.): MPSX/370 Introduction to the Extended Control Language, 1978, SH 19-1147

ten Produkte. Die Anzahl der Koeffizienten ungleich Null ergibt i.w. die Anzahl der ein Produkt bearbeitenden Maschinen und dient ebenfalls der Plausibilitätskontrolle.

5. Bei der Formulierung der Kapazitätserweiterungen für Maschinen wurde vernachlässigt, daß diese nur in ganzen Einheiten sinnvoll sein können, also Ganzzahligkeitsbedingungen zu erfüllen sind. Die Ergebnisse der Studie wiesen darauf hin, daß eine Kapazitätserweiterung für 4 Maschinen sinnvoll sei. Dabei wurden 2 Maschineneinheiten voll ausgelastet, d.h. hier war ein Hinweis auf einen echten Engpaß. Die beiden anderen Erweiterungseinheiten wurden nur zu 9% bzw. 3% ausgelastet. Statt der Rechnung unter Berücksichtigung von Ganzzahligkeitsbedingungen – bei der gewählten Modellformulierung leicht zu bewerkstelligen – bieten sich hier Alternativrechnungen an.

Es bleibt festzustellen, daß bei einer durchdachten Modellkonzeption keine gravierenden Schwierigkeiten zu erwarten sind.

6.3 Modellpflege und -integration

Entscheidend für die Anwendbarkeit eines Modells sind befriedigende Möglichkeiten zur Modellpflege, die so organisiert sein muß, daß sie reibungslos durchgeführt werden kann. Die Standard-LP-Software der meisten Anbieter beinhaltet Routinen zur Modellpflege einfachster Art, z.B. Streichen und Hinzufügen von Zeilen, Löschen, Hinzufügen und Ändern von Koeffizienten usw. Für nicht allzu umfangreiche Modifikationen, z.B. Hinzufügen einer Möglichkeit zur Erweiterung der Kapazität einer Maschine, ist dieser Weg gangbar. In diesem Fall (vgl. Abb. 4) müßte eine neue Variable E_i in das Modell durch Hinzufügen der Koeffizienten $-Z_i$ und P_i sowie der Schranken M_i für die Anzahlbegrenzung eingefügt werden. Wenn jedoch zur Vorbereitung einer Planungsrunde, etwa ein Planungsjahr, das Modell einer grundsätzlichen Revision unterzogen werden soll, müssen benutzerfreundliche und mächtige Änderungsprogramme bzw. ein Modellgenerator zur Verfügung gestellt werden. Ansonsten besteht die Gefahr, klare Bereichsabgrenzungen (z.B. zum Rechnungswesen) zu verwässern, die durch das Modell entstandene Datenredundanz zu vergrößern und das Modell unnötig aufzublähen.

Die typischen Aufgaben für Änderungsprogramme bzw. den Modellgenerator sind dabei:

1. Aktualisieren der Produktionsdaten (Koeffizienten A_{ij})
2. Bereinigung des Vertriebsprogramms und seine Planung mit Angabe von Preisniveaus (Schranken C_{jkl})
3. Aktualisierung der gemäß 2. bereitzustellenden Deckungsbeiträge (Koeffizienten D_{jkl})

Die routinemäßige Durchführung dieser Aufgaben setzt eine sowohl datenmäßige als auch organisatorische Modellintegration voraus, die es gestatten muß, obige Massendaten aus Stücklisten, Vertriebsprogrammen und Rechnungswesen in konsistenter Form bereitszustellen.

Bei der Durchführung der Studie wurde bereits erfolgreich auf Produktionsdaten zurückgegriffen. In Ermangelung einer funktionsfähigen Deckungsbeitragsrechnung mußten die weiteren Punkte jedoch unerledigt bleiben. Obwohl es durchaus möglich ist, implizite Deckungsbeiträge durch Bewertung der Produktionskapazitäten und des Materialeinsatzes in das Modell einzubringen, haben wir bewußt darauf verzichtet.

6.4 Schlußfolgerungen

Zusammenfassend ist aus der Studie der Schluß zu ziehen, daß auch in mittelständischen Unternehmen mathematische Methoden der Linearen Planungsrechnung einsetzbar sind. Unbedingt dazu erforderlich sind die Aufgeschlossenheit der Mitarbeiter, die Transparenz in der Organisation des Unternehmens, sowie das Vorhandensein der notwendigen Datengrundlage. Als Hilfen zur Interpretation der Ergebnisse steht ausreichend Literatur zur Verfügung, so daß hier auf die Behandlung verzichtet wird. Schwerpunkt dieser Abhandlung war vielmehr, die Konstruktion des formalen Modells und dessen Umsetzung transparent zu machen und zum praktischen Nachvollzug bei gegebenen Voraussetzungen zu ermutigen.

Einsatz der Datenverarbeitung und der Mikroelektronik im Produktionsbereich

– Zehn Thesen zu Wechselwirkungen zwischen Technisierung und Arbeitsstrukturen sowie gewerkschaftlichen Handlungsmöglichkeiten dargestellt am Beispiel der NC-Technik –

Ulrich Klotz

1) Unter Sammelbegriffen wie „**Rechnergeführte Fertigung**" bzw. „**CAD/CAM**" (computerunterstützte Konstruktion/Fertigung) wird ein breites Spektrum von Produktionstechniken zusammengefaßt, in denen informationsverarbeitende Systeme auf mikroelektronischer Grundlage eine zentrale Rolle spielen. Nahezu sämtliche Stationen des Informations- und Materialflusses industrieller Produktionsprozesse – von der Produktplanung über Konstruktion, Materialverwaltung, Teilefertigung und -montage bis hin zur Endkontrolle u. Nachkalkulation – werden hiervon sukzessive erfaßt und teilweise grundlegend verändert.

2) Neben dem Ziel der Produktivitätssteigerung ist vor allem die Erhöhung der **Flexibilität** von Fertigungsstrukturen – u.a. als Reaktion auf die in vielen Bereichen feststellbare Tendenz zu kleineren Seriengrößen – wichtigstes Einflußmoment für den zunehmenden Einsatz von computergesteuerten anstelle starr mechanisierter Einrichtungen.

3) Die fertigungstechnische Basis flexibler Produktionskonzepte ist die Technik der **numerischen Steuerung** von Werkzeugmaschinen (NC-Technik). Da durch diese Technik der Entwicklungsverlauf und die Folgewirkungen der flexiblen Technisierung (auch in einigen der Fertigung vor- und nachgelagerten Bereichen) wesentlich geprägt werden, konzentrieren sich die nachfolgenden Aussagen auf dieses derzeit wichtigste Anwendungsfeld informationsverarbeitender Systeme in der Fertigung.

4) U.a. als Folge der Leistungs- und Preisentwicklung auf dem Sektor der hochintegrierten Halbleiter-Bauelemente (insbesondere der Speicherbausteine und Mikroprozessoren) sind zur Zeit folgende **Entwicklungstendenzen** beobachtbar:

– Mehr als 90% der neuentwickelten numerisch gesteuerten Fertigungseinrichtungen sind mittlerweile sogenannte CNC-Systeme (**C**omputer-**N**umerical-**C**ontrol), bei denen ein oder mehrere in die Maschinensteuerung integrierte Mikrocomputer zur Überwachung, Steuerung, Regelung, Op-

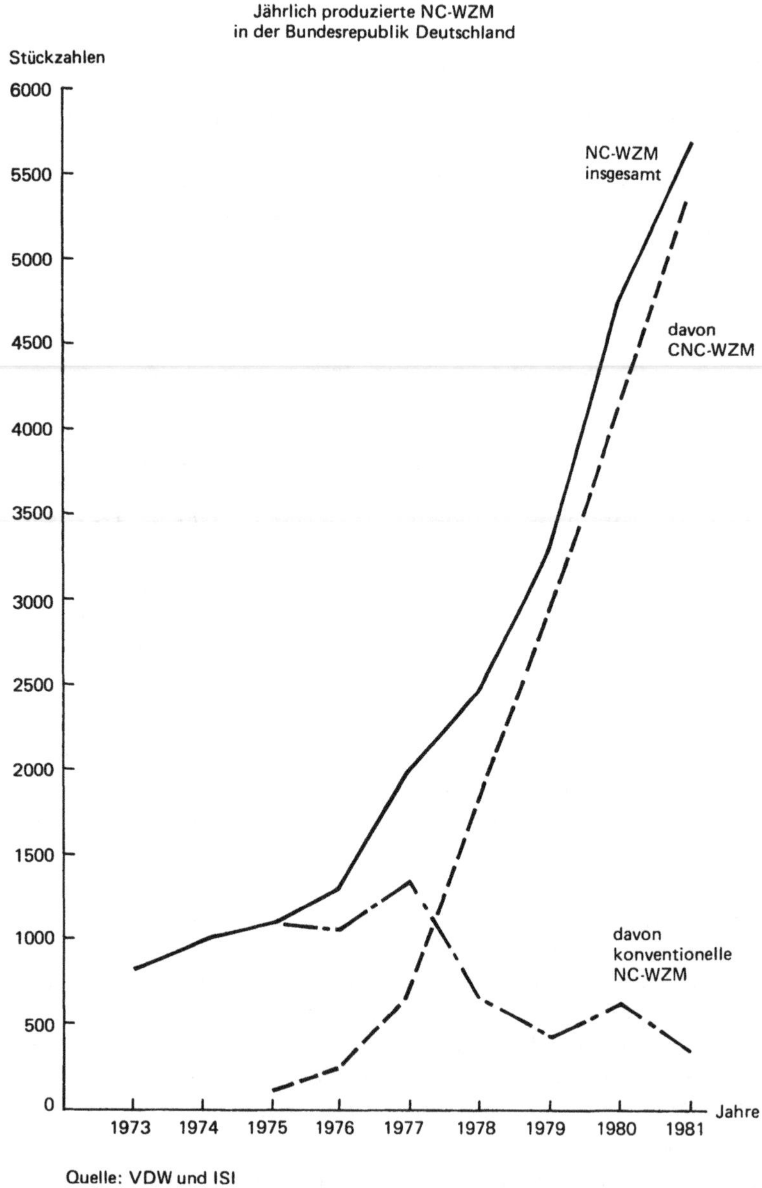

Abb. 1 Entwicklung der NC- und CNC-Werkzeugmaschinenproduktion (Quelle: VDW und ISI)

timierung von Maschinenfunktionen und teilweise auch zur Unterstützung des Maschinenpersonals bei der Programmierung, Fehlerdiagnose u.ä. eingesetzt werden.

- Trotz steigender Flexibilität, Funktionsvielfalt und Zuverlässigkeit der Steuerungssysteme sinkt der Anteil der Steuerungskosten an den Gesamtkosten einer Werkzeugmaschine (von 50% auf unter 20% in den letzten 15 Jahren).
- Diese Verbesserung des Preis/Leistungsverhältnisses ist wesentlicher Grund für die rasch wachsende ökonomische Bedeutung der numerischen Steuerungstechnik. Seit Mitte der 70er Jahre werden bei der Produktion numerisch gesteuerter Werkzeugmaschinen jährlich Zuwachsraten von 15-30% in den hochindustrialisierten Ländern registiert. Die Gesamtzahl der 1982 in der Bundesrepublik installierten NC-Maschinen beträgt nach Schätzungen ca. 40000 (1980: ca. 22000), d.h. der NC Anteil an Gesamt Werkzeugmaschinenbestand liegt derzeit zwischen 3 und 4%.
- Neben einer zunehmenden Universalisierung der Fertigungsmaschinen – z.B. in Form von Bearbeitungszentren – und wachsender Anzahl und Spezialisierung der darin eingesetzten Computer ist die zunehmende **Verkettung** der Fertigungseinrichtungen die derzeit wohl bedeutsamste technische Entwicklungstendenz.

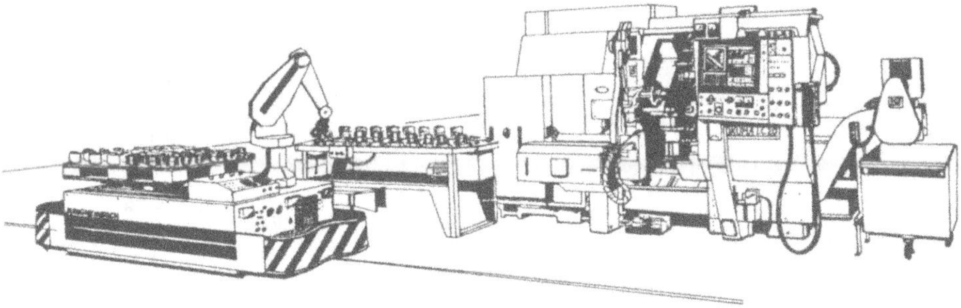

Abb. 2 Bsp. zur Maschinenverkettung: Induktiv gesteuertes Transportfahrzeug mit integriertem Handhabungsautomaten zur Beschickung von Werkzeugmaschinen

Angefangen von einfachen maschinenintegrierten Beschickungssystemen über die Verknüpfung von Bearbeitungsmaschinen und Industrie-Robotern zu sogenannten **„Flexiblen Fertigungszellen“** bis hin zu hochkomplexen zentralrechnergeführten **„Flexiblen Fertigungssystemen“** (FFS) werden immer weitere Teile des Informations- und Materialflusses in der Fertigung technisiert. In zunehmendem Maße werden auch angrenzende Bereiche wie Auftragsplanung, Konstruktion, Materialdisposition, Rechnungswesen, Qualitätskontrolle hiervon erfaßt bzw. durch Fertigungssteuerungssysteme u.ä. miteinander verkettet.

5) Die Auswirkungen des Mikroelektronik- bzw. Informationstechnik-Einsatzes in der Fertigung auf die Zahl und die Qualität der Arbeitsplätze sind

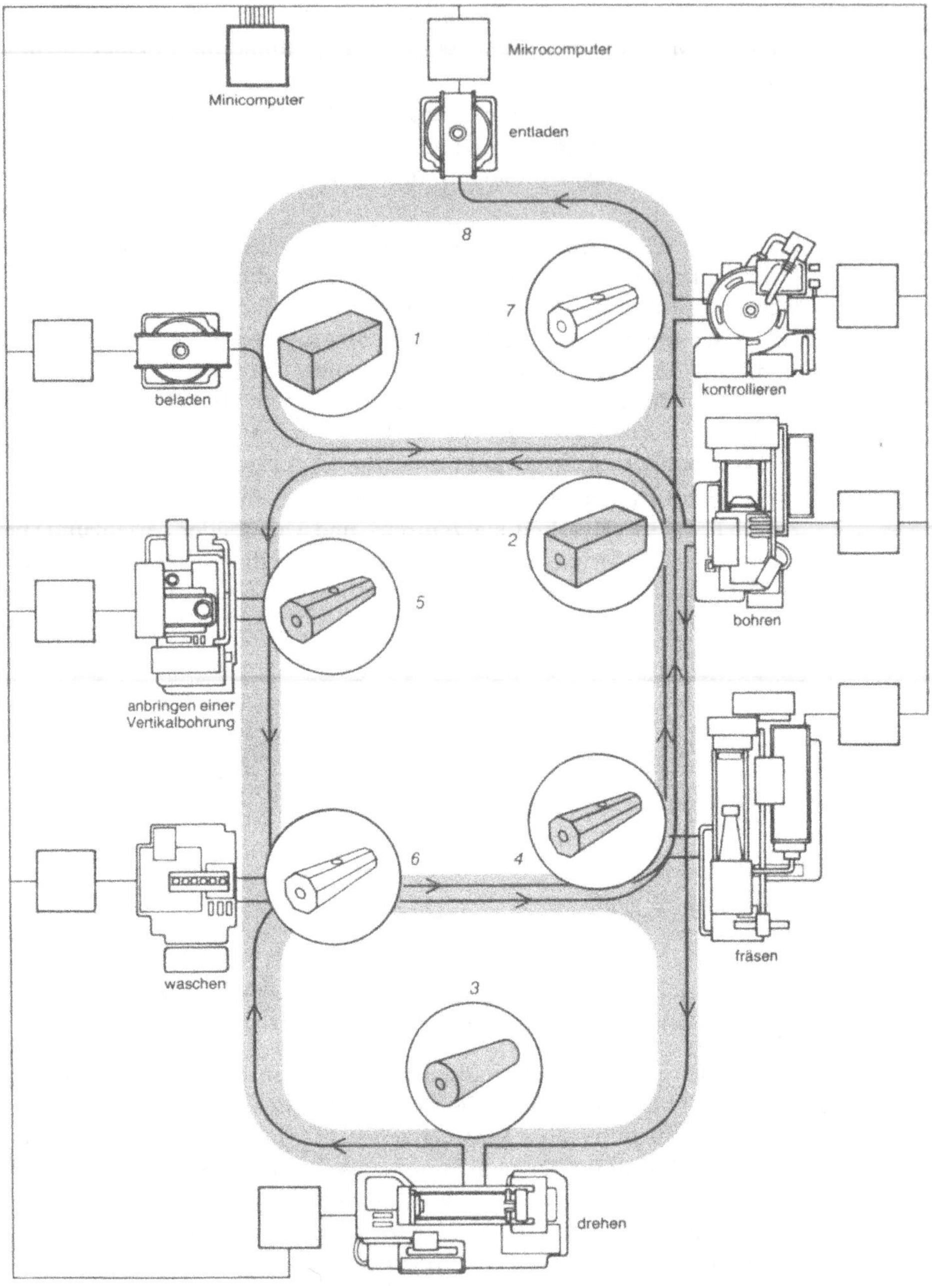

Abb. 3 Bsp. für ein flexibles Fertigungssystem
(Quelle: Spektrum der Wissenschaft 11/82)

nicht einheitlich. Abhängig von bestimmten Einsatzbereichen, spezifischen Anwendungsbedingungen, technischen Entwicklungsstufen und jeweiligen Betrachtungsebenen sind selbst bei einem speziellen Verfahren wie der NC-Technik sehr unterschiedliche, z.T. sogar gegensätzliche Effekte feststellbar.

6) Aller Wahrscheinlichkeit nach wird jedoch zukünftig im Fertigungssektor die Produktivität erheblich schneller als die Produktion anwachsen. Beispielsweise werden beim Einsatz von CNC-Maschinen Produktivitätssteigerungen zwischen 30% und 400% gegenüber konventionellen Werkzeugma-

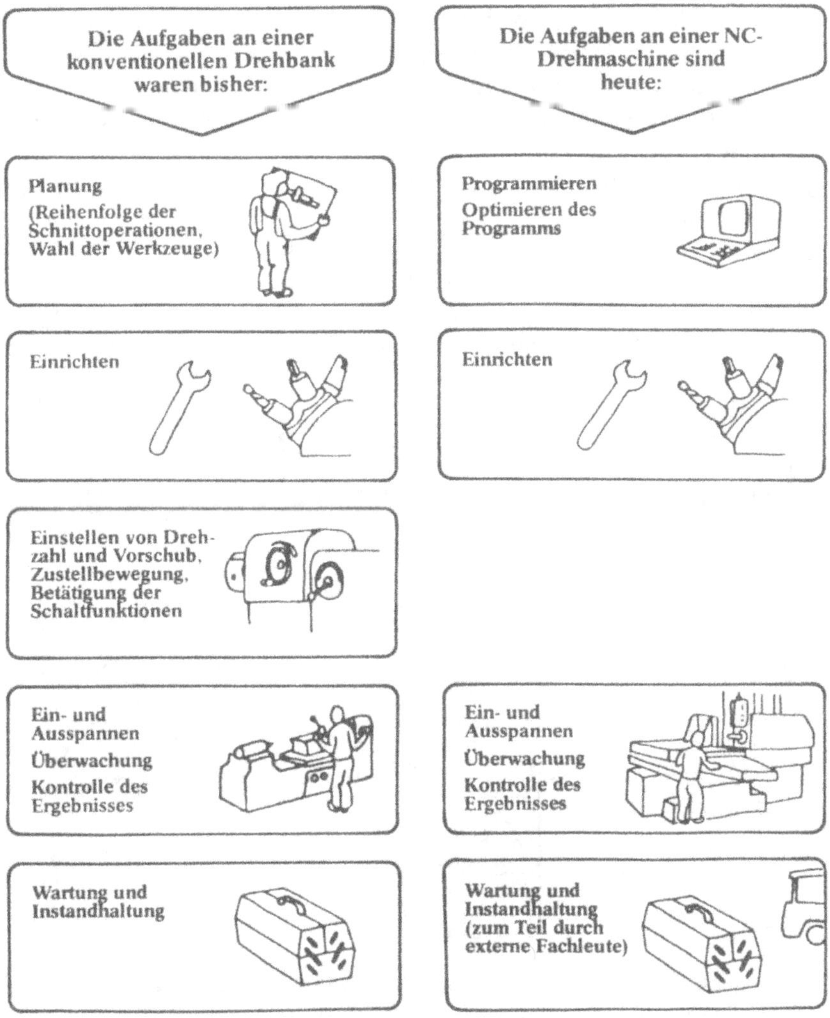

Abb. 4 Grobe Gegenüberstellung der Tätigkeiten bei Fertigung mit konventionellen Werkzeugmaschinen und mit NC-Maschinen

schinen verzeichnet. Die hieraus resultierenden, erheblichen quantitativen Beschäftigungseffekte werden nur durch arbeitsumverteilende Maßnahmen (z.B. Arbeitszeitverkürzungen) und die gleichzeitige Erschließung zukünftiger Wachstumsfelder (z.B. durch Produkt-Innovationen im Bereich rohstoff-, energie- und umwelt-schonender Techniken) aufgefangen werden können.

7) Die **qualitativen Auswirkungen** auf die verbleibenden Arbeitsplätze sind von
   - produktbezogenen Faktoren wie Seriengröße, Kompliziertheit der Werkstücke, jeweiliger Bearbeitungsart oder Maschinentyp;
   - Unternehmensgröße, vorhandenem Qualifikationspotential, firmenspezifischen Traditionen, jeweiliger Phase der Maschinenanwendung;
   - und vor allem von **arbeitsorganisatorischen Entscheidungen** sowie der jeweiligen Ausgestaltung von **Mensch-Maschine-Schnittstellen** und -**Interaktionsformen** abhängig.

   Bei einer Fortschreibung der bisher dominierenden (tayloristischen) Arbeitsorganisationsformen werden in weiteren Bereichen traditioneller Facharbeiter- und Angestelltentätigkeit ähnliche Folgewirkungen wie schon bei der Mechanisierung der Massenproduktion auftreten:
   - Zunahme (meist einseitiger) physischer und psychischer Belastungen;
   - Verringerung von Arbeitsinhalten und Erhöhung der Monotonie;

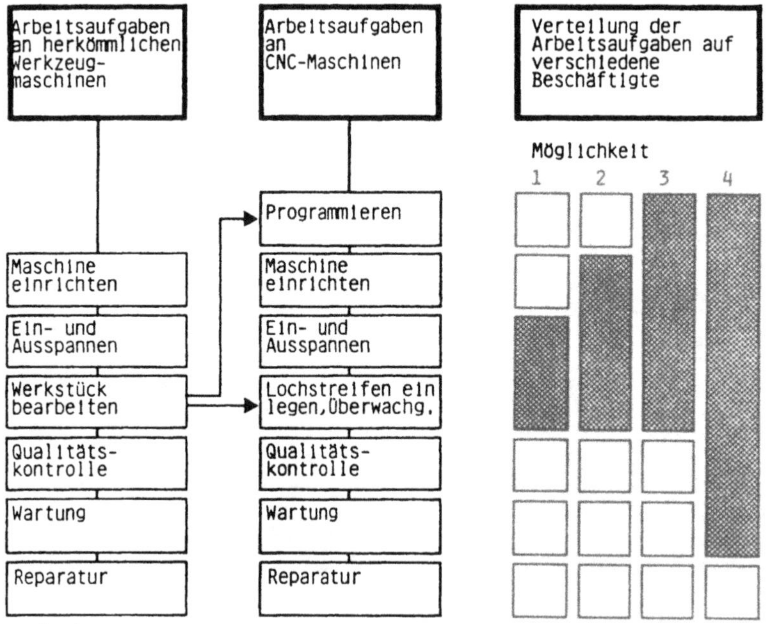

Abb. 5 Grobe Darstellung verschiedener Arbeitsorganisationsformen beim CNC-Einsatz
(Quelle: DGB Projekt AWA)

- Verstärkung der Abhängigkeit von technischen Systemen und Erhöhung der psychischen Entfremdung von der Arbeit;
- Erhöhung quantitativer Leistungsanforderungen, Intensivierung an Anonymisierung von Leistungskontrollen;
- Zunahme von Schichtarbeit und Mehrmaschinenbedienung;
- Verringerung von Möglichkeiten zur Kommunikation und Kooperation in der Arbeit.

Als Beispiel sei die beim NC-Einsatz bisher noch vorherrschende Form der Trennung von planenden und ausführenden Tätigkeiten genannt, bei der

- arbeitsvorbereitende Funktionen wie Programmierung, Einrichtung, Wartung von der Maschine wegverlagert und auf verschiedene, meist zentral angesiedelte Personen aufgeteilt werden;
- ausführende Funktionen, die erhöhtes handwerkliches Geschick erfordern, weitgehend entfallen, da sie durch die andere Art der Informationsverarbeitung von der Maschinensteuerung übernommen werden;
- somit für den Maschinenbediener nur wenige, monotone Handhabungseingriffe in den Materialfluß, einige untergeordnete Überwachungsaufgaben und praktisch keine Möglichkeiten, den Arbeitsverlauf zu beeinflussen, mehr verbleiben.

Im Verlauf der Entwicklung werden weitere Anteile der Bedienungstätigkeit technisiert. Erklärtes Ziel einer Reihe aktueller F u E-Vorhaben ist der sogenannte „Rüstzeitfreie Auftragswechsel“ in Verbindung mit „Selbstüberwachtem Automatikbetrieb“. Durch automatische Werkstückwechsel- und Werkzeugaustausch-Einrichtungen, integrierte Werkstückreinigung und Späneentsorgung, direkte Werkstück-, Werkzeug- und Prozeßüberwachung einschließlich Fehlerdiagnose wird im Werkstattbereich die Polarisierung von Qualifikationsanforderungen und Belastungen verschärft. Ein großer Teil der verbleibenden Arbeitsplätze ist durch ausgeprägt einseitige psychische oder physische Belastungen bei gleichzeitig geringen Entfaltungs- und Kommunikationsmöglichkeiten gekennzeichnet, wie z.B. bei der Palettenbeschickung und der Mehrmaschinenüberwachung. Und auch für die Tätigkeitsfelder mit andersgearteten Qualifikationsanforderungen, wie z.B. Einrichtungs- und Programmierungsarbeiten wächst meist der Leistungsdruck, da auf die maschinenintegrierten Computer in zunehmendem Maße auch Funktionen der Betriebsdatenerfassung übertragen werden, die dann mit Hilfe der immer häufiger vorzufindenden Personalkontrollsysteme in Form unterschiedlichster Leistungs- und Verhaltensstatistiken auswertbar sind.

8) Da jedoch nach wie vor das Vorhandensein qualifizierten Personals die entscheidende Grundlage betrieblicher Flexibilität ist, stößt die tayloristische Methode der totalen Spezialisierung nicht nur auf Widerstände bei den Betroffenen selbst, sondern auch zunehmend auf ökonomische Grenzen. Darüber hinaus zeigen vereinzelte Beispiele, daß durch die mittlerweile dezentral in der Werkstatt verfügbaren Datenverarbeitungskapazitäten die tech-

nischen Sachzwänge zu einer Fortschreibung hochgradig arbeitsteiliger, dequalifizierender Arbeitsstrukturen in einigen Bereichen aufhebbar werden.

Derartige Ansätze sind z.B. **werkstatt- oder handprogrammierbare CNC-Maschinen** mit automatisierter Werkstückhandhabung bei denen parallel zur laufenden Bearbeitung eines Auftrages vom Facharbeiter an der Maschine bereits Teileprogramme für nachfolgende Lose im computergestützten Klartext-Dialog entwickelt und eingegeben und anschließend durch graphische Simulation auf dem Bildschirm auf wesentliche Fehler hin überprüft werden können.

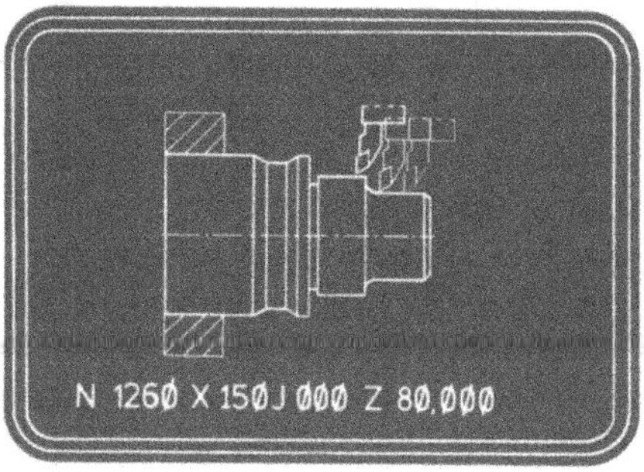

Abb. 6 Graphische Simulation einer Werkstückbearbeitung auf dem Display einer CNC-Steuerung

Ein weiteres Beispiel für qualifikationserhaltende und kommunikationsfördernde Arbeitsstrukturen sind die sogenannten **Fertigungsinsel-Konzepte** mit dezentraler Steuerung, d.h. organisatorischen Einheiten aus CNC-Maschinen und angelagerten Bereichen (AV, Materialwirtschaft, Auftragsverwaltung, Kontrolle usw.) mit dem Ziel der kompletten Bearbeitung einzelner Teilespektren bzw. Werkstückfamilien gemäß den Dispositionen einer kleinen, relativ autonomen Personengruppe. Derartige Arbeitsstrukturen sind aufgrund der besseren Nutzung menschlicher Assoziationsfähigkeiten und Entscheidungskompetenz bzw. der in der Werkstatt vorhandenen Prozeßkenntnis für die Bewältigung der hochkomplexen Informationsprobleme in der Klein- und Mittelserienfertigung geeigneter als die in der Praxis häufig scheiternden zentralistischen Operations Research – Verfahren für Maschinenbelegungspläne u.ä..

Eine wichtige Voraussetzung für die erfolgreiche Realisierung solcher Konzepte ist eine konsequente Ausgestaltung der informationsverarbeitenden Systeme als „Benutzer“-unterstützende Instrumente (wie im Bereich des Managements und der Wissenschaften seit jeher üblich) statt als überwiegend die Arbeitsabläufe und „Bediener“-kontrollierende und steuernde Instrumente. Dabei hat der gesamte Komplex der Konzeption und Realisierung von Software (Computerprogrammen) eine Schlüsselrolle.

Denn die Software bestimmt, was ein Computer bewirkt, d.h. durch die Software werden Rahmenbedingungen für die Arbeitsgestaltung, Arbeits-

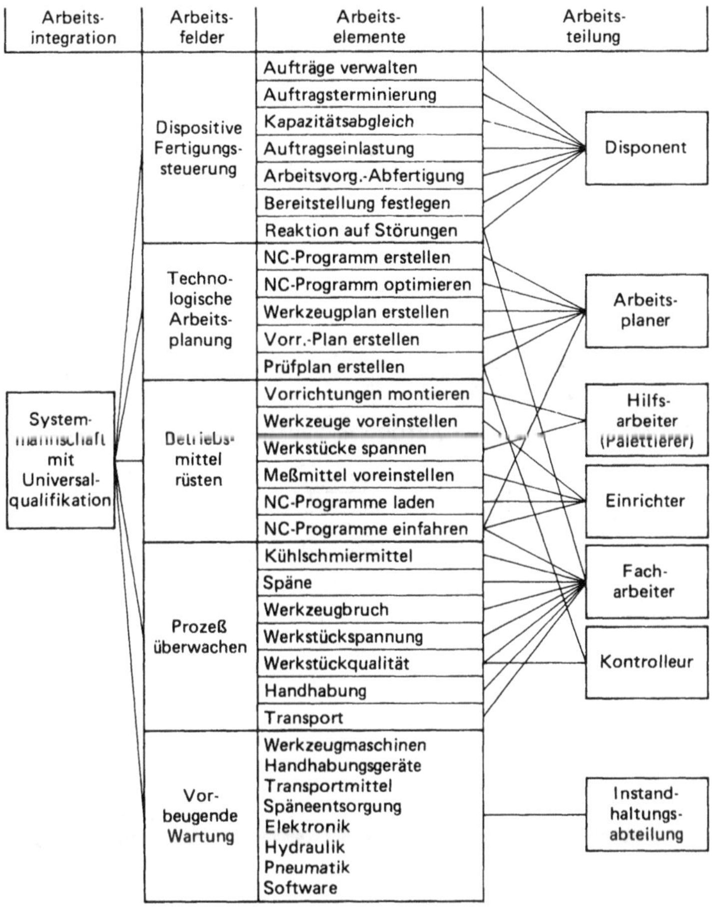

Abb. 7 Gegenüberstellung zweier arbeitsorganisatorischer Modelle für eine kleinere fertigungstechnische Einheit
(Quelle: Seliger, G.: „Wirtschaftliche Planung automatisierter Fertigungssysteme“)

organisation, Formen der Mensch-Maschine-Interaktion usw. weitgehend abgesteckt. Dennoch fehlt die Definition und Vorgabe sozialer Zielgrößen bei der Software-Gestaltung auch heute noch fast völlig.

Angesichts der zunehmend beklagten Akzeptanzprobleme ist eine verstärkte Entwicklung derartiger, sozial verträglicherer Arbeitsstrukturen und eine Überprüfung des hierbei wichtigsten Innovationshemmnisses – der gewachsenen hierarchischen Organisationsstruktur in den Unternehmen – offensichtlich längst überfällig. Da rohstoffarme Industrienationen nur auf der Basis einer hochqualifizierten Arbeitnehmerschaft bestehen können, liegen hierin zugleich gute Chancen, um auch die quantitativen Arbeitsmarktprobleme erheblich entschärfen zu können.

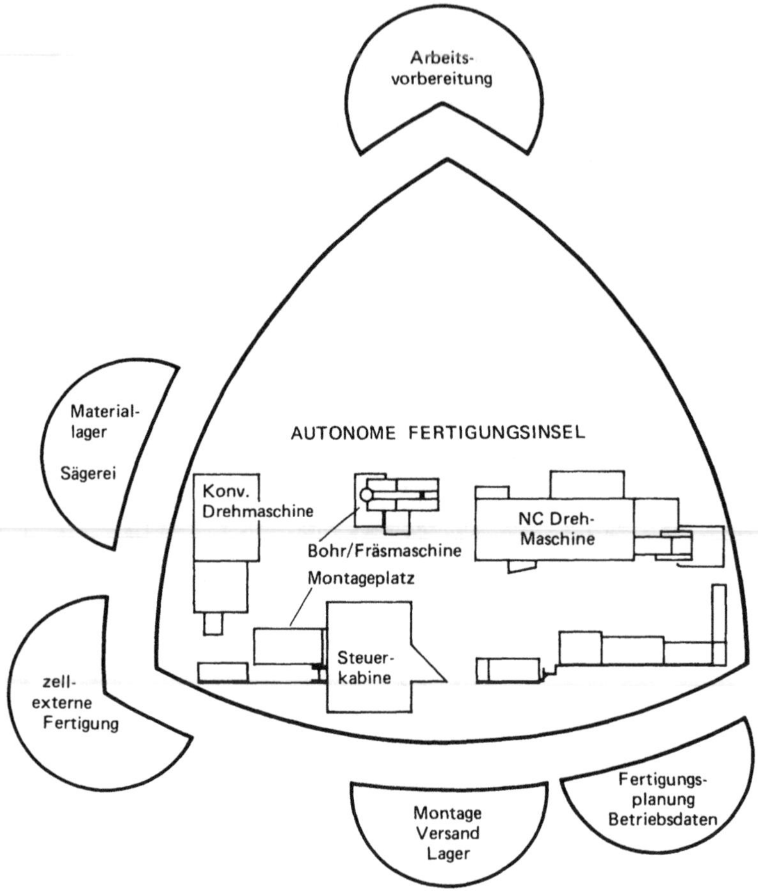

Abb. 8 Autonome Fertigungsinsel und korrespondierende betriebliche Stellen (Quelle: Lehrstuhl für Produktionssysteme Ruhr-Universität Bochum)

9) Um die bei informationsverarbeitenden Techniken zweifellos vorhandenen, ja sogar zunehmend größer werdenden Gestaltungsspielräume praxisgerecht ausloten und dabei die im Sinne der „Humanisierung des Arbeitslebens" wünschenswerten Lösungen herausfiltern zu können, ist eine aktive Einbeziehung der jeweils betroffenen Benutzer in die Gestaltungs- und Selektions-Prozesse unumgänglich. Die hierfür erforderliche fachliche und soziale Kompetenz verbunden mit prozeßübergreifenden innovatorischen Qualifikationen können in der herkömmlichen beruflichen Bildung, wenn überhaupt, meist nur höchst unzureichend entwickelt werden. Dies liegt u.a. auch daran, daß die Berufsbildung meist zu einseitig als eine von technischen Entwicklungen abhängige Variable betrachtet wird.

In der dringend notwendigen Revision beruflicher Bildungskonzepte sollte deshalb der Entwicklung von technisch-sozialen Gestaltungs-Fähigkeiten anstelle überwiegend reproduzierender Fertigkeiten ein deutlich größeres Gewicht beigemessen werden. Die bei dem raschen technischen Wandel von den Arbeitnehmern zunehmend erwartete berufliche Beweglichkeit kann nur auf der Basis flexiblerer Bildungskonzeptionen erwachsen, in denen beispielsweise auch die vielfach künstlich gewordene Trennung von Angestellten- und Arbeiter-Berufen neu hinterfragt wird.

10) Die soziale Beherrschung der komplexen technologischen Entwicklung durch eine angemessene und wirksame Beteiligung aller betroffenen Gruppen ist sowohl ein Qualifikations- wie auch ein Organisations-Problem. D.h., um die bisher brachliegenden informationstechnischen Gestaltungsfelder trotz des derzeit unbefriedigenden Zustandes auf allen Ebenen des Bildungssystems und der betriebsverfassungsrechtlichen Möglichkeiten aufarbeiten zu können, ist vor allem eine vorausschauende, kontinuierliche Beratung und Unterstützung der benachteiligten Arbeitnehmergruppen dringend erforderlich. Vorausschauend deshalb, weil die Vergangenheit zeigt, daß defensive Maßnahmen, wie etwa Abwehr, Milderung und Kompensation von Gefährdungen, meist viel zu kurz greifen. Kontinuierlich, weil neben der notwendigen Aufbereitung und Vermittlung des bereits vorhandenen Wissens insbesondere die hinreichenden konkret-konstruktiven Umsetzungs- und Durchsetzungsschritte nur durch fallbezogene, zähe und langwierige Detailarbeit zu erreichen sind. Erste hoffnungsvolle Schritte auf diesem schwierigen Weg vom „arbeitsplatzgerechten Menschen“ zum „menschengerechten Arbeitsplatz“ gehen beispielsweise die Arbeitnehmer aus dem Bereich der IG Metall in Berlin und Hamburg, die dabei durch gewerkschaftliche Innovations- und Technologie-Beratungsstellen unterstützt werden. Allerdings zeigen die bisherigen Erfahrungen und die Vielzahl kaum mehr zu bewältigender Beratungsnachfragen auch, daß derartige Ansätze in der jetzigen Form kaum mehr als der vielzitierte „Tropfen auf dem heißen Stein“ sind.

Literaturhinweise

Sorge, A. u.a.: „Mikroelektronik und Arbeit in der Industrie", Frankfurt/New York" 1982

Hammer, H.: „Verbesserung der Wirtschaftlichkeit durch flexible Automatisierung beim Bohren und Fräsen", in: ZWF 2/83

Seliger, G.: „Wirtschaftliche Planung automatisierter Fertigungssysteme", München/ Wien (Erscheinungsdatum voraussichtl. Sommer 1983)

Klotz, U.:„Computereinsatz in der industriellen Fertigung" in: AFA-Informatinen 6/81

IBS/IGM – Info 2: „Probleme der Einführung von NC-Werkzeugmaschinen", Berlin 1981

Diekmann, Th., Klotz, U.: „Veränderung der Organisation des Arbeitsablaufs bei Werkzeugmaschinen durch den Einsatz von Mikrocomputern", BMFT-Forschungsbericht, Hamburg 1980

Institut für Informatik, Universität Stuttgart: Unterlagen zur Arbeitstagung „Mensch – Maschine – Schnittstelle" 1981

Innovations- und Technologie-Beratungsstelle der IG Metall: Zusammenfassender Erfahrungsbericht 1979-1982, Hamburg, Berlin 1982

Beschäftigungsprobleme im Produktionsbereich durch Einsatz von Datenverarbeitung und Mikroelektronik

Dr. Werner Dostal

1. Einleitung

Schon seit längerer Zeit wird die Rationalisierung in der Produktion von zunehmendem Einsatz der Informationstechnik geprägt. Vorhandene Produktionseinrichtungen werden durch Systeme der Produktionsplanung und -steuerung besser ausgelastet, Maschinen und Einrichtungen werden mit Steuerungen versehen, die viele Prozesse selbstätig durchführen können, und neue Produktionsmittel werden so konzipiert, daß sie mit anderen verkettet werden können und daß eine Integration in vorhandene oder neue Informationssysteme möglich ist.

Diese Veränderungen haben selbstverständlich tiefgreifende Auswirkungen auf die Beschäftigten im Produktionsbereich. Bisherige Arbeitsaufgaben werden durch Maschinen und Einrichtungen selbsttätig abgewickelt, Restaufgaben bleiben für die Arbeitskräfte übrig, einige Arbeitsaufgaben werden in vorgelagerte Büroabteilungen verlagert. Insgesamt nimmt die Zahl der für ein gegebenes Produktionsvolumen erforderlichen Arbeitskräfte ab, was bei geringem oder fehlendem Wachstum zu Arbeitsplatzabbau führt. Mit den bleibenden Restaufgaben sind nicht immer Arbeitsplätze so zu gestalten, daß sie menschengerecht sind. Hier entsteht Bedarf nach Gestaltung und Strukturierung.

Ein weiteres Problem ergibt sich aus der Unsicherheit, welche Qualifikationen zukünftig noch nachgefragt werden und wie eine zukunftssichere Berufsausbildung gestaltet werden müsse.

Über diese Probleme wurde in den letzten Jahren im Zuge der Mikroelektronikdiskussion verstärkt nachgedacht und gesprochen.[1] Allerdings hat man recht global Produktionsbereich und Büro- und Verwaltungsbereich zusammengefaßt und sich im wesentlichen auf die Bereiche konzentriert, in denen Technik neu eingeführt wurde und die vorher davon verschont geblieben waren, wie beispielsweise das Büro. Der Produktionsbereich wurde nur nebenher und dort nur anhand ausgewählter, öffentlichkeitswirksamer Technologien behandelt, während die sog. „schleichende Rationalisierung", die nicht mit derartigen Highlights aufwarten kann, kaum berücksichtigt wurde. Hier soll deshalb ein knapper Überblick über die derzeit erkennbaren und zukünftig zu erwartenden Veränderungen im Produktionsbereich vor dem Hintergrund eines unausgeglichenen Arbeitsmarktes gegeben werden.

2. Abgrenzung des Produktionsbereiches

Der Produktionsbereich stellt immer noch den größten Anteil an Arbeitsplätzen zur Verfügung: 1980 waren dort etwa 12,2 Mio Personen beschäftigt, das sind 45% aller Erwerbstätigen.[2] Zum produzierenden Gewerbe gehören nach der Klassifikation des Statistischen Bundesamtes

- Energiewirtschaft und Wasserversorgung, Bergbau,
- verarbeitendes Gewerbe und
- Baugewerbe;

dabei wird nicht nach Industrie und Handwerk unterschieden. Abb. 1 enthält eine Zeitreihe der Beschäftigten und die Arbeitsproduktivität pro Beschäftigten von 1961 bis 1981.

Diese nach Wirtschaftszweigen berechneten Beschäftigtenquoten geben alle im Produktionsbereich Beschäftigten an. Isoliert man die Personen, die nicht direkt in der Produktion tätig sind, sondern in den Dienstleistungsbereichen des produzierenden Gewerbes, erhält man[3] eine Zahl von 8,1 Mio Personen, die direkt in der Produktion tätig sind. Sie lassen sich nach den Tätigkeitsmerkmalen weiter aufgliedern:

---

[1] Dostal, W.: Fünf Jahre Mikroelektronik-Diskussion. MittAB 2/1982, S. 151-166

[2] Die folgenden Zahlenangaben stammen aus dem Mikrozensus des Statistischen Bundesamtes April/Mai 1980

[3] Die Tätigkeitsmerkmale wurden im Mikrozensus 1973, 1976, 1978 und 1980 erfaßt.

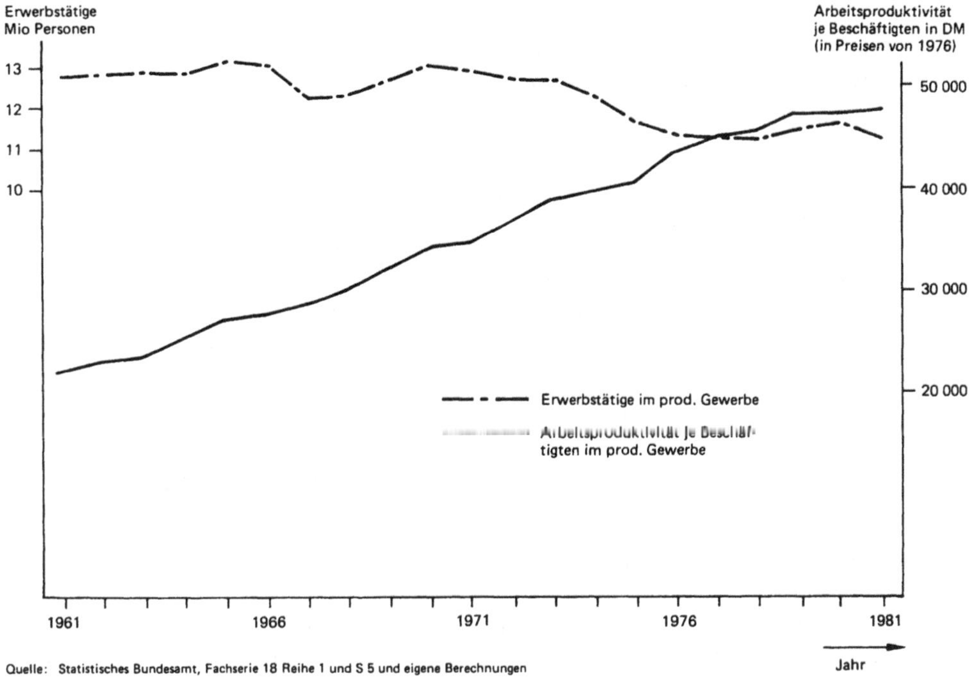

Quelle: Statistisches Bundesamt, Fachserie 18 Reihe 1 und S 5 und eigene Berechnungen

Abb. 1 Erwerbstätige und Arbeitsproduktivität im warenproduzierenden Gewerbe

Herstellen: 5,1 Mio Personen
Maschinen warten: 0,8 Mio Personen
Reparieren: 1,1 Mio Personen
Transportieren: 0,8 Mio Personen

Seit 1973 nahm die Zahl der Personen mit dem Tätigkeitsmerkmal Herstellen um etwa 15% ab, Reparieren nahm um 0,5% ab und Transportieren um 6,2%. Dagegen nahm das Tätigkeitsmerkmal Maschinen warten um 1,4% leicht zu.[4]

Auf der anderen Seite übten 1980 etwa 1/3 der im produzierenden Gewerbe Tätigen eine Dienstleistungstätigkeit aus:

Handel treiben: 0,5 Mio Personen
Kontrollieren: 0,3 Mio Personen
Bürotätigkeiten: 1,1 Mio Personen
Planen, Konstruieren: 0,7 Mio Personen
Leiten: 0,5 Mio Personen
sonstige Dienstleistungen: 0,8 Mio Personen

[4] Weitere Informationen über die Tätigkeitsmerkmale finden sich in: Beruf und Tätigkeitsmerkmale der Erwerbstätigen. Ergebnisse des Mikrozensus April 1980: Wirtschaft und Statistik 6/82, S. 437-443

Diese Tätigkeiten haben seit 1973 einen deutlichen Zuwachs gezeigt: Bürotätigkeiten nahmen um 1%, Planen, Konstruieren nahm um 12%, Leiten um 18% und sonstige Dienstleistungen um 15% zu.

Faßt man diese globalstatistischen Daten zusammen, lassen sich folgende Trends erkennen:

- Von den 12 Mio Beschäftigten im produzierenden Gewerbe sind 2/3 in der Produktion und 1/3 in den sog. vor- und nachgelagerten Bereichen tätig.
- Die Beschäftigten in der Produktion haben abgenommen, die in den vor- und nachgelagerten Bereichen haben deutlich zugenommen.
- Im Trend hin zur Dienstleistungsgesellschaft hat sich die Beschäftigung im Produktionsbereich seit 1961 etwa um 15% verringert. Die Produktion hat sich im gleichen Zeitraum etwa verdoppelt.

3. Technischer Wandel und Beschäftigungswirkungen

Die Zunahme der Produktion bei leicht abnehmender Beschäftigung ist nur möglich gewesen, weil sich die Produktivität in diesen Jahren deutlich erhöht hat. Dies war einerseits durch erhöhten Kapitaleinsatz realisiert worden, andererseits durch den sog. „Technischen Fortschritt", der nach der ökonomischen Definition Sammelkategorie für eine Reihe von nur schwer quantifizierbaren Faktoren ist.[5]

In der öffentlichen Diskussion ist in den vergangenen Jahren die Informationstechnik, manifestiert in Bauteilen der Mikroelektronik und in vernetzten DV-Systemen, für diesen technischen Fortschritt verantwortlich gemacht worden. Ohne Berücksichtigung weiteren Technikeinsatzes wurden hier monokausale Strukturen unterstellt, was sich in der weiteren Entwicklung als problematisch erwiesen hat. Die Subsumierung aller Produktivitätserhöhungen unter das Bauelement „Mikroprozessor" und in die Kategorie „DV-System" hat zu unrealistischen und wenig objektiven Diskussionen geführt.

In einer Gegenposition wurde gezeigt, daß der Kostenanteil der Mikroelektronik an einem NC-Maschinen-Arbeitsplatz nur 0,5% beträgt.[6] 99,5% der Kosten entstehen durch andere Elemente des Arbeitsplatzes.

Die Bedeutung der Informationstechnik für Zahl und Qualität der Arbeitsplätze läßt sich aber kaum über die Kostenanteile bestimmen. Es liegen keine weiteren theoretisch abgesicherten Methoden vor, die es erlauben würden, Zurechnungen von Arbeitsplatzveränderungen zu bestimmten technischen Elementen vorzunehmen. Dies wird einerseits dadurch erschwert, daß die einzelnen Tech-

---

[5] Siehe dazu insbesondere: Weizsäcker, C. Ch. v.: Zur ökonomischen Theorie des technischen Fortschritts. Göttingen 1966

[6] Staudt, E.: Widerstände bei der Einführung neuer Technologien. Die Anwendung der Mikroelektronik als Herausforderung an Technologiemanagement und Technologiepolitik. VDI-Z 124 (1982) Nr. 7, S. 233-241

nologien bereits vernetzt und integriert der potentiellen Nutzung zur Verfügung stehen und es kaum möglich ist, praktisch oder analytisch die Bedeutung einzelner Teiltechnologien zu isolieren, andererseits dadurch, daß die Betroffenheit der Arbeitskräfte von weiteren Bedingungen zusätzlich bestimmt wird und nicht immer objektiv gemessen werden kann, sondern eher subjektiv empfunden wird.

Dem Problem kann man dann näher kommen, wenn man zwei Ansätze verfolgt: den technologieorientierten Ansatz und den Betroffenheitsansatz (Abb. 2).

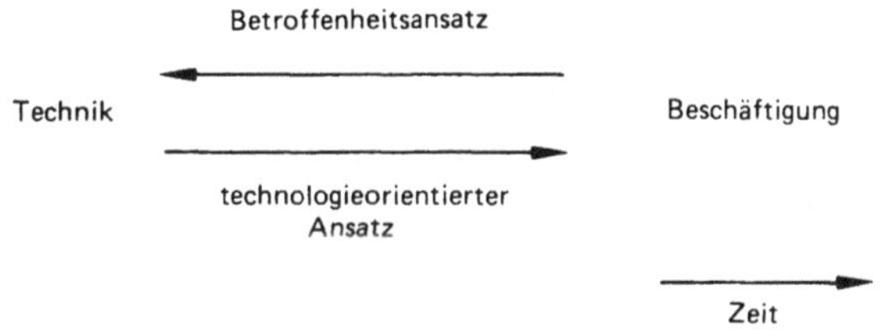

Abb. 2

3.1 Technologieorientierter Ansatz

Im technologieorientierten Ansatz geht man von der Definition einzelner Technologien aus und versucht, die sich daraus ergebenden Beschäftigungsveränderungen abzuschätzen. Dazu werden marktreife Technologien daraufhin untersucht, wie massiv sie Beschäftigungsstrukturen zu verändern in der Lage sind. Weiterhin werden erwartete technische Entwicklungen antizipiert. Mit den dabei erzielten Ergebnissen lassen sich dann Beschäftigungswirkungen ermitteln.

Wegen der Breite technischen Wandels konzentriert man sich meist auf sog. Schlüsseltechnologien, das sind Technologien, die breit einsetzbar sind, die deutliche Produktivitätsgewinne tragen und weitere Veränderungen nach sich ziehen. Obwohl die Definition von Schlüsseltechnologien recht problematisch ist, hat man sich doch in den vergangenen Jahren einhellig dafür ausgesprochen, die Mikroelektronik als **die** gegenwärtig aktuelle Schlüsseltechnologie zu werten. Daneben verblassen viele weitere, von Einzelautoren klassifizierte Schlüsseltechnologien, wie beispielsweise Bio-Technologie, Kernkraft oder neue Verfahren der Metallbearbeitung.

Diese Schlüsseltechnologien sind aber noch zu abstrakt, um die Brücke von der Technik zur Beschäftigung schlagen zu können. Deshalb nimmt die Definition neuer, in bestimmten Geräten und Maschinen manifestierter Technikanwendungen breiten Raum bei der Diskussion von Beschäftigungswirkungen ein.

Im Produktionsbereich handelt es sich im wesentlichen um

- NC, CNC, DNC-Werkzeugmaschinen für die spanende und spanlose Werkstückbearbeitung,[7]
- Industrieroboter für Handhabungsaufgaben,[8]
- Transport- und Lagersysteme mit weitgehender Automatisierung,[9]
- Produktionsplanungs- und -steuerungssysteme, realisiert in komplexen DV-Systemen,

  und – als eine Kombination dieser Elemente – die
- flexiblen Fertigungssysteme[10] und die flexiblen Montagesysteme als einer Etappe auf dem Weg zur automatischen Fabrik.

Auf eine weitere Erläuterung dieser Technologien sei hier verzichtet, da dazu ein breites Spektrum von entsprechenden Studien, die auch alle den Beschäftigungsaspekt bearbeiten, vorliegt.

Die angeführten Technologien erlauben erhebliche Produktivitätssteigerungen und werden deshalb insbesondere von den Arbeitnehmern und ihren Vertretern mit Mißachtung betrachtet. Zumindest sind sie alle mit mikroelektronischen Bauteilen ausgestattet und weitgehend automatisiert. Eine Reihe von bisher personell geleisteten Funktionen wird obsolet, andere Funktionen ändern sich nach Inhalt und Intensität. Allerdings ist der Schluß von der Technik auf die Arbeitsinhalte problematisch, da mit zunehmender maschineller Intelligenz die Gestaltungsbreite von Arbeitsaufgaben und Arbeitsbedingungen größer wird und deshalb häufig außertechnische Faktoren die entscheidende Rolle spielen, ob die Arbeitsplätze akzeptabel oder belastend sind.

Insgesamt gesehen hat der technologieorientierte Ansatz die folgenden Schwächen:

- Technologiedefinitionen und -abgrenzungen sind immer problematisch und führen meist zur Überbewertung moderner Technologien und zur Vernachlässigung konventioneller, aber trotzdem sehr wirksamer Technologien.

---

[7] NC – numerical control – Numerische Steuerung/Regelung; CNC – computerized numerical control – Numerische Steuerung mit einem integrierten Rechner; DNC – direct numerical control – Anschluß der NC-Maschine an einen externen Computer. Näheres zur aktuellen Situation findet sich in: Rationalisierungskuratorium der Deutschen Wirtschaft – RKW (Hrsg.): Wirtschaftliche und soziale Auswirkungen des CNC-Werkzeugmaschineneinsatzes. Studie des Fraunhofer-Instituts für Systemtechnik und Innovationsforschung (RKW-Projekt A 133). Eschborn 1981

[8] Siehe dazu: Soziologisches Forschungsinstitut e.V. Göttingen (SOFI) und Universität Bremen, Zentrale wissenschaftliche Einrichtung „Arbeit und Betrieb“: Bedingungen und soziale Folgen des Einsatzes von Industrierobotern. Göttingen 1980

[9] Neue Transport- und Lagersysteme wurden in den letzten Jahren verstärkt eingesetzt. Sozialwissenschaftliche Begleitforschung wurde dabei nicht vorgenommen, offensichtlich, weil diese Technik „zu konventionell“ erschien.

[10] Fraunhofer Institut für Systemtechnik und Innovationsforschung (ISI), Institut für Arbeitsmarkt- und Berufsforschung (IAB), Institut für Werkzeugmaschinen und Fertigungstechnik (IWF): Der Einsatz Flexibler Fertigungssysteme. Technische, einführungsorganisatorische, wirtschaftliche und arbeitsplatzbezogene Aspekte. Karlsruhe 1982

- Die Beschränkung auf einige wenige Technologien – gegeben durch den Zwang zur Vereinfachung – erlaubt nur Aussagen für Einzelbereiche, die für den Produktionsbereich insgesamt wenig aussagefähig sind.
- Die Wirkungskette von dem technischen Element hin zum Arbeitsplatz ist selten einlinig und abgegrenzt. Viele weitere Effekte verändern diese Bezüge, so daß häufig die Beziehung zwischen Technik und den Beschäftigten verschwimmt.

3.2 Betroffenheitsansatz

Im Betroffenheitsansatz werden zunächst Veränderungen in der Beschäftigung oder am Arbeitsplatz festgestellt. Auf der Basis dieser Informationen versucht man dann, die verursachende oder auslösende technische Änderung zu finden, die dann untersucht und klassifiziert wird.

Zunächst muß der Betroffenheitsbegriff näher definiert und abgegrenzt werden. Es erscheint sinnvoll, fünf Betroffenheitsstufen zu unterscheiden (Abb. 3):

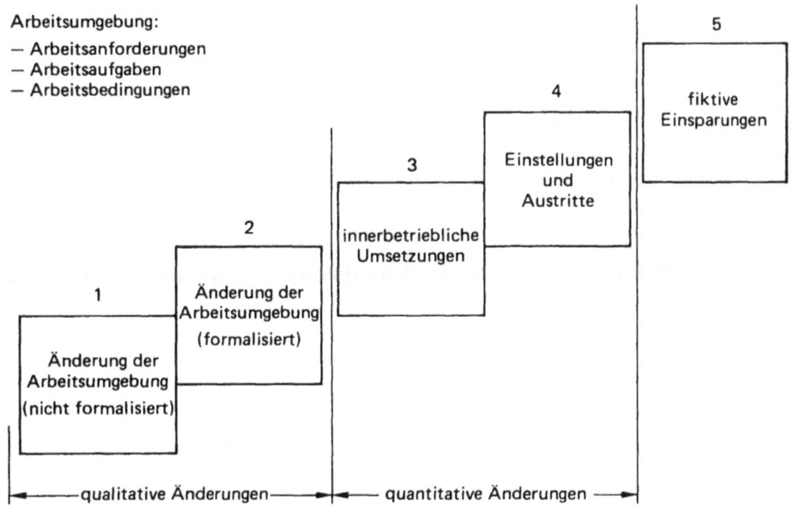

Abb. 3 Arbeitsplatzveränderungen bei technischen Änderungen

Stufe 1:
Der Wandel der subjektiv empfundenen beruflichen Umgebung durch veränderte Technik wird kontinuierlich, gleichsam stufenlos – bewußt oder unbewußt – erlebt und erst bei der Erinnerung an frühere Arbeitsaufgaben, -inhalte und -umgebung deutlich. Das Individuum weiß zwar, daß technischer Wandel existiert, nimmt ihn aber kaum wahr. Die Sensibilisierungsschwelle wird erst erreicht, wenn ein Anlaß dazu besteht.

Stufe 2:
Am Arbeitsplatz verändern sich objektivierbare Arbeitskriterien, wie Arbeitsanforderungen, Arbeitsaufgaben und Arbeitsbedingungen. Diese geänderte Arbeitsplatzcharakteristik kann vom bisherigen Arbeitsplatzinhaber weiterhin bewältigt werden, da die dazu notwendigen Flexibilitätsspielräume bestehen und Einarbeitung und Ausbildung ermöglicht werden.

Stufe 3:
Arbeitskräfte werden wegen technischer Änderungen innerbetrieblich umgesetzt:

- entweder von der Abteilung, in der die technische Änderung erfolgte, in andere Abteilungen, da sie künftig in der angestammten Abteilung nicht mehr benötigt werden
- oder in die Abteilung der technischen Änderung, soweit dort ein zusätzlicher Personalbedarf besteht.

Diese Umsetzungen dienen entweder der quantitativen Anpassung der Arbeitskräfte (Ergebnis der internen Beschäftigungsbilanz) oder der qualitativen Anpassung der Arbeitskräfte (Umsetzungen zum Qualifikationsausgleich).

Stufe 4:
Im Zuge der technischen Änderung kommt es zu Neueinstellungen oder Austritten von Arbeitskräften. Dadurch wird die Änderung im Personalbedarf über den externen Arbeitsmarkt ausgeglichen.
Ähnlich – wie bei den Umsetzungen – kann es sich hier um quantitative Anpassungen zum Bilanzausgleich oder um kompensierende Veränderungen zur Qualifikationsanpassung handeln.
Unter dem Begriff „Austritte“ seien hier der zwischenbetriebliche Arbeitsplatzwechsel, Abgänge in die registrierte Arbeitslosigkeit oder in die stille Reserve oder Abgänge in sonstige Nichterwerbstätigkeit (Rente, Ausbildung, bei ausländischen Arbeitnehmern Rückkehr ins Heimatland usw.) zusammengefaßt.

Stufe 5:
Technische Änderungen führen zwar zu rechnerischem Personalminderbedarf, der aber durch Erhöhung des Leistungsvolumens ausgeglichen werden kann. Es kann also auf Neueinstellungen verzichtet werden, da wegen leistungsfähigerer Technik ein höherer Output mit den vorhandenen Arbeitskräften erzielt werden kann. Die Produktivitätserhöhung soll hier gemessen werden anhand der „fiktiv eingesparten Arbeitskräfte“. das sind Arbeitskräfte, die zusätzlich zu den vorhandenen Arbeitskräften benötigt worden wären, wenn man die technische Umstellung nicht durchgeführt hätte und die neue Produktion mit den alten Anlagen hätte erbringen müssen.

Während man im technologieorientierten Ansatz meist von einem Investitionsvorhaben ausgeht, das sich dann später auf die Beschäftigung auswirken wird, also den Verlauf der Änderung nachvollzieht, ist der Betroffenheitsansatz umgekehrt gerichtet, da in der Analyse von den Wirkungen zurück zu den Ursachen gegangen wird.

In diesem Ansatz ist das Zurechnungsproblem fast noch größer, da sehr schnell eine Vielzahl von Gründen für die Beschäftigungsveränderung gefunden werden kann:

- individuelle Gründe in der Person des Betroffenen,
- unternehmensinterne Gründe für das gewählte Verfahren,
- technische Gründe,
- Gründe, die sich aus den sonstigen Rahmenbedingungen ergeben.

Besonders schwer ist es, von individueller Betroffenheit auf global fixierbare Trends überzugehen.

Für die Abgrenzung der für die Beschäftigung relevanten Technologien ist dieser Ansatz aber recht brauchbar, da die Einseitigkeit der Beschränkung auf einige wenige Technologien in diesem Ansatz nicht so dominant ist.

3.3 Mischansätze

In der Praxis werden die beiden beschriebenen Ansätze vermischt verwendet. Aus erhebungsmethodischen Gründen wird im allgemeinen der Bereich, in dem die technische Änderung zu Beschäftigungswirkungen führt, eng abgegrenzt:

Gesamtwirtschaft → Branche → Betrieb → Betriebsabteilung
(Bereich der technischen Änderung).

Da bei allen empirischen Untersuchungen der Betriebszugang der Engpaß ist, wird in der Empirie meist eine Branche ausgewählt und dann innerhalb der Branche ein Sollspektrum von Betrieben, in denen relevante Änderungen vermutet werden. Nach Klärung des Betriebszugangs verbleiben die Betriebe, die mit einer Untersuchung einverstanden sind.

Das Untersuchungsteam wählt dann in einer Voruntersuchung den oder die Betriebsbereiche aus, die dann im Detail untersucht werden.

Bei Verfolgung des technologieorientierten Ansatzes wurden die Betriebe danach ausgewählt, ob sie die jeweils interessierende Technik eingeführt haben. Dies ist besonders wichtig, wenn es sich um bisher wenig realisierte Technik handelt. In diesen Fällen[11] kann sich eine derartige Untersuchung auch über mehrere Branchen erstrecken. Informationen über die innovationsfreudigen Betriebe erhält man dabei meist von den Herstellern dieser neuen Technik.

Bei Verfolgung des Betroffenheitsansatzes geschieht die Auswahl nach dem Kriterium intensiver Beschäftigungsveränderungen. Informationen darüber existieren am ehesten bei den Gewerkschaften, die von den Betriebsräten über derartige Entwicklungen in der Regel informiert werden.

---

[11] In der o.a. Studie über den Einsatz flexibler Fertigungssysteme hatte man einige Schwierigkeiten, alle relevanten Betriebe zu identifizieren und für eine Untersuchung bereitzufinden.

3.4 Erhebungsmethode

Um die Bezüge zwischen technischen Änderungen und den dabei ablaufenden Beschäftigungsveränderungen erkennen zu können, bedarf es der Untersuchung im Betrieb, sog. Fallstudien.[12] Nur so lassen sich die Bezüge erkennen, isolieren und bewerten.

Fallstudien sollten so geplant und durchgeführt werden, daß die Wirkungslinien von der technischen Änderung zu den Beschäftigungsveränderungen mit all ihren Verzweigungen und Unwägbarkeiten nachgezeichnet werden können. Die Interpretation und theoretische Einordnung der Ergebnisse sollte getrennt von der eigentlichen Empirie erfolgen. Allerdings muß darauf hingewiesen werden, daß **jede** Fallstudie geprägt ist einerseits von der Position des Interviewers und andererseits von der Position dessen, der befragt wird. Eine absolute Objektivität kann es hier kaum geben.

Je stärker formalisiert die Fallstudien sind,[13] umso eher lassen sich die Ergebnisse quantifizieren und entsprechend auswerten. Allerdings bedeutet die Quantifizierung immer auch eine Reduktion der Erhebungsbreite, da dann schwer oder nicht quantifizierbare Größen weniger erfaßt und verarbeitet werden.

Reine schriftliche Befragungen haben meist Rücklaufquoten von unter 30% und liefern kaum Daten, die dem komplexen Thema gerecht werden können. Höchstens bei Experten lassen sich über diesen Weg Informationen abfragen.

3.5 Ergebnisse einer Untersuchung aus der metallverarbeitenden Industrie

Im folgenden werden kurz die Ergebnisse einer Untersuchung der metallverarbeitenden Industrie beispielhaft dargestellt, um die Möglichkeiten und Grenzen einer derartigen Methode und die Art und Struktur der Ergebnisse deutlich zu machen.

Die Untersuchung wurde in den Jahren 1980 und 1981 vom Institut für Arbeitsmarkt- und Berufsforschung durchgeführt.[14] Nach Betriebsgrößen geschichtet wurden aus den Betrieben der metallverarbeitenden Industrie 239 Betriebe als repräsentativ ausgewählt.

In jedem dieser Betriebe wurde von einem speziell dafür ausgebildeten Forschungssachbearbeiter[15] ein oder mehrere Interviews durchgeführt, in denen an-

---

[12] Zur Methode der Fallstudien siehe: Mickler, O.; Dittrich, E.; Neumann, U.: Technik, Arbeitsorganisation und Arbeit. Frankfurt/M. 1976, dort S. 15 ff.

[13] Die Formalisierung bezieht sich auf Frageleitfäden, die bereits ein weitgehend vorstrukturiertes Interview erlauben. Dabei werden im wesentlichen geschlossene Fragen gestellt, d.h. die Antworten sind vorab kategorisiert.

[14] Lahner, M.: Auswirkungen technischer Änderungen in metallverarbeitenden Industriezweigen 1979 – Wiederholung der Untersuchung von 1974; MittAB 2/1983, S. 153-166

[15] Forschungssachbearbeiter sind Mitarbeiter ausgewählter Arbeitsämter, die für diese Aufgaben eine intensive Ausbildung erhalten haben.

hand eines Fragebogens zunächst Fragen zum Betrieb (Produktionsart, Beschäftigte) gestellt wurden. Aufbauend auf diesen grundsätzlichen Daten wurde dann nach technischen Änderungen im Referenzjahr 1979 gefragt.

Diese Änderungen wurden dann nach Art und Grund klassifiziert, die Größenordnung der Investition wurde ermittelt und die Personalveränderungen (quantitativ und qualitativ) erfaßt (siehe Abb. 4).

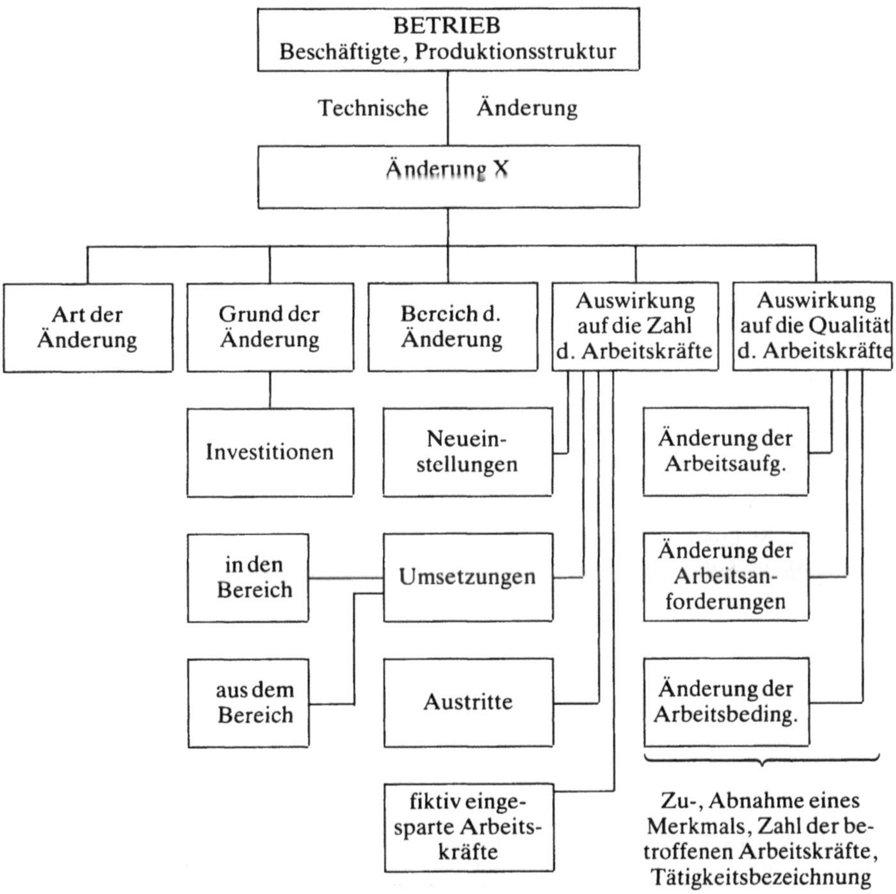

jeweils Zahl der betroffenen Männer, Frauen, Tätigkeitsbezeichnungen
Quelle: BeitrAB 17, Nürnberg 1977, S. 4

Abb. 4 Systematik der Untersuchung der Auswirkungen technischer Änderungen auf Arbeitskräfte

Die Ergebnisse wurden auf den Wirtschaftszweig hochgerechnet.

Ergebnisse:
In etwa 10% der Fälle wurden NC/CNC-Maschinen neu eingeführt, in weiteren 7% EDV-Verfahren neu konzipiert oder verändert, in einigen Fällen sonstige Elektronikfertigungen aufgebaut.

Es kann somit angenommen werden, daß in knapp einem Viertel der Änderungsfälle unmittelbar **neue** Technik (EDV und Mikroelektronik) die Änderung bestimmt hat. In 3/4 der Fälle waren es eher konventionelle Technologien (Abb. 5).

Art der Änderung		
1. Betriebsteile insgesamt		
– Neueinrichtung	10%	
– Verlagerung	2%	
– Stillegung	2%	
		14%
2. Anlagen		
– zusätzliche neue	13%	
– zusätzliche gleichartige	23%	
– Ersatz vorhandener	25%	
– Stillegung	–	
		61%
3. Betriebsablauf		
– Organisatorische Änderungen	5%	
– Mechanisierung und Rationalisierung	6%	
– Einführung von EDV	7%	
		18%
4. Technik		
– neue Verfahren	5%	
– neue Werkstoffe	2%	
– andere Energieform	–	
		7%

Basis der Anteile: 19 500 Änderungen (hochgerechnet)
Quelle: IAB-Projekt 5-44: „Auswirkungen technischer Änderungen auf Arbeitskräfte"

Abb. 5 Auswirkungen technischer Änderungen auf Arbeitskräfte

Die Gründe für technische Änderungen waren im wesentlichen Verbesserung der Wirtschaftlichkeit (36%) und Kapazitätsausweitung (27%). Neue Produkte, Diversifikation sind mit 8% beteiligt.

Insgesamt wurden (hochgerechnet) 19500 einzelne technische Änderungen erfaßt.

Dabei entstanden etwa 40000 neue Arbeitsplätze, 13000 Arbeitsplätze gingen verloren. 60000 Arbeitskräfte wurden fiktiv eingespart, d.h. ohne Produktivitätserhöhung hätten bei konventioneller Technik 60000 neue Arbeitsplätze entstehen können, die jetzt wegen der neuen Technik nicht entstanden sind (Abb. 6).

Quantitative Personalveränderungen	Personen	%
Umsetzungen in den Bereich	9 500	0,4
Umsetzungen aus dem Bereich	14 100	0,6
Einstellungen	36 800	1,5
Austritte	12 900	0,5
fiktiv eingesparte Arbeitskräfte	59 700	2,4

Basis 2,5 Mio Beschäftigte in dem untersuchten Industriezweig
Quelle: IAB-Projekt 5-44: „Auswirkungen technischer Änderungen auf Arbeitskräfte

Abb. 6 Auswirkungen technischer Änderungen auf Arbeitskräfte

Qualitative Beschäftigungseffekte

	Zunahme (Personen)	Abnahme (Personen)
Berufsausbildung	800	–
Berufserfahrung	5 800	1 600
Verantwortung für eigene Arbeit	16 000	2 800
Verantwortung für Arbeitsumgebung	67 000	4 300
Geistige Belastung	18 200	10 500
Körperliche Belastung	10 400	47 200
Umwelt	3 300	51 300
Handarbeit	5 800	5 200
Maschinenbedienung/überwachen/einstellen	43 300	6 200
Transport von Hand	7 100	40 000
Verwalten, Planen	5 600	5 600
Schichtarbeit	4 800	2 600
Taktgebundene Arbeit	3 400	6 500
Frauenarbeitsplätze	100	200
Einkommen	7 400	400

Basis: 2,5 Mio Beschäftigte in der metallverarbeitenden Industrie

Quelle: IAB-Projekt 5-44: „Auswirkungen technischer Änderungen auf Arbeitskräfte“

Abb. 7 IAB-Untersuchung „Auswirkungen technischer Änderungen auf Arbeitskräfte

Neben diesen quantitativen Personalveränderungen konnten noch eine Vielzahl qualitativer Änderungen gefunden werden. Sie sind mit der Zahl der betroffenen Personen quantifiziert. Deutlich wird die Ambivalenz technischer Änderungen. In den meisten Fällen sind auch gegenläufige Tendenzen erkennbar (Abb. 7).

Zusammenfassend kann festgestellt werden:
- DV und Mikroelektronik sind nicht die einzigen neuen Technologien im Metallbereich. Nur 1/4 der Änderungen sind direkt damit in Verbindung zu bringen.
- Die Beschäftigungseffekte sind gegenläufig, die Bilanz war 1979 im Metallbereich positiv. Die arbeitssparende Tendenz des Technikeinsatzes drückt sich wesentlich bei den fiktiv eingesparten Arbeitskräften aus, d.h. nicht Entlassungen stehen im Vordergrund, sondern der Verzicht auf Neueinstellungen bei Produktivitätserhöhungen.
- Qualitative Änderungen am Arbeitsplatz (der Arbeitsplatzinhaber wird weiterbeschäftigt) lassen sich quantifizieren und ergeben hohe Betroffenheitsraten. Auch hier existieren gegenläufige Entwicklungen.

4. Die aktuelle Beschäftigungssituation

4.1 Die Situation im November 1982

In der Bundesrepublik Deutschland ist nach Jahren der Vollbeschäftigung die Arbeitslosigkeit wieder ein ernstzunehmendes Faktum. Im November 1982 waren in der Bundesrepublik 2,04 Mio Personen arbeitslos gemeldet, davon 55,3% Männer und 44,7% Frauen. Die Arbeitslosenquote betrug in diesem Monat 8,4%.[16]

Demgegenüber gab es nur ein geringes Angebot an offenen Stellen: Ende November waren 61500 offene Stellen bei den Arbeitsämtern gemeldet.

Diese Daten zeigen eine außerordentlich ungünstige Arbeitsmarktlage. Diese Sicht wird etwas modifiziert, wenn man die Bewegungen auf dem Arbeitsmarkt betrachtet (jeweils November 1982):
- Es haben sich 327500 Personen arbeitslos gemeldet,
- davon waren 262500 Personen (80%) vorher erwerbstätig, 20% waren vorher nicht erwerbstätig.
- 66600 offene Stellen wurden gemeldet,
- 92400 Vermittlungen wurden durchgeführt,
- Kurzarbeit war für 1,03 Mio Personen vereinbart worden.

[16] Diese Daten stammen aus der Arbeitsmarktstatistik der Bundesanstalt für Arbeit (BA), veröffentlicht in den Amtlichen Nachrichten der BA.

Vergleicht man die Bestandsdaten mit den Bewegungsdaten, dann wird deutlich, daß sich in beiden Fällen der Arbeitsmarkt unausgeglichen darstellt und daß die Situation zunehmend ungünstiger wird.

Rein rechnerisch steigt die Dauer der Arbeitslosigkeit, die Laufzeit der offenen Stellen geht zurück.[17] Der hohe Sockel von Arbeitslosigkeit kann wegen mangelnder offener Stellen nicht abgebaut werden, er wächst weiterhin an.

4.2 Entwicklung des Arbeitsmarktes

In Abb. 8 ist der Verlauf der Bestände an Arbeitslosen und offenen Stellen aufgetragen. Drei Krisen zeigen sich in beiden Kurven: eine leichte Krise 1967, eine schwere 1974/75 und eine neue seit 1981. Dazwischen lagen Erholungsphasen, die zwischen 1976 und 1980 war aber nicht sehr ausgeprägt.

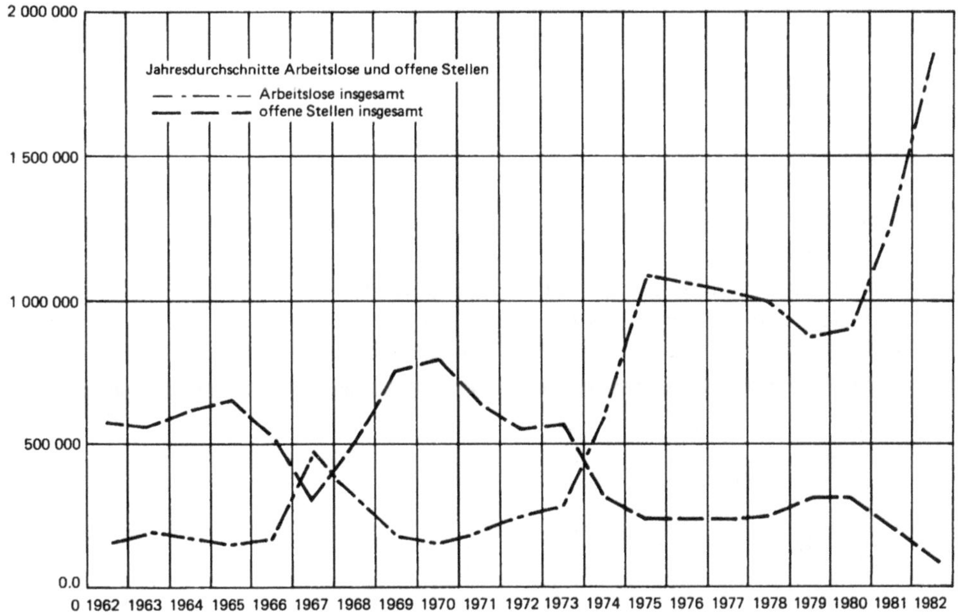

Quelle: Bundesanstalt für Arbeit

Abb. 8

Eine Zurechnung der Krisen zu Ursachen ist problematisch. Die Beschäftigungskrise 1974/75 war ausgelöst durch die Energie- und Rohstoffverteuerung und beendete die überhitzte Konjunktur 1970-72.

17 Siehe dazu: Cramer, U.: Zur Entwicklung der Laufzeiten von offenen Stellen in den letzten Jahren. MittAB 2/1982, S. 131-140

Die neue Beschäftigungskrise ist eine internationale Wachstumskrise, die sich weltweit zeigt. Die übrigen EG-Länder sind schon etwas früher betroffen worden. Seit Mitte 1980 begann der steile Anstieg der Arbeitslosigkeit auch in der Bundesrepublik Deutschland. Die jeweiligen Erwerbsquoten (Anteil der Erwerbspersonen an der Gesamtbevölkerung) haben sich in den Jahren seit 1966 zunächst bis 1976 verringert, sind seitdem wieder angestiegen. Insbesondere seit 1978 steigt die Quote steil an (von 43,9 auf 45,4% im Jahr 1981), was mit dem Eintritt geburtenstarker Jahrgänge in das Erwerbsleben erklärt werden kann. Aus dieser höheren Erwerbsquote ergibt sich selbstverständlich ein zusätzlicher Druck auf den Arbeitsmarkt, er könnte aber durch zusätzliches Wachstum kompensiert werden. Dieses zusätzliche Wachstum ist derzeit nicht in Sicht.

Im Laufe der letzten Jahre hat sich der Arbeitsmarkt „entstrukturalisiert", d.h. auch Personengruppen, die bislang von Arbeitslosigkeit wenig betroffen waren, sind zunehmend arbeitslos geworden.

4.3 Arbeitsmarkt „Produktionsbereich"

Für den Produktionsbereich liegen ebenfalls Arbeitsmarktdaten vor. Abb. 9 enthält kurzgefaßt die besondere Charakteristik dieses Arbeitsmarktes:

Die Beschäftigung im Produktionsbereich hat sich seit 1975 leicht verringert und ist 1980/81 leicht angestiegen. Bezieht man die Arbeitslosen aus dem Produktionsbereich (es handelt sich um Personen, die vor Eintritt der Arbeitslosigkeit im produzierenden Bereich tätig waren), auf alle Arbeitslosen, dann zeigt sich, daß 1974 die Freisetzungsraten im produzierenden Gewerbe überdurchschnitt-

	Beschäftigte im Produktionsbereich (Mio Pers.)	Anteil an allen Beschäftigten (%)	Arbeitslosenanteil des Prod. Bereichs (%)	modifizierte Quote*) (%)	Bewertung ***)	Anteil offener Stellen des Prod. Bereichs (%)	Bewertung ***)
1974	12,8	47,9	54,3	58,4	+	– **)	
1975	12,1	46,0	48,4	57,0	+	– **)	
1976	11,7	45,6	44,6	49,0	+	53,9	+
1977	11,9	46,0	38,0	47,0	0	51,0	+
1978	11,8	45,4	35,0	45,7	0	50,1	+
1979	11,9	45,1	34,6	44,8	0	53,1	+
1980	12,2	45,3	35,8	46,2	0	49,4	+
1981	12,1	45,0	37,6	48,2	+	43,6	0

Quellen: Arbeitsmarktstatistik (veröffentlicht in ANBA)
Statistisches Bundesamt (Fachserien A und 1)

*) Unter Berücksichtigung der vorher nicht einem Wirtschaftszweig zurechenbaren Personen (anteilig)
**) nicht erfaßt
***) Bewertung + überdurchschnittlich 0 durchschnittlich (± 2 Prozentpunkte)

Abb. 9 Arbeitsmarktsituation im Produktionsbereich

lich waren. Sie sind aber in der Folgezeit unterdurchschnittlich: 1981 kamen nur 37,6% der Arbeitslosen aus dem Produktionsbereich, während die Beschäftigungsquote im Produktionsbereich bei 45,0% lag. Dabei muß aber berücksichtigt werden, daß seit 1978 über 20% der Arbeitslosen nicht einem Wirtschaftszweig zugerechnet werden können, da sie vorher länger als 6 Monate nicht erwerbstätig waren oder die Zuweisung zu einem Wirtschaftszweig aus anderen Gründen nicht möglich ist. Wenn man annimmt, daß diese ebenfalls im Verhältnis der Beschäftigten auf den Produktionsbereich zusteuern, ergibt sich die modifizierte Bewertung, nach der in den Jahren von 1977 bis 1980 die Arbeitslosigkeit im Produktionsbereich leicht über, in den übrigen Jahren im Durchschnitt lag.

Nach Berufen ergibt sich für 1981 bei den Fertigungs- und technischen Berufen ein Anteil an den Arbeitslosen von etwa 48%, er liegt damit in der gleichen Größenordnung wie bei der Zuordnung nach Wirtschaftszweigen.

Bei den offenen Stellen ist die Zuordnung zu Wirtschaftszweigen eindeutig. Hier ist das Stellenangebot des Produktionsbereiches von 1976 bis 1980 überdurchschnittlich gewesen, für 1981 durchschnittlich.

Die eigentlichen Besonderheiten des Produktionsbereiches liegen in einem geringeren Frauenanteil und damit auch anderen Arbeitslosigkeitsstrukturen:

Ende September 1981 war der Frauenanteil bei den Erwerbstätigen bei 38% gelegen,
bei den Arbeitslosen lag dieser Anteil bei 51% Frauen, d.h. Frauen sind stärker als Männer von Arbeitslosigkeit betroffen.
Im produzierenden Gewerbe liegt der Frauenanteil bei nur 24%. Von den Arbeitslosen sind aber 36% Frauen.

Die Distanz zwischen Beschäftigungsanteil und Arbeitslosigkeit liegt insgesamt bei 13 Prozentpunkten, im produzierenden Gewerbe bei 12 Prozentpunkten. Das Risiko, als Frau im produzierenden Gewerbe arbeitslos zu werden, liegt wegen des dortigen geringeren Frauenanteils trotz vergleichbarer Distanz höher.

Weiterhin ist die Beschäftigung von Ausländern im produzierenden Gewerbe außerordentlich hoch: Obwohl dort nur 45% aller Beschäftigten tätig sind, sind knapp 70% aller beschäftigten Ausländer in diesem Wirtschaftszweig und nur 30% in den übrigen Wirtschaftszweigen. Wegen der allgemein höheren Arbeitslosenquote der Ausländer (1981 8,2% im Vergleich zu einer Insgesamt-Quote von 5,5%) muß diese Arbeitslosigkeit auch Gründe in der Wirtschaftszweigzugehörigkeit haben.

Obwohl der Arbeitsmarkt im bzw. für den Produktionsbereich sich vom globalen Arbeitsmarkt durch einen geringen Frauenanteil und durch einen hohen Ausländeranteil abhebt, scheinen sich die grundlegenden Verhältnisse kaum von der allgemeinen Situation zu unterscheiden. Es muß aber wegen anderer Beschäftigungsstrukturen (im produzierenden Bereich ist der überwiegende Teil der Arbeiter beschäftigt, während in den übrigen Wirtschaftsbereichen die Angestellten dominieren) damit gerechnet werden, daß die Bewegungen auf dem Arbeitsmarkt intensiver und kurzfristiger sind.

Diese höhere Bewegungsintensität führt aber in der Folge nicht zu veränderten Bestandsgrößen bei Arbeitslosen und offenen Stellen.

5. Technologische Arbeitslosigkeit?

Der Begriff der „Technologischen Arbeitslosigkeit" wurde in den vergangenen Jahren neben die Begriffe der konjunkturellen und strukturellen Arbeitslosigkeit gestellt, um deutlich werden zu lassen, daß auch das Vorhandensein von Technik und technische Änderungen zu dem Phänomen der Arbeitslosigkeit führen können.

In den bisherigen Kapiteln wurden einerseits die Potentiale moderner Technik aufgezeigt, andererseits die derzeit sehr ungünstige Arbeitsmarktsituation. Gibt es nun direkte Beziehungen zwischen diesen beiden Entwicklungen, ist die derzeit erlebte Situation gravierender Unterbeschäftigung in ihrer Ausprägung die „Technologischer Arbeitslosigkeit?"

Wie schon erwähnt, liefern die statistischen Daten über Technikeinsatz und Beschäftigung lediglich einige Zustände, meist nur Randgrößen eines komplexen Beziehungsgeflechts. Die logische Struktur und die jeweiligen Abhängigkeiten lassen sich daraus nicht ableiten. Um diese Strukturen erkennen zu können, müssen Fallstudien durchgeführt werden. Die Ergebnisse dieser Fallstudien gelten aber nur für die jeweils untersuchten Fälle und lassen sich kaum verallgemeinern. Weiterhin erlauben sie in der Regel nicht, nachzuprüfen, ob ein entlassener oder freigesetzter Arbeitnehmer wirklich arbeitslos wird, oder ob nicht – wie das heute in vielen Fällen geschieht – die Personen entlassen oder freigesetzt werden, die sich daraufhin vom Arbeitsmarkt zurückziehen, weil sie kurz vor dem Rentenalter stehen oder weil sie andere Pläne für ihre Zukunft haben.

Die Wirkungskette, die auf der einen Seite mit einer technischen Änderung beginnt und auf der anderen Seite mit Arbeitslosigkeit von vormals beschäftigten oder neu ins Erwerbsleben strebenden Personen endet, und die im wesentlichen das umfaßt, was der Begriff der technologischen Arbeitslosigkeit beinhaltet, läßt sich in dieser einlinigen Form nicht nachvollziehen. Immer spielen weitere Aspekte eine Rolle, begonnen mit der Herstellung neuer Technik, die selbst wieder Arbeitskraft bindet, über Vertrieb und Installation, über die organisatorische Einbindung, die komplexen internationalen Produktions- und Lieferverflechtungen bis zu den Änderungen von Markt- und Absatzstrategie im Unternehmen, das die neue Technik nutzt. In diesen Unternehmen sind bestimmte Arbeitsplatzstrukturen traditionell bedingt, die neue Technik stellt neue Anforderungen an die Arbeitskräfte, daraus ergibt sich dann der Anlaß zu Personalveränderungen, diese entweder zur quantitativen Anpassung (Bedarfsabgleich durch Einstellungen, Austritte oder Umsetzungen) oder zur qualitativen Anpassung (kompensierende Personalveränderungen).

Es ist deshalb nicht möglich, klare Zurechnungen von technischen Änderungen zu Arbeitslosigkeit vorzunehmen. Dies geht nur in Sonderfällen, von denen einer knapp umrissen werden soll:

Der Einsatz von Industrierobotern zeigt exemplarisch die Substitution des Menschen durch ein technisches Gerät. Nach einer Studie, die in einem großen Werk der Automobilindustrie durchgeführt wurde[18], lassen sich etwa 40% der Arbeitsplätze abgrenzen, „deren Tätigkeiten evtl. im Zugriff von Industrieroboter-Einsätzen liegen könnten" (S. 596). Von diesen etwa 40% der Arbeitsplätze werden nocheinmal die Hälfte ausgeklammert, da dort Sichtprüfungen vorgenommen werden oder Montageaufgaben erledigt werden. Dazu sind die heutigen Industrieroboter noch nicht voll geeignet.

Die restlichen 20% Arbeitsplätze werden aufgeteilt auf 10% Bearbeiter, von denen etwa 30% durch Industrieroboter ersetzt werden können (1350 Arbeitsplätze), das sind 7% der Arbeitskräfte mit repetitiven Arbeiten oder etwa 3% der Gesamtbeschäftigten.

Bereits bei den Aufgaben der Handhabung an Maschinen und des Zwischentransports legen sich die Autoren der Studie nicht fest: „Wieviele der insgesamt 5500 Arbeitskräfte im Bereich der Teilehandhabung letztlich von der Anwendung der Industrieroboter-Technologie betroffen sein werden, läßt sich derzeit nicht genau bestimmen." (S. 599). Aus technisch-funktionaler Sicht können in diesem Werk maximal 13% der Arbeitsplätze durch Industrieroboter ersetzt werden.

An diesen Angaben wird deutlich, daß mit den heutigen, schon recht leistungsfähigen Robotern nur ein kleiner Teil der relevanten Arbeitsaufgaben erfüllt werden kann.

Bezüglich der Substitutionspotentiale gibt es derzeit die folgenden Angaben:
Ein Industrieroboter kann im 2-Schichtbetrieb im Durchschnitt 4 Personen in der Produktion ersetzen:
1,2 AK durch Mechanisierung der menschlichen Funktionen
0,5 AK durch Produktivitätssteigerung
0,3 AK durch Einsparung von Abwesenheitszeiten des Personals

Dem stehen gegenüber:
0,3 AK für Wartung, Betreuung
(1 Schlosser betreut 5 Roboter, 1 Elektriker betreut 10 Roboter)
0,5 AK zur Herstellung eines Roboters und der erforderlichen Zusatzeinrichtungen
(Roboterherstellung 2 Personenjahre, Zusatzeinrichtung 1 Personenjahr, ergibt bei einer Nutzung von 6 Jahren 0,5 AK/Jahr)

Dies ergibt ein Verhältnis von Aufwand zu Einsparung von 1 : 5. Betriebliche Experten sollen für die Zukunft sogar ein Verhältnis von 1 : 7 für wahrscheinlich halten.

---

[18] Siehe SOFI-Studie, Fußnote 8

Diese noch verhältnismäßig klare Gegenüberstellung der Substitution von Arbeitskräften durch technische Einrichtungen läßt sich bei anderen technischen Produktionsmitteln so nicht finden. Schon bei NC-Werkzeugmaschinen ist es außerordentlich schwierig, Arbeitskräfteeinsparung zuzurechnen, zumal sich bei der Änderung der betrieblichen Umgebung meist auch Produktspektrum und Produktionsorganisation ändert.

Noch schwieriger wird dies bei komplexen Systemen der Produktionssteuerung oder der flexiblen Fertigungssysteme. Hier stehen meist andere Ziele im Vordergrund als das der Personaleinsparung, wie kurzfristige Lieferbereitschaft durch Beschleunigung des Produktionsdurchlaufs, höhere Präzision der Teile, Erhöhung der Flexibilität der Produktion o.a.

Durch die höhere Automatisierungsstufe ergibt sich aber als Nebenziel durchaus ein geringerer Arbeitskräfteeinsatz. Meist aber läßt sich die vorab geplante Personaleinsparung nicht gleich realisieren. Dies geschieht erst nach einer langen Einführungsphase, die sich oft über mehrere Jahre erstreckt.[19]

Zusammenfassend läßt sich konstatieren, daß bei der gegenwärtigen Arbeitslosigkeit durchaus technologische Aspekte eine Rolle spielen. Allerdings lassen sich kaum Zurechnungen in der Form vornehmen, daß die Technik den Anteil von a% an der Arbeitslosigkeit verursache, daß b% des Produktionsbereiches daran beteiligt sei und daß die Technik c einen Anteil von d% an dem Beschäftigungsabbau habe. Höchstens kann deutlich gemacht werden, daß rechnerische Substitutionspotentiale nur in Ausnahmefällen realisiert werden und daß neue Technik lange Zeiträume benötigt, um sich breit durchzusetzen.

6. Maßnahmen zur Milderung der Arbeitslosigkeit

Die Schwierigkeit der Zurechnung von Arbeitslosigkeit zu technischen Veränderungen erschwert deutlich Maßnahmen der Technologiebewertung im Hinblick auf die Beschäftigungswirkungen, wie es beim „Technology Assessment“ betrieben wird.[20]

Die technologische Arbeitslosigkeit läßt sich nämlich heute – in einer industriellen Gesellschaft – gegenläufig definieren:

a) handelt es sich um die Wirkung arbeitssparender Techniken, die sich bis auf den Arbeitsmarkt auswirken und dort (i.a. wegen eines reduzierten Angebots offener Stellen) zu vermehrter Arbeitslosigkeit führen,
b) kann es sich um die Behinderung der Erstellung technischer Anlagen, an denen evtl. neue (zusätzliche) Arbeitsplätze entstehen könnten, handeln. Diese

[19] Dies wurde recht deutlich bei der Untersuchung des Einführungsprozesses flexibler Fertigungssysteme (Fußnote 10)

[20] Paschen, H.; Gresser, K.; Conrad, F.: Technology Assessment – Technologiefolgenabschätzung. Frankfurt/New York 1978

Arbeitsplätze entstehen nicht, da Aktivitäten der Technologiefolgenabschätzung deren Realisierung verhindern.

Aus dieser Betrachtung ergibt sich eine Antwort auf die Frage nach der technologischen Arbeitslosigkeit: Technik kann Basis für die Bildung von Arbeitsplätzen sein und hat diese Funktion insbesondere im Zeitalter der Industrialisierung erfüllt. Dies kommt dann besonders deutlich zu Bewußtsein, wenn dieser weiterlaufende Prozeß gestört wird (siehe b). Daneben wirkt – ceteris paribus – Technik arbeitsplatzvernichtend und führt damit zu einem geringeren Arbeitsplatzangebot (siehe a). Wenn also die Gesamtwirkung des technischen Wandels betrachtet wird, dann sollten beide Effekte berücksichtigt werden.

Trotz allem sollte aber – wegen der hohen Kosten der Arbeitslosigkeit – überlegt werden, ob technische Veränderungen, die unmittelbar zu Arbeitslosigkeit führen, durchgeführt werden sollten, wenn dadurch zwar ein Optimum bei einem Segment der Gesellschaft (hier handelt es sich meist um einen Industriebetrieb) erreicht wird, gesamtgesellschaftlich aber höhere Kosten entstehen. Bezüglich dieser Rechnung fehlen bislang Daten über Kosten und Wirkungen von technischen Veränderungen und Arbeitslosigkeit, so daß bislang keine aktiven Maßnahmen in dieser Richtung begründet werden können.

Aus diesem Grunde beschränkt man sich derzeit auf Maßnahmen auf der Arbeitskraftseite, wie sie beispielsweise im Arbeitsförderungsgesetz enthalten sind. Dort wird im § 2 der technische Wandel als Störgröße definiert:

„Die Maßnahmen ... haben dazu beizutragen, daß ... nachteilige Folgen, die sich für die Erwerbstätigen aus der technischen Entwicklung oder aus wirtschaftlichen Strukturwandlungen ergeben können, vermieden, ausgeglichen oder beseitigt werden."

Unter technischem Wandel wird nicht nur die Weiterentwicklung der Technik und des Technikeinsatzes verstanden, sondern „jede Änderung von Materialien, Produktionsmitteln, Methoden, Organisationsformen oder Produkten, die für eine Produktionseinheit erforderliche Quantität oder Qualität der Arbeit verändern".[21]

Im wesentlichen beschränkt sich das AFG auf Reparaturmaßnahmen bei den Arbeitskräften bei eingetretenen Technikfolgen. In den Überlegungen II zu einer vorausschauenden Arbeitsmarktpolitik[22] wird sogar die „Eigengesetzlichkeit technischer Entwicklungen" beschworen.

Für den Produktionsbereich sind vor allem die folgenden Maßnahmen relevant, die zur Erhaltung und Schaffung von Arbeitsplätzen dienen:

Bei vorübergehendem Arbeitsausfall wird Kurzarbeitergeld gewährt, wenn dadurch „den Arbeitnehmern Arbeitsplätze und dem Betrieb die eingearbeiteten Arbeitnehmer erhalten werden" (AFG § 63 Abs. 1).

---

[21] Leminsky, G.: Arbeitsmarktpolitik und technologischer Wandel. WWI 10/1967, S. 260-269

[22] Bundesanstalt für Arbeit (Hrsg.): Überlegungen II zu einer vorausschauenden Arbeitsmarktpolitik. Nürnberg 1978

Weiterhin wird durch entsprechende Maßnahmen die ganzjährige Beschäftigung in der Bauwirtschaft gefördert (produktive Winterbauförderung und Schlechtwettergeld).

Die Maßnahmen zur Arbeitsbeschaffung fördern Arbeiten, die „im öffentlichen Interesse liegen und deren Förderung nach Lage und Entwicklung des Arbeitsmarktes zweckmäßig erscheint" (AFG § 91 Abs. 2). Insbesondere sollen mit diesen Maßnahmen Stukturverbesserungen erreicht werden.

1981 wurde im Jahresdurchschnitt für etwa 347000 Arbeitnehmer Kurzarbeitergeld gewährt. Damit wurde für etwa 82000 Arbeitnehmer Arbeitslosigkeit vermieden.

Wegen der ungünstigen Witterung wurde im Winter 1980/81 wieder mehr Schlechtwettergeld gezahlt (71% der Gesamtausgaben aus der produktiven Winterbauförderung). Wintergeld reduzierte sich dadurch auf 27% der Gesamtausgaben. Investitions- und Mehrkostenzuschüsse lagen bei 2% der Gesamtaufgaben.

Jahresdurchschnittlich wurden 1981 etwa 38500 Arbeitnehmer in allgemeinen Maßnahmen zur Arbeitsbeschaffung beschäftigt. Damit wurde eine Entlastungswirkung um 55000 Arbeitslose erreicht.

Wenn ein Betrieb – evtl. aufgrund mangelnder Anpassung – in Konkurs gehen muß, dann hilft den Betroffenen das Konkursausfallgeld:

„Arbeitnehmer haben bei Zahlungsunfähigkeit ihres Arbeitgebers ... Anspruch auf Ausgleich ihres ausgefallenen Arbeitsentgelts (Konkursausfallgeld)."
(AFG § 141a)

Für 139800 Arbeitnehmer wurde 1981 Antrag auf Konkursausfallgeld gestellt.

Diese Maßnahmen werden ergänzt durch die Förderung der beruflichen Bildung. Im Jahre 1981 begannen 279500 Arbeitnehmer mit derartigen Maßnahmen. Von diesen Arbeitnehmern waren etwa die Hälfte vor der Maßnahme arbeitslos gewesen.

68% der Förderung war für die berufliche Fortbildung, 19% auf berufliche Umschulung, 6% auf Einarbeitung und 7% auf die Verbesserung der Vermittlungsaussichten vorgesehen. Mit diesen Maßnahmen konnte Arbeitslosigkeit bei 90000 Personen im Jahresdurchschnitt vermieden werden.

Neben diesen Maßnahmen auf der Basis des Arbeitsförderungsgesetzes gibt es weitere betriebliche und individuelle Möglichkeiten, um die Probleme technischen Wandels so zu lösen, daß die Arbeitslosigkeit nicht zu sehr ansteigt. Dazu gehören im wesentlichen die folgenden Aktionen:

- Begrenzung von Überstunden
- Flexibilisierung der Arbeitszeit
- Suche nach neuen Produkten oder Dienstleistungen
- Verbesserung der Konkurrenzfähigkeit durch ein Bündel verschiedener Maßnahmen
- Höherqualifizierung

Insbesondere bei der Einführung neuer Technologien, die sich von den bisherigen Problemlösungen wesentlich unterscheiden – und dies ist beim Einsatz von DV und Mikroelektronik in der Produktion häufig gegeben – ist eine Höherqualifizierung der Mitarbeiter notwendig. Diese Höherqualifizierung läßt sich kaum durch verlängerte Einarbeitung und „learning by doing" erreichen, da die Inhalte sich im Unterschied zu bisherigen technischen Strukturen mit der Nutzung nicht voll begreifen lassen. Hier werden eher schulische Qualifizierungsmaßnahmen notwendig, die von Betrieben oder sonstigen Bildungseinrichtungen angeboten werden müssen.

Im Beispiel des NC-Maschinen-Einsatzes war nach einer Untersuchung [23] die notwendige Umschulung eine wesentliche Voraussetzung für den friktionsarmen Einsatz dieser Maschinen. Gleichzeitig war für einzelne Beschäftigte damit ein Statusgewinn möglich geworden.

7. Ausblick

Technologieprognosen gehen davon aus, daß die Beschäftigung im Produktionsbereich stetig abnehmen wird bis zu der Geburt der automatischen Fabrik, die ohne Beschäftigung auskommt. Meldungen aus Japan und den USA führen in der Öffentlichkeit zu der Meinung, die automatische Fabrik stünde unmittelbar bevor.

Die aktuellen Studien über flexible Fertigungssysteme[24] zeigen aber deutlich, daß bis zu dieser automatischen Fabrik noch ein weiter Weg durchlaufen werden muß. Für einige Produkte lassen sich auch heute schon mit den vorhandenen technischen Hilfen weitgehend automatische Fertigungen ausrüsten, doch fehlt bislang Rentabilität und Flexibilität. Die praktischen Probleme scheinen doch wesentlich schwieriger als erwartet.[25]

Durch Datenverarbeitung und Mikroelektronik wird aber eindeutig eine Entkopplung des Maschinenbetriebs von dem Arbeitseinsatz des Beschäftigten erfolgen:[26]

- räumliche Entkopplung
  Die elektronische Steuerung und Überwachung von Werkzeugmaschinen und sonstigen Produktionsmitteln erlaubt zunehmend die Zusammenfassung der Überwachungsfunktion in einem getennt aufgebauten Steuerstand oder in ei-

---

[23] Dostal, W.; Köstner, K.: Beschäftigungsveränderungen beim Einsatz numerisch gesteuerter Werkzeugmaschinen. MittAB 4/82, S. 443-449

[24] Siehe dazu: Lutz, B.; Schultz-Wild, R. (Hrsg.): Flexible Fertigungssysteme und Personalwirtschaft. Erfahrungen aus Frankreich, Japan, USA und der Bundesrepublik Deutschland. Frankfurt/New York 1982

[25] Beispielsweise ist der „Griff in die Kiste" noch nicht technisch vollständig durchführbar.

[26] Staudt, E.: Entkopplung im Mensch-Maschine-System durch neue Technologien als Grundlage einer Flexibilisierung von Arbeitsverhältnissen. in: Meyer-Abich, K. M.; Steger, U. (Hrsg.): Mikroelektronik und Dezentralisierung. Berlin 1982, S. 53-68

ner Schaltwarte. Die Übertragung der Informationen aus der Produktion ist heute kein technisches und kein finanzielles Problem mehr.
In manchen Fällen wird diese räumliche Entkopplung auch dadurch erzwungen, daß ein Aufenthalt im Produktionsbereich entweder unangenehm (Lärm, schlechte Umgebungsbedingungen), gefährlich (Roboter in Aktion, mangelnde Schutzeinrichtungen) oder nicht möglich ist (gekapselte Fertigungseinrichtungen).
Es kann sogar wirtschaftlich sein, die Produktion so zu integrieren und abzuschirmen, da man dann auf kostspielige Einzel-Schutzeinrichtungen verzichten und die Maschinen anders konzipieren kann.[27]
Die räumliche Entkopplung braucht nicht in der Schaltwarte zu enden, sie kann darüber hinaus über geeignete Informationssysteme beliebig weit erfolgen, entweder in das Wohngebiet in Satellitenschaltwarten oder in die Wohnung selbst. Auch länderübergreifende Entkopplungen sind denkbar und in einigen Fällen auch schon realisiert worden.

– zeitliche Entkopplung
Moderne Produktionsanlagen sind im Vergleich zu konventionellen Maschinen so teuer, daß sich ihr Einsatz nur im Mehrschichtbetrieb rentiert. Wegen verschiedener Gründe ist Schichtarbeit unbeliebt und für die Unternehmen teuer. Deshalb ist der Wunsch, „mannlose" oder zumindest mannarme Schichten zu fahren, außerordentlich ausgeprägt. Auch hier hilft die Elektronik, obwohl in dieser Entwicklung die weitere Mechanisierung im Vordergrund steht.
Für die Arbeitskräfte ermöglicht die zeitliche Entkopplung einerseits die Wahrnehmung der Normalarbeitszeit, darüber hinaus aber auch flexibler Arbeitszeitmuster, die dann individuell geprägt sein können.
Gerade im Zuge einer Entwicklung, in der die Arbeit am Produkt abnimmt und Überwachungs- und Kontrollaufgaben zunehmen, ist das Problem der zunehmenden Schichtarbeit am ehesten durch eine derartige zeitliche Entkopplung anzugehen.

Neben diesen durch die Technik ermöglichten Entkopplungstendenzen lassen sich auch weitere Gestaltungsfreiräume erkennen. Durch die sehr flexiblen Technologien von Datenverarbeitung und Mikroelektronik lassen sich Arbeitsplätze planen und so mit Aufgaben versehen, daß sie als sinnhaft und interessant empfunden werden können. Dies erfordert aber Planung und Abstimmung und wird sich nicht von selbst ergeben.

Bezüglich der globalen Beschäftigungsprobleme muß leider konstatiert werden, daß der Produktionsbereich langfristig die Beschäftigungslücke nicht schließen kann. Eher wird noch mehr Arbeitsvolumen aus dem Produktionsbereich ausgelagert werden. Allerdings scheinen die Fourastie'schen[28] Annahmen, nach denen bis zum Jahr 2000 der Produktionsbereich nur noch 10% der Arbeitskräfte

---

[27] Bislang sind die meisten Werkzeugmaschinen nach dem menschlichen Maß dimensioniert, was Arbeitsraum, Zugänglichkeit und Installation betrifft.
[28] Fourastié, J.: Die große Hoffnung des zwanzigsten Jahrhunderts. Köln-Deutz 1954

bindet, doch etwas übertrieben zu sein. Sicher wird der Arbeitsplatzabbau nicht so schnell vonstatten gehen.

Im Bereich von Handwerk, Reparatur und Instandhaltung muß man auch die Entwicklung hin zur Eigenleistung und Nachbarschaftshilfe sehen. Mit zunehmender Verbilligung von Werkzeugen und Produktionsmitteln, die dann zu Konsumgütern werden, werden Dienstleistungen des Produktionsbereiches durch in Eigenleistung genutzte Produkte ersetzt.[29] Dadurch wurde bislang das Wachstum des Dienstleistungsbereiches und das Schrumpfen des Produktionsbereiches verzögert. Mit abnehmendem Wohlstand, besserer Ausstattung der Haushalte mit diesen Produkten und zunehmender „Frei"-Zeit wird diese Tendenz aber zu einem Schrumpfungsprozeß des globalen Arbeitsvolumens führen.

Dies ist dann der Weg in die Nachindustrielle Gesellschaft, der leicht zu einer Rutschbahn werden kann, wenn er nicht verantwortungsbewußt geplant und abgesichert wird. Diese Planungen fehlen aber weitgehend, so daß man befürchten muß, daß der Übergang nur durch empfindliche Krisen erfolgen wird. Vielleicht ist die gegenwärtige hohe Arbeitslosigkeit bereits die erste Etappe auf diesem Weg.

[29] Gerschuny, J. I.; Post-Industrial society: the myth of the service economy. in: Futures April 1977, S. 103-114 und
Gerschuny, J.: After Industrial Society.The Emerging Self-service Economy. London/ Basingstoke 1978

Neue Technologien und deren Auswirkungen auf die Arbeitsplätze im Dienstleistungssektor[1]

Prof. Dr. Dr. Erich Staudt

1. Grenzen des Einsatzes konventioneller Technologien in Industrie und Dienstleistung

1.1 Methode der Untersuchung

Wenn man – wie das hier für die Arbeitsplätze im Dienstleistungsbereich geschieht – Aussagen über die Zukunft machen will, steht heute eine Vielzahl von Prognosemethoden zur Verfügung, die aber alle auf drei prinzipielle methodische Ansätze zurückgehen. Um nicht mißverstanden zu werden, sollen die drei Methodengruppen und ihre Reichweite kurz vorgestellt werden:

1. Man kann Denken durch Rechnen ersetzen, dies betrifft alle Methoden, die auf Trendextrapolationen zurückgehen. Sie sind sehr beliebt. Sie haben den Vor-

[1] Zuerst abgedruckt in: Versicherungswirtschaft, H. 19 + 20, Oktober 1982, S. 1172-1177 u. 1233-1240.

teil, scheinbar exakte Zahlenwerte für die Zukunft zu liefern. Die Methoden sind aber bei allem sogenannten wissenschaftlichen Aufwand in der Rechentechnik zugleich sehr naiv,[2] weil sie von dem schlichten Glaubenssatz ausgehen, daß die Verhältnisse und Kräfte, die die Vergangenheit bestimmten, auch die Zukunft gestalten werden. D.h. z.B., anhaltendes Wachstum der Arbeitsplatzzahl im Dienstleistungssektor bis hin zu dem absurden Ergebnis, daß alle Menschen in diesem Bereich beschäftigt sind. Trendbrüche scheiden aus. Ein qualtitativer Wechsel, z.B. durch neue Automationstechnologien, bleibt unbeachtet. Man wird also bei einer Begrenzung der Voraussage auf Techniken der Trendextrapolation methodisch blind gegenüber neuen Kräften und Verhältnissen.

2. Die zweite Methodengruppe sucht diesen Fehler einer naiven Pseudoexaktheit zu vermeiden und gibt sich kreativ. An die Stelle des Trends rücken alternative Szenarien. Einzelne Prognostiker oder ganze Prognosegruppen verwenden sehr viel Esprit darauf, für die zu prognostizierende Zukunft neue mögliche Ereignisse und Kräfte zu identifizieren und in die Voraussage einzubringen. Das heute viel besprochene „Büro der Zukunft“, bestückt mit technischen Novitäten aus den Labors von gestern, ist ein Beispiel dafür. Eine gute Prognose auf dieser Basis bietet eine Reihe von Überraschungseffekten. Sie hat darüber hinaus den Vorteil, daß sie den Betrachter eher verunsichert als ihn in einer Pseudosicherheit zu wiegen, – was bei der Zuverlässigkeit der Prognostik in der Vergangenheit sicher zu realistischerem Verhalten veranlaßt als reine Trendbetrachtungen –. Es besteht allerdings die Gefahr, daß in den so beliebten „Horror-Szenarien“ die Zukunft sehr schräg gezeichnet wird. Beispiele sind die menschenleere Fabrik oder die vollautomatisierte Dienstleistung. Die Schwachstelle dieser Methodengruppe liegt darin, daß der Prognostiker oder die Prognosegruppe in aller Regel überfordert ist. Bedeutet doch der Versuch, alle neuen Ereignisse und Kräfte des Prognosezeitraums zu antizipieren, daß der Prognostiker selbst über die Kreativität des gesamten Voraussagebereichs schon im Voraussagezeitpunkt verfügen müßte. Das heißt, eine gültige Voraussage über die Arbeitsplätze in der Versicherungswirtschaft in den achtziger Jahren müßte zugleich alle Erfindungen, Entwicklungen und die Reaktion der dort Tätigen in dieser Periode umfassen.

3. Die dritte Methodengruppe ist schließlich wieder bescheidener. Sie arbeitet mit Analogien, – erschließt also den Voraussagebereich mit Hilfe von Vergleichen aus artverwandten Gebieten oder Entwicklungen. Sie hat den Vorteil erhöhter Plausibilität, weil mit bekannten Zusammenhängen argumentiert wird, aber dafür den Nachteil aller Vergleiche: Sie hinkt, weil sich Entwicklungen kaum wiederholen, Chancen und Risiken meist einmaligen Charakter haben.

Um die Entwicklungslinien beim Einsatz neuer Technologien in der Versicherungswirtschaft zu verdeutlichen, wird auf eine solche Analogiebetrachtung zwischen industrieller Produktion und dem Dienstleistungssektor zurückgegriffen. Die dabei gewonnenen Aussagen gelten nicht nur für den Bereich der Versiche-

[2] Vgl. Staudt, E.: Struktur und Methoden technologischer Voraussagen. Beitrag zu einer allgemeinen Planungstheorie, Göttingen 1974 (Dissertation).

rungswirtschaft, sondern auch für artverwandte Sektoren mit ähnlichen Problemen des strukturellen Wandels in entsprechenden Dienstleistungsbetrieben. Auf diese Weise werden die heute dominanten Rationalisierungspotentiale und Gestaltungsspielräume beim Einsatz neuer Technologien im gesamten bürowirtschaftlichen Bereich plausibel. Eine Schlüsselrolle spielen dabei unternehmerische Rationalisierungsbemühungen auf der Basis neuer Automationstechnologien.

Während der Produktionsbereich seit Taylor Gegenstand intensiver Rationalisierungsbemühungen war, blieb der Dienstleistungs- und Verwaltungsbereich weitgehend außer Betracht. So gründet die heute übliche Argumentation, daß nunmehr die Büros besonderer Rationalisierungsanstrengungen bedürfen, in der Regel auf Feststellungen der Art:

- daß der Produktivitätsfortschritt in der industriellen Produktion in den vergangenen fünfzig Jahren auf ca. 1000% zu schätzen ist,
- während der Produktivitätsfortschritt im Dienstleistungs- und Verwaltungsbereich bestenfalls ca. 50% betragen habe.

Der Vergleich ist natürlich Unsinn. Die Rationalisierungserfolge der industriellen Produktion sind schließlich das Ergebnis gewaltiger Arbeitsvorbereitungs-und Verwaltungsaufwendungen und bestehen zu einem nicht unerheblichen Teil aus einer Verlagerung von Teilfunktionen, wie die der Regelung und Steuerung der Produktion, in den Verwaltungsbereich und der Abspaltung von Dienstleistungsfunktionen in den Bürobereich.

Während in diesen ausgelagerten Bereichen noch „handwerkliche" oder „vorindustrielle" Verhältnisse dominieren, findet man im Produktionsbereich ein lang erprobtes und ausgefeiltes Rationalisierungssystem vor, das durchaus Muster für Dienstleistungs- und Verwaltungsrationalisierung sein kann und als solches heute auch von findigen Unternehmensberatern und Unternehmensleitungen erschlossen wird. So wird aus der in der Produktion seit Jahrzehnten praktizierten Wertanalyse eine Gemeinkostenwertanalyse und gelten Industrial-Engineering-Konzepte zur Effizienzsteigerung im Dienstleistungssektor als Novitäten, oder man beginnt sich nunmehr auch in diesem Sektor mit Arbeitsplatzbewertung, Mitarbeiterbeurteilung etc. zu befassen.

Es bleibt also festzuhalten: Bezogen auf Rationalisierungsbemühungen besteht durchaus ein Entwicklungsabstand zwischen Produktion und den Bereichen Dienstleistung und Verwaltung, also insbesondere zu den bürowirtschaftlich bearbeiteten Sektoren und damit auch zur Versicherungswirtschaft. Wobei man betonen muß, daß dies kein Abstand im Sinne einer Höherentwicklung sein muß. Es besteht vielmehr nur ein zeitlicher Abstand, der hier genutzt werden soll, um anhand von Überlegungen aus dem Produktionsbereich den heutigen Standort der Bürorationalisierung an historischen Vorläufern zu markieren. Darüber hinaus ist man mittels einer derartigen Analyse in der Lage, Fehlentwicklungen zu verdeutlichen, aber auch Aussagen über den zukünftigen Strukturwandel und evtl. vorhandene Spielräume aufgrund der Verfügbarkeit neuer Automationstechnologien zu machen.

1.2 Rationalisierung durch Automation

Die betriebliche Rationalisierung ist seit Beginn der Industrialisierung eng verbunden mit der technischen Entwicklung. Im Rückblick erweist sich sogar ein guter Teil der Rationalisierungserfolge als Ergebnis der Anwendung technischer Neuerungen im Betrieb. Entsprechend konzentrieren sich die folgenden Ausführungen auf die Rationalisierung durch Technisierung der Fertigung und des Dienstleistungsbereichs. Auch hier bestehen erhebliche Differenzen zwischen den beiden Sektoren, die z.B. am Investitionsvolumen deutlich werden. So kostet ein Fabrikarbeitsplatz ca. 30000-50000 DM, während für einen Büroarbeitsplatz meist nicht mehr als 3000-5000 DM aufzubringen sind.

Betrachtet man die Technisierung und die damit verbundene Unternehmenspolitik im Rückblick, so kommt man zu der Feststellung, daß trotz enormer Rationalisierungserfolge durch Technisierung bzw. Automatisierung eine darauf ausgerichtete unternehmerische Rationalisierungspolitik stets begrenzt blieb, und dies nicht nur im wenig bearbeiteten Verwaltungs- und Dienstleistungsbereich, sondern selbst im sehr extensiv rationalisierten Produktionsbereich.

Aus betriebswirtschaftlicher Perspektive stehen einem Übergang zur automatisierten Fertigung gewichtige ökonomische Argumente entgegen. Die Grenze einer auf Technisierung bzw. Automation ausgerichteten Rationalisierungspolitik resultiert hier aus dem hohen Stellenwert, der der betrieblichen Elastizität beigemessen wird. Unter betrieblicher Elastizität oder „leistungswirtschaftlicher Elastizität" versteht man die Fähigkeit, das Leistungsgefüge eines Betriebes zu verändern. Diese Eigenschaft, das Produktions- und Dienstleitungsprogramm zu variieren, wechselnden Marktverhältnissen anzupassen und die Innovationsfähigkeit des Betriebes zu halten, gilt als unverzichtbar, weil sie es dem Betrieb ermöglicht, in einer sich verändernden Umwelt zu überleben. So kam es, daß man in weiten Teilen der industriellen Produktion Gastarbeiter vorhandenen Automationstechnologien vorzog, weil sie trotz Sprachschwierigkeiten die betriebliche Elastizität eher garantierten als neue Technologien.

Was für den Übergang zur automatisierten Fertigung galt, gilt in noch höherem Maße für den Übergang zur automatisierten Dienstleistung. Sie hat schließlich, um im Wettbewerb zu bestehen, elastisch zu sein. Und eine ihrer wichtigsten Funktionen besteht darin, den Betrieb durch Bewahren eines bestimmten Elastizitätspotentials dem steten internen und externen Wandel anzupassen.

Diese betriebliche Elastizität, so befürchtet man, nimmt nun mit wachsender Technisierung bzw. Automation ab. Das Bestreben, ein Mindestmaß an betrieblicher Elastizität zum Zwecke des Überlebens zu erhalten, begrenzte deshalb eine auf Automation ausgerichtete unternehmerische Rationalisierungspolitik in der Vergangenheit. Ob und inwieweit diese der betrieblichen Elastizität zugemessene begrenzende Wirkung auf die unternehmerische Rationalisierungspolitik auch heute noch in Produktion und Dienstleistung wirksam ist, soll zunächst skizziert werden, bevor vor dem Hintergrund der Entwicklung neuer Automationstechnologien die Neuorientierung der unternehmerischen Rationalisierungspolitik deutlich gemacht wird.

1.3 Automation und betriebliche Elastizität[3]

Die Kernthese, von der im folgenden ausgegangen wird, lautet:

Rationalisierung durch Technisierung bzw. Automation und betriebliche Elastizität sind gegenläufig.

Diese These gründet auf der Überlegung, daß die Automatisierung zu kontinuierlichem Fertigungsfluß und damit zu einer Anordnung der Sachmittel nach dem Fließprinzip zwingt. Der entscheidende Schritt zu einer Automatisierung größerer Fertigungsabschnitte in der Produktion beginnt nach einer funktionsgerechten Zerlegung des Arbeitsablaufs und der Investition in Spezialmaschinen mit der Verbindung einzelner selbsttätig arbeitender Aggregate in der Weise, daß die nacheinander geschalteten Maschinen in der durch die technologischen Gegebenheiten vorgeschriebenen Reihenfolge tätig werden, wobei die Leistungsquerschnitte der einzelnen Aggregate aufeinander abgestimmt werden. Die zentrale Fertigungstechnologie bestimmt also Aufbau- und Ablauforganisation. Aus ihr leiten sich Personalbedarf und Personalqualifikation ab.

Diese Problemstellung der Ablauforganisation:
- Zerlegung des Arbeitsablaufes
- Investitionen in Spezialmaschinen
- Abstimmung der Teilprozesse (technisch-funktional, d.h. qualitativ)
- Abstimmung der Teilprozesse (Leistungsquerschnitte, d.h. quantitativ)

ist heute auch in der Bürorationalisierung relevant. Zerlegung der Arbeitsgänge in Teilfunktionen führt z.B. in der Bürowirtschaft zu einer Zerlegung der Sekretariatsaufgaben in Schreib- und Verwaltungsarbeiten. Die Schreibarbeiten werden abgespalten und zentralisiert. Es kommt dann schließlich zu einem zentralen, optimal ausgelasteten Schreibbüro, das dann aber kaum noch Kapazitätsreserven hat, wie die ehemalige Sekretärin, die einzelne Spitzen durch vorübergehende Vernachlässigung anderer Funktionen ausgleichen konnte. Es wurde deshalb erforderlich, neben dem zentralen Schreibbüro ein ‚dynamisches Verwaltungssekretariat' zu errichten. Den Mitarbeiterinnen hier kommt eine Art „Springerinfunktion" zu, wie man sie aus der industriellen Produktion schon länger kennt. Wichtigstes Ergebnis in diesem Zusammenhang ist, daß es auch im Verwaltungsbereich verstärkt möglich wird, Regelung und Steuerung von der jeweiligen Ausführung zu trennen. In unserem Beispiel heißt das, daß die Teilfunktion „Schreiben" zunächst abgespalten und sodann automatisiert wird – mit ähnlichen Folgen wie in der industriellen Produktion.

Die Abhängigkeit von der zentralen Technik nimmt zu. Ähnlich, wie der Produktionsbetrieb zu Beginn der Industrialisierung, der an der zentralen Energiequelle, z.B. einem Wasserlauf, gegründet wurde, seine Produktionsorganisation vom Lauf des Mühlrades abhängig machte, installiert der Dienstleistungsbetrieb

---

[3] Vgl. a. Staudt, E.: Rationalisierung und betriebliche Elastizität. In: Fortschrittliche Betriebsführung – Industrial Engineering, 27/1978, Heft 6, S. 373 ff.

mit der Teilautomation technisch-ökonomische Erfordernisse, die die Organisation der Produktion nach den Kriterien

- Verminderung der Durchlaufzeit
- Minimierung der Warte- und Stillstandszeiten
- Minimierung der organisatorischen Lager

erzwingen.

Es kommt in Produktion und Dienstleistung aufgrund der durch die Technisierung erforderlich werdenden Rhythmisierung und Terminisierung von Arbeitsabläufen in der Ausführungsphase zu Konsequenzen für den jeweiligen Materialbzw. Informationsfluß, der sich infolge der Rhythmisierungs- und Terminisierungsprobleme nur noch zeitlich und quantitativ starr vollziehen kann. Die Anpassungsfähigkeit des Fertigungs- und Verwaltungsapparates nimmt so im Zuge der Automatisierung immer weiter ab.

1.4 Automation und Massenproduktion

Ein weiterer Effekt der automatisierten Produktionsweise ist die Tendenz zu einer Vereinheitlichung der Produkte aufgrund mangelnder Flexibilität automatisierter Systeme. In der industriellen Produktion kennt man diesen Trend zur Massenproduktion seit Henry Ford. Anzeichen einer solchen Vereinheitlichung finden sich aber neuerdings auch infolge der Technisierung in der Dienstleistung. Zu denken ist dabei z.B. an

- die verstärkte Anwendung von Formblättern
- die Normierung der Diktiersprache bzw. Programmiersprache
- Typisierung von Briefen
- Normierung von Telekommunikation
- Standardisierung von Dienstleistung etc.,

letzteres mit der Folge zunehmender Transparenz und damit auch zunehmender Konkurrenz – ein Phänomen, das die Versicherungswirtschaft schon extensiv beschäftigt. In der industriellen Produktion bestehen dann nur noch begrenzte Möglichkeiten einer Differenzierung der Produkte unter grundsätzlicher Beibehaltung der für eine automatisierte Fertigung günstigen Bedingungen der Massenproduktion. Gängigstes Beispiel in diesem Bereich ist das beschränkte Typenprogramm in der Automobilproduktion. Der Konsument steht hier nur noch vor der Alternative entweder Verzicht auf Varietät zu üben oder die hohen Zusatzkosten für ein geringes Maß an sogenannten Extras zu übernehmen.

Das gleiche gilt aber auch für die automatisierte Dienstleistung. Das einseitige Bestreben in der Versicherungswirtschaft nach einer Minimierung der Kosten führt schließlich zu einer Vermassung der Produkte. Regelungsprobleme werden auf andere Stellen verschoben bzw. ausgelagert. Für die verbleibenden Sonderfälle kommt es dann zur Neueinrichtung von Abteilungen und zu Funktionsverlagerungen bis über die Betriebsgrenzen hinaus.

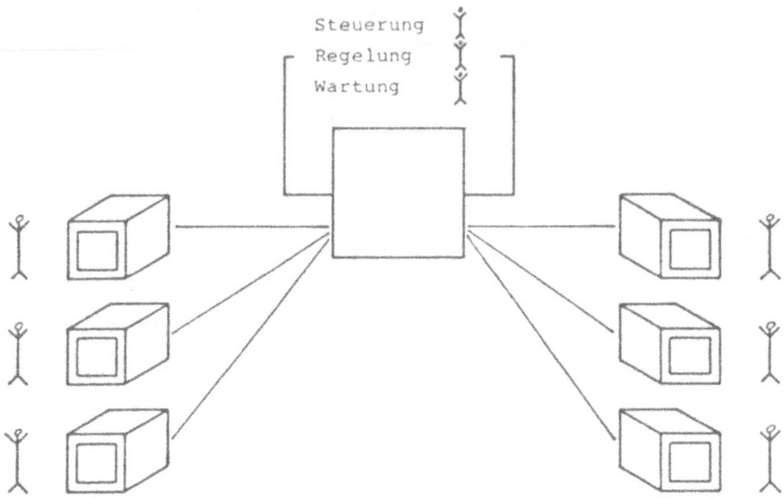

Abb. 1a Dienstleistungsproduktion in der Versicherungswirtschaft

Abb. 1b Industriebetrieb der Gründerzeit

Besonders gute Beispiele für solche Pseudorationalisierung der Verwaltung finden sich im öffentlichen Dienst. Die geringen Möglichkeiten seiner „Kunden“, auf „Konkurrenzprodukte“ auszuweichen, führen dazu, „Verwaltungsvereinfachung“ durch Problemverlagerung zu betreiben. So werden mittels standardisierter Formulare (Massenprodukte) die ursprünglichen Servicefunktionen gewisser Ämter an den Bürger übertragen, der dann einen Teil seiner Freizeit damit verbringt, seine Probleme dem vorgegebenen Massenprodukt anzupassen.

Ähnliche Visionen gibt es auch in der Versicherungswirtschaft. Der sich am Zentralcomputer selbst bedienende Versicherungskunde ist ein Beispiel dafür. Inzwischen ist es möglich, den Automationsgrad der jeweiligen „Dienstleister“ an der Korrespondenzfreudigkeit zu erkennen. Die zunehmende Korrespondenzfreudigkeit ist übrigens ein Aspekt, der in den sehr primitiven Wirtschaftlichkeitsvergleichsrechnungen der Automationstechnologieverkäufer bisher keine Berücksichtigung findet. In der Regel werden hier die Kosten eines einzelnen Briefes verglichen, jedoch wird kaum beachtet, wieviele Briefe nach der Automation in Summe wirklich produziert werden.

Es findet sich also auch im Dienstleistungsbereich eine Entwicklung zu einer immer stärkeren funktionsgerechten Zerlegung des Arbeitsablaufs in Abschnitte, dann zu entsprechenden Investitionen in Spezialmaschinen und es kommt aufgrund der erforderlich werdenden Abstimmungsprobleme zu einer sukzessiven Erstarrung des Transformationsprozesses. Aus dieser Argumentationskette nun:

- automatisierte Fertigungs- und Verwaltungstechniken sind kapitalintensive, starre Produktionsverfahren,
- die zu steigenden fixen Kosten führen, was wiederum
- entsprechend dem „Gesetz der Massenproduktion“ unter der Zielsetzung möglichst geringer Stückkosten zur Forderung nach gleichbleibender Produktion führt und
- letztlich Großserien oder Massenproduktion zur Folge hat,

schließt man auf den gegenläufigen Zusammenhang von Rationalisierung durch Technisierung bzw. Automation und betrieblicher Elastizität. Die These von der Gegenläufigkeit zwischen Automation und betrieblicher Elastizität entsprach und entspricht bis heute in einigen Bereichen durchaus den technologischen Möglichkeiten zur Automation. Man findet Belege überall dort, wo aufgrund extremer Automation nur noch Massenprodukte möglich sind. Und während man sich in der industriellen Produktion der letzten Jahre verstärkt um flexible Fertigungssysteme bemüht, nehmen im Dienstleistungssektor Teilautomation und Massenproduktion zu, mit entsprechenden Folgen für die Erstarrung der Organisationsstrukturen.

Um aber ein gewisses Maß an betrieblicher Elastizität zu erhalten, erscheint es durchaus sinnvoll, auf einen guten Teil der technisch möglichen Automation zu verzichten und an Stelle technischer Aggregate konventionell mit Personal zu arbeiten. An dieser Schnittstelle bewegt sich heute die Auseinandersetzung um die weitere Organisationsentwicklung in vielen Dienstleistungsbetrieben. Bevor dieser Konflikt weiter ausgeleuchtet werden kann, ist aber noch eine Zwischenstufe der Rationalisierung durch Automation zu betrachten.

1.5 Menschliche Arbeitskraft als Garant der betrieblichen Elastizität

In der industriellen Produktion hat man die Erfahrung gemacht, daß die Nutzung des Kostenvorteils einer automatisierten Massenproduktion erst bei entsprechendem fertigungstechnischen Reifegrad eines Produktes sinnvoll wird. Die Rationalisierung erfordert in der Regel sogar eine Anpassung des Produktes an die technologischen Bedingungen von automatisierten Produktionsprozessen. Um den daraus resultierenden Konflikt zwischen Produktion und Absatz (Die Produktion ist stets bestrebt nach den Gesetzen der Massenproduktion zu produzieren, während die Absatzseite der Unternehmen bemüht ist, sich individuellen Kundenwünschen anzupassen.) zu mildern, oder um auch in der Einzel- und Kleinserienfertigung zumindest in Partialbereichen Vorteile der Massenfertigung zu nutzen, wird seit Jahren eine „neue Philosophie der Produktion" vorgeschlagen.

In dieser neuen Philosophie der Produktion wird die Ansicht vertreten, daß man vom Denken in Endprodukten abkommen muß und primär die Aufmerksamkeit den Grundelementen der einzelnen Produkte zuwenden soll. Gelingt es nämlich, so die Idee, eine hinreichend große Zahl gleicher oder ähnlicher Grundfunktionen zu finden, die verschiedenen Produkten gemeinsam sind, so wird es möglich, gleiche oder ähnliche Grundfunktionen zusammenzufassen und zumindest in Partialbereichen die Vorteile der Massenproduktion anzuwenden, d.h. aber in der Folge dann auch, partiell zu automatisieren.

Während der Aufbau solcher Baukastensysteme im Bereich der industriellen Produktion schon eine gewisse Tradition hat, kommt diesem Prinzip in der Bürowirtschaft eine hohe Aktualität zu, denn genau in diesem Rationalisierungsstadium befindet sich heute z.B. die Textverarbeitung. Der konventionelle Brief war ein in Einzelfertigung hergestelltes Produkt. Die heute angestrebte Anpas-

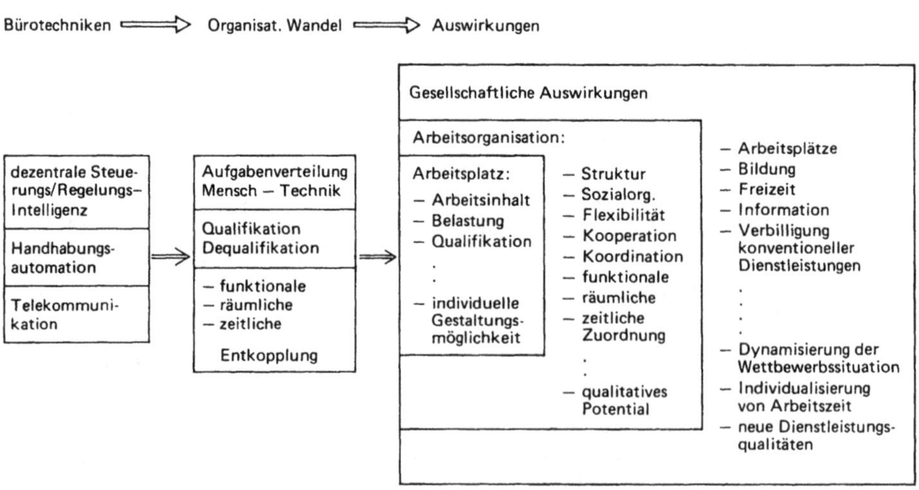

Abb. 2 Der Einsatz neuer Technologien im Dienstleistungsbereich

sung eines Produktes an die technologischen Bedingungen von automatisierten Produktionsprozessen und der damit vollzogene Übergang zu Massenprodukten, wie Vordrucke oder Schematabriefe, stieß auf einen ähnlichen Konflikt wie der oben geschilderte zwischen Produktion und Absatz.

Die Reduzierung der Kommunikation auf Vordrucke und Schemata bei Briefen erscheint nur im öffentlichen Dienst unbegrenzt möglich. Im privatwirtschaftlichen Bereich ist es erforderlich, zum einen den individuellen Charakter von Briefen zu erhalten und zum anderen eine größere Varianz zuzulassen. Deshalb gilt auch hier die „neue Philosophie der Produktion". Sie erfordert eine Zerlegung des Briefes in Grundfunktionen, d.h. in Textbausteine, die massenhaft reproduzierbar sind und bei bedarfsgerechter Kombination wiederum zu Briefen führen, die zumindest den Eindruck der Einzelfertigung erwecken, beziehungsweise aufgrund der kombinatorischen Möglichkeiten eine Vielfalt von Brieftypen erlauben. Und nach dem gleichen Muster sind weitere Bausteine für Dienstleistungen zu automatisieren.

Verknüpfungen, Koordination, Steuerung und Regelung der automatisierten Teilfunktionen – also beispielsweise der Textbausteine – bleiben aber im Dienstleistungsbereich genauso wie in der industriellen Produktion der menschlichen Arbeitskraft vorbehalten. Ihr Einsatz ist Alternative zur Vollautomation. Während also in der „Teilefertigung" Automation und Teilautomation immer weiter vordringen, gilt an den Schnittstellen entsprechend der oben dargestellten Argumentationskette der Einsatz von Personal aus Gründen der betrieblichen Elastizität zunächst als unvermeidlich. Dies vor allem in zwei Funktionsbereichen:

- in der Handhabung. Dazu zählen z.B. das Bedienen von Automaten und Halbautomaten, deren Verknüpfung oder das Fügen von automatisch gefertigten Teilen in der Teil- oder Endmontage, aber auch das gesamte Informationshandling.
- in der Steuerung und Regelung, z.B. der einzelnen Automaten und Halbautomaten oder des Informations- bzw. Materialflusses, aber auch der Kontrolle von Zwischen- und Endprodukten.

In diesen beiden Funktionsbereichen, Handhabung und Steuerung/Regelung gilt der Mensch als nicht ersetzbar oder aber nur zum Preis zunehmender Starrheit der Produktionsverfahren bzw. abnehmender betrieblicher Elastizität.

Die immer wieder vorgenommene Begrenzung der betrieblichen Rationalisierungspolitik durch eine Festschreibung des Elastizitätsverhältnisses zwischen menschlichem Arbeitseinsatz und Automation zugunsten einer vor allem der menschlichen Arbeitskraft zugeschriebenen Elastizität ist aber angesichts der neueren technischen Entwicklung zu pauschal. Dies vor allem deshalb, weil stets der Anschein erweckt wird, Automation sei zwangsläufig mit dem Massenproduktionsgesetz verknüpft. Qualitative Veränderungen im Vollzug der technischen Entwicklung scheiden aus. Fertigungs- und verwaltungstechnischer Fortschritt erschöpft sich, so interpretiert, im quantitativen Anstieg der Produktionsmengen, die Denkrichtung führt über in eine Art Mengenwachstumsfetischismus mit der Folge zunehmender Unternehmenskonzentration nicht nur in der Versicherungswirtschaft, sondern auch in anderen traditionellen Dienstleistungsbereichen.

Das mag daran liegen, daß man Automation zwar bisher schon als Technisierung von Fertigungs- und Verwaltungsprozessen definiert, aber doch Technisierung entsprechend den konventionellen Erfahrungen sehr eng sah und lediglich als Mechanisierung interpretierte, wobei so etwas, wie das starre Zahnradgetriebe einer mechanischen Uhr, Pate für die Entwicklung der Vorstellung von einem automatisierten Produktions- und Dienstleistungsbetrieb gestanden haben muß.

Betrachtet man den heute verbreiteten „Produktionstyp" Versicherungsbetrieb, so wird deutlich, daß sich die Organisation um eine zentrale Technologie rankt. Die zentrale Datenverarbeitung bestimmt Aufbau- und Ablauforganisation (vgl. Abb. 1). Das Organisationsmuster entspricht dem eines Industriebetriebes der Gründerzeit. Die gesamte Produktion ordnete sich um die von Mühlrad oder Dampfmaschine angetriebene zentrale Antriebswelle, an die der einzelne Arbeitsplatz durch Transmissionsriemen gebunden war. Der Transmissionsriemen ist in der computerisierten Versicherungswirtschaft lediglich durch die Standleitung ersetzt. An der Abhängigkeit hat sich wenig geändert.

Die den Menschen in einer derartigen Organisation verbleibenden Funktionen finden sich auch hier in der Steuerung/Regelung und der Handhabung und Bedienung der technischen Aggregate. Auch die in der Versicherungswirtschaft heute so gerne diskutierte Modifikation durch zunehmende Telekommunikation ändert an dieser prinzipiellen Anbindung nichts. Sie verlängert lediglich die „Transmissionsriemen". Eine qualitative Änderung ergibt sich erst aus der Hinzuziehung weiterer technischer Entwicklung, wie sie am Beispiel der Mikroelektronik noch deutlich gemacht werden soll.

Die heute sichtbaren Abhängigkeiten im Mensch-Maschinen-System resultieren aus der qualitativen Charakteristik bisher verfügbarer Automationstechnologie, d.h. vor allem ihres Elastizitätspotentials. Weil diese Techniken nur als Insellösungen in Partialbereichen des Betriebsprozesses einsetzbar sind, wirken ihre harten Begrenzungen auf die im Arbeitsprozeß abhängigen Personen restriktiv. Soweit die Anpassung dieser Technologien an den Menschen mißlingt, wird einfach der Mensch an die harten Schnittstellen der Technologie angepaßt. Die heutige Diskussion um Bildschirmergonomie und ähnliches ist lediglich ein Symptom hierfür. Dem Menschen obliegen die verbleibenden Regelungs-, Steuerungs- und Handhabungsfunktionen. Er wird räumlich und zeitlich durch die Technologie gebunden. Seine Elastizität kompensiert die Inelastizität der Technologie und begrenzt den Einsatz weiterer Technologien.

Wenn es aber im Verlauf der technischen Entwicklung gelingt, Technologien höherer Elastizität zur Anwendung zu bringen, dann verschiebt sich das bisher ungünstige Elastizitätsverhältnis zugunsten der Technisierung bzw. Automation, und es verschiebt sich auch der Stellenwert der traditionellen, durch den Personaleinsatz garantierten, betrieblichen Elastizität in der unternehmerischen Rationalisierungspolitik.

2. Potentialanalyse des Einsatzes neuer Technologien[4]

Interpretiert man Automation nicht eng als Mechanisierung, sondern zieht z.B. auch Entwicklungen in der Mikroelektronik, den Informations- und Kommunikationstechniken bei einer Technisierung von Fertigung und Dienstleistung in Betracht, so stößt man auf neue Technologien, die durchaus geeignet sind, die bisherigen Vorurteile von der abnehmenden Elastizität bei zunehmender Automation zu widerlegen.

2.1 Das organisatorische Potential des Einsatzes der Mikroelektronik

Betrachtet man das Eignungsprofil der Mikroprozessoren, die es nicht nur erlauben, digitale Daten zu verarbeiten, sondern neben diesen konventionellen Funktionen mit Hilfe entsprechender Sensoren auch direkt physikalische Größen, wie Druck, Schwingungen (also auch Schall, in Zukunft sicher auch Sprache), Wärme, Magnetfelder, Strahlung, chemische Zustände etc., zu erfassen, umzuwandeln, auszuwerten, zu speichern und zu verarbeiten, so wird deutlich, daß diese miniaturisierten Großrechenanlagen ein fast unendliches Anwendungspotential haben, und daß man durch die Anwendung dieser neuen Technologie in einen Bereich eindringt, der bisher menschlicher Arbeitskraft vorbehalten war.

Zwar werden Mikroprozessoren selbst massenhaft hergestellt, und bei der Anwendung erfüllen sie, ähnlich wie die Teilprodukte bei partieller Massenfertigung, Grundfunktionen, doch im Unterschied zu der in Hardware erstarrten Grundfunktionen sind die Mikroprozessoren auf beliebige Grundfunktionen programmierbar. Mit Mikroprozessoren werden also nicht starre Grundfunktionen produziert, sondern werden massenhaft Elastizitätspotentiale für den Anwender erzeugt. Knüpft man noch einmal an die Analogie zwischen der durch Transmissionsriemen verbundenen Fertigung und der durch Standleitungen determinierten Dienstleistungsorganisation an, so gleicht die Verfügbarkeit der Mikroelektronik im Dienstleistungssektor dem Übergang von der zentralen Antriebseinheit zu dezentral einsetzbaren Elektromotoren in der industriellen Fertigung. Diese Innovation hatte nicht nur eine völlige Neuorganisation der Altbetriebe zur Folge, sondern war zugleich Basis für Neugründungen und die extensive Entwicklung von klein- und mittelständischen Unternehmen.

Mit der Mikroelektronik öffnet sich der Weg zur Entwicklung flexibler Fertigungs- und Dienstleistungssysteme, in denen an die Stelle der bisher die betriebliche Elastizität garantierenden menschlichen Arbeitskraft zumindest in Teilbereichen adäquate technische Einrichtungen treten. Hinzu kommen ökonomische Effekte, die aus einer gewaltigen Kostensenkung der Technologien resultieren, die dazu führen, daß dieser ‚Ersatz‘ menschlicher Elastizitätspotentiale zu einem

[4] Vgl. a. Staudt, Erich: Ursachen und Einflußfaktoren des Einsatzes neuer Automationstechnologien in Industrie und Verwaltung. In: Automation in Industrie und Verwaltung. Hrsg. v. Biethahn, J., Staudt, E., Berlin 1981, S. 21 ff.

Preis angeboten wird, der ihn zu einem ernsthaften Konkurrenten für zahlreiche Arbeitnehmer macht. Man nähert sich dann sehr schnell auch dem Grenzwert, an dem die Multiplikation des Zentralrechners billiger ist als störanfällige Standleitungen und das zentralistische Ordnungsmuster erstarrter Großorganisationen zur Disposition steht.

Ein derart gewaltiges technisches und ökonomisches Potential, verstärkt um weitere Vorteile, wie geringerer Energiebedarf, höhere Zuverlässigkeit, höhere Lebensdauer, Miniaturisierbarkeit und Integrierbarkeit, drängt zur Anwendung.[5,6] Seine Diffusion fordert Veränderungen im Produktspektrum und in der Gestaltung von Fertigungs- und Dienstleistungsprozessen geradezu heraus, führt zur

- Substitution von Produkten, Produktions- und Dienstleistungsprozessen, sowie zur
- Rationalisierung durch Automation in Industrie und Dienstleistung und ist
- Grundlage für zahlreiche Innovationen.[7]

Das organisatorische Potential dieser Substitutions-, Rationalisierungs- und Innovationsvorgänge resultiert aus der neugewonnenen Möglichkeit, gerade die Funktionsbereiche von Produktion, Dienstleistung und Verwaltung, in denen der Einsatz von Personal aus Gründen der betrieblichen Elastizität bisher als unvermeidlich galt, nunmehr automatisieren zu können. Sowohl Steuerung/Regelung als auch Handhabung werden automatisierbar ohne Verlust an betrieblicher Elastizität. Es ist also anzunehmen, daß überall dort in der industriellen Produktion, wo bisher Menschen einfache Regelungs- und Steuerungsfunktionen wahrnehmen, diese Funktionen in Zukunft billiger von Automaten erfüllt werden. Und dies nicht nur in der industriellen Produktion, sondern auch im Dienstleistungs- und Verwaltungsbereich.[8]

Selbst in der bisher noch verbliebenen Funktion der Handhabung wird es nunmehr in Industrie, Dienstleistung und Verwaltung verstärkt möglich, den Menschen von stupider Maschinenbedienung und monotonen Montage-, Bestük-

---

[5] Schätzungen zufolge werden – bezogen auf die voraussichtlichen Möglichkeiten im Jahre 2000 – heute erst unter 10% der Applikationsmöglichkeiten der Mikroelektronik ausgeschöpft.
Vgl. Friebe, K. P.: Innovation durch Mikroelektronik – Bedingungen, Probleme und Förderungsmöglichkeiten. In: Neue Technologien sichern unsere Zukunft. Hrsg. vom VDI-Technologiezentrum, Berlin, Mai '81, S. 6 f.

[6] S. a. Queisser, H.-J.: Entwicklung der Mikroelektronik. Impulse aus Politik, Wissenschaft und Industrie. In: Mikroelektronik und Dezentralisierung. Hrsg. v. Meyer-Abich, K. M., Steger, U. u.a., Berlin 1982, S. 21 ff. S. ferner: Ide, T. R.: Die Technologie. In: Auf Gedeih und Verderb. Hrsg. v. Friedrichs, G., Schaff, A., Wien 1982, S. 49 ff.

[7] S. a. Lorenz, G.: Automatisierung durch Mikroelektronik – eine technisch-ökonomische Herausforderung. In: Automation in Industrie und Verwaltung. Hrsg. v. Biethahn, J., Staudt, E., Berlin 1981, S. 35 ff.

[8] So ergaben Analysen der Siemens AG, daß etwa ein Viertel aller Büroarbeiten automatisierbar ist.
Vgl. Hofmeister, E.: Mikroelektronik und Arbeitsplätze. In: Mikroelektronik und Dezentralisierung. Hrsg. v. Meyer-Abich, K. M., Steger, U. u.a., Berlin 1982, S. 113.

kungs-, Informationsbe- und -verarbeitungsaufgaben zu entlasten. Auf der neuen Technologiestufe werden Handhabungssysteme mit einer kostengünstigeren Art niederer organischer Intelligenz entwickelt, deren produktions- und bürowirtschaftliche Bedeutung darin liegt, daß sie sich in manchen Bereichen sogar elastischer und zuverlässiger als der in diesen Eigenschaften mitunter überschätzte Mensch erweist. Der Automat ist indifferent gegenüber ungünstigen Bedingungen der Arbeitsumgebung. Damit erspart er Erschwerniszulagen oder macht die Erledigung mancher Arbeitsaufgaben ohne gesundheitliche Beeinträchtigung erst möglich. Oder man denke daran, daß sich die Hauptfehlerquelle bei der automatisierten Datenverarbeitung in der manuellen Dateneingabe befindet.

Mit der fortschreitenden Automation bisher an den Materialfluß gebundener menschlicher Tätigkeit im Bereich der Handhabung nimmt auch die aus ökonomischen Überlegungen resultierende Abhängigkeit von Maschine und Mensch in der Bedienerrolle ab. Da die eingesetzten Handhabungstechnologien aber neben den selbstgeregelten Funktionsausführungen einer Regelung und Steuerung auf höherer Ebene bedürfen, kommt es auch im Handhabungsbereich zu einer vertikalen Arbeitsteilung aufgrund der Trennung von Steuerung und Regelung von der Ausführung. Aufgrund dieses, mit zunehmender Automation sichtbar werdenden Übergangs der Abhängigkeit des Personals vom Material- und Papierfluß zu einer stärkeren Abhängigkeit des Personals vom Informationsfluß auf der Regelungs- und Steuerungsebene kommt dem organisatorischen Potential neuer Informations- und Kommunikationstechniken entscheidende Bedeutung für die weitere Organisationsentwicklung zu.[9]

2.2 Das organisatorische Potential des Einsatzes von Informations- und Kommunikationstechniken

Die Miniaturisierung und Verbilligung elektronischer Bauelemente und das Vordringen der Digitaltechnik in die Bereiche der Informations- und Kommunikationstechnik führt nun zu einer fortschreitenden Verbesserung der technischen Hilfsmittel bis hin zur Automation von: Aufnahme, Verarbeitung, Speicherung, Übertragung und Ausgabe von Informationen. Mentale Informationsprozesse, die der Mensch mit eigenen geistigen Hilfsmitteln vollzieht, werden zunehmend technisch durch den Einsatz von Rechengeräten, Daten-, Text- und Bildverarbeitungssystemen unterstützt.

Auch im Bereich der Kommunikation erfolgt der Informationsaustausch nicht mehr nur in unmittelbarer persönlicher Begegnung, sondern zunehmend unter Zuhilfenahme technischer Systeme zur Informationsübertragung der Telekommunikation durch Fernsprecher, Telex, Teletex, Telefax, Videokonferenz etc. Die Kombination nichttechnischer Information und Kommunikation mit technischen Informations- und Kommunikationssystemen führt zu einem breiten An-

---

[9] Vgl. etwa: Evans, J.: Arbeitnehmer und Arbeitsplatz. In: Auf Gedeih und Verderb. Hrsg. v. Friedrichs, G., Schaff, A., Wien 1982, S. 169 ff.

wendungsfeld dieser Technologien. Aufgrund der rasanten Weiterentwicklungen von Datenverarbeitungs- und Nachrichtentechnik ist heute eine weitgehende Technisierung der Erzeugung und Übertragung von Sprache, Texten, Daten, Bildern möglich.

Damit sind technische Potentiale genau an den Stellen verfügbar, wo bisher Rationalisierungsgrenzen bestanden. Diese Grenzen waren durch die Abhängigkeit vom Informationsstrom und die Kopplung der Steuerungs/Regelungs- mit den Ausführungsebenen bedingt. Die Potentiale der neuen Informations- und Kommunikationstechniken drängen hier, genauso wie die Mikroelektronik, aufgrund der technischen Verfeinerung, zunehmender Verbilligung und hoher Elastizität zur Anwendung.

Für den organisatorischen Spielraum bedeutet dies, daß insbesondere Kopplungen im Mensch-Mensch- und Mensch-Maschine-Systemen, soweit auf den Austausch von Daten, Text, Sprache, Bildern reduzierbar, in einer ersten Stufe durch Telekommunikationstechnologien räumlich zu entkoppeln sind. Soweit die auszutauschenden Informationen speicherbar sind und aufgrund von Selbstregulationseinrichtungen zumindest partielle Autonomie bzw. Automation besteht, sind sie in einer zweiten Stufe auch zeitlich entkoppelbar. Damit fallen aber zugleich die letzten Kopplungsgrenzen, die konventionelle Arbeitsstrukturen determinierten und Ursache der heute praktizierten starren Zeitreglementierung sind. Das Entkopplungspotential neuer Technologien läßt Weiterungen zu, hebt traditionelle Zwänge auf und eröffnet Optionen für flexible Arbeitsverhältnisse und die Individualisierung von Arbeitsstrukturen in einem Umfang, der bisher nicht vorstellbar war.

3. Flexibilisierung der Arbeitsorganisation und qualitatives Potential

3.1 Aufhebung von Kopplungszwängen in Organisationen[10]

Die dargestellten Entwicklungstrends von Mikroelektronik, Informations- und Kommunikationstechnik haben in der Summe drei Wirkungsbereiche:

- zunehmende Substitution des Menschen in Bereichen niederer organischer Intelligenz und aus der Kombination konventioneller technischer Ausführungsfunktionen mit diesen technischen Intelligenzleistungen zunehmende Substitution im Handhabungsbereich
- zunehmende Entkopplung des Menschen vom Papier- und Materialfluß verbunden mit zunehmender Abhängigkeit vom Informationsfluß auf der Steue-

[10] Vgl. Staudt, E.: Entkopplung im Mensch-Maschine-System durch neue Technologien als Grundlage einer Flexibilisierung von Arbeitsverhältnissen. In: Mikroelektronik und Dezentralisierung. Hrsg. v. Meyer-Abich, K. M., Steger, U. u.a., Berlin 1982, S. 53 ff.

rungs- und Regelungsebene und kommunikativen Vernetzungen zwischen Personen und zwischen Personen und technischen Aggregaten
- zunehmende Technisierung der informatorischen und kommunkativen Tätigkeiten.

Diese drei Wirkungen verschieben die traditionellen Rationalisierungsgrenzen, führen zu Änderungen der Arbeitsteilung und haben vor allem auf Grund der Korrekturen der Wirtschaftlichkeitsvergleiche erhebliche Folgen für die Organisationsgestaltung.

Bei der Bearbeitung informatorischer Aufgaben in Dienstleistungs- und Verwaltungsvorgängen kann bei horizontaler Arbeitsteilung die bisher erforderliche räumliche und zeitliche Abhängigkeit des Personals entfallen. Traditionell war das zu bearbeitende Datenmaterial in Aktenordnern gebunden, die durch Büroboten von Bearbeitungsstelle zu Bearbeitungsstelle transportiert wurden. Durch zusätzliche zentrale Speicher und dezentrale Zugriffsmöglichkeiten über Telekommunikationssysteme ist der „Vorgang" nunmehr am Bildschirm zu bearbeiten. Damit können die Mitarbeiter weitgehend unabhängig voneinander operieren.

So wird im rein humanen Organisationsprozeß der Kooperationszwang durch die Verfügbarkeit von Informationsverarbeitungsanlagen und entsprechenden Speichern für Information abgeschwächt. War man bisher auf beschriebenes Papier angewiesen, so sind nun neue Datenträger und Speichermedien, Datenbanksysteme etc. verfügbar, die eine zeitliche Zergliederung kooperativer Prozesse und damit eine Rückführung des Kooperationsproblems auf ein Konsekutivproblem, vermittelt durch Mensch-Maschinen-Dialoge erlauben. Einfachstes Beispiel für einen derartigen Entkopplungsvorgang ist das klassische Kooperationsverhältnis von Sachbearbeiter und Sekretärin bei der Diktataufnahme. Durch Zwischenschaltung eines Diktiergerätes wird der Vorgang zeitlich entkoppelt und in ein Reihenfolgeproblem überführt. Eine gleichzeitige Präsenz der beiden Teilnehmer ist nicht mehr erforderlich. Oder der ‚Plausch' mit dem Kassierer in der Bankfiliale entfällt bei der Geldabhebung am Kassenautomaten. Dafür steht dieser Automat rund um die Uhr zur Verfügung, macht den Kunden unabhängig von Öffnungs- bzw. Präsenzzeiten des Kassierers.

Die Technik wird also zum Hilfsmittel im rein humanen Organisationsprozeß. Es erfolgt damit, und auch darauf muß man ganz klar hinweisen, eine Technisierung innerhalb bisher technikfreier reiner Human-Organisationsbereiche. Es entstehen insbesondere im Dienstleistungssektor und in der Verwaltung neue Schnittstellenprobleme zwischen Mensch und Technik, von denen die aktuelle Bildschirmdiskussion heute nur Teilaspekte tangiert. Es ist daher auch noch nicht abzusehen, wie der Wettbewerb zwischen dem den zentralen Versicherungsautomaten bedienenden Kunden und dem den Kunden bedienenden Außendienst ausgeht.

Weitere Problemlösungen bieten sich im reinen Humanbereich durch den Einsatz neuer Telekommunikationssysteme an. Die konventionell erforderliche gleichzeitige Präsenz verschiedener Personen war ursprünglich am gemeinsamen

Vollzug materieller Arbeitsprozesse orientiert. Sie wurde im folgenden aber auch übertragen auf informatorische und Kommunikationsprozesse, weil die traditionell verfügbaren Hilfsmittel, wie beschriebenes Papier, so schwerfällig, umständlich, aufwendig und zeitraubend waren. Durch den verstärkten Übergang von materiellen zu informatorischen Abhängigkeiten und die Verfügbarkeit von Telekommunikationssystemen wird zumindest die bisher erforderliche räumliche Kopplung aufgehoben.

Ein erster Fortschritt war hier schon das Telefon. Es erlaubt die räumlich unabhängige verbale Kooperation zweier Gesprächspartner. Das „intelligente" Telefon, Ring- bzw. Konferenzschaltungen etc. bringen weitergehende Möglichkeiten und die Breitbandkommunikation wird schließlich Bildschirmkonferenzen erlauben. Damit werden zwar auch soziale Kontakte vermindert bzw. umgestaltet, aber zugleich Transport- und Verkehrsprobleme entschärft und die dafür erforderlichen, oft verlorenen Wegezeiten eingespart.

3.2 Weiterungen des organisatorischen Gestaltungsspielraums

Die Möglichkeit zur Kooperation auch über größere Entfernungen und der Rückgriff auf Arbeitsunterlagen, die nun in zentralen Datenbanken und über Telekommunikation zugänglich sind, reduzieren das alte Präsenzproblem auf das technische Problem der Verfügbarkeit von Bildschirmterminal und Telekommunikationsanschluß am Arbeitsplatz. Damit stellt sich auch die Frage nach dem richtigen Arbeitsplatz völlig neu. Die industriellen Ordnungsmuster des neunzehnten Jahrhunderts werden zumindest in Teilbereichen aufhebbar. Ob. z.B. die Arbeitsplätze im Hochhaus der Hauptverwaltung weiterhin in der Rush-hour (eine Folge der notwendigen gleichzeitigen Präsenz) besetzt bzw. verlassen werden müssen, bedarf einer Überprüfung, wenn die gleiche Arbeitsaufgabe auch familiennah am heimischen Arbeitsplatz ausgeübt werden kann.

Da darüber hinaus ein guter Teil der räumlichen Kopplung auch zeitliche Kopplungsaspekte impliziert, sind die bisherigen harten Gleichzeitigkeitserfordernisse wesentlich zu entschärfen.

Die letzte und wichtigste Weiterung des Einsatzes neuer Technologien resultiert aber aus der Möglichkeit zu einer neuen Funktionsverteilung zwischen Mensch und Maschine. Da die technischen Einrichtungen aufgrund der neuen Qualität der Mikroprozessor-Technologie in der Lage sein werden, einfache Regelungs- und Steuerungsfunktionen selbst zu übernehmen, kommt es zu einer Umverteilung der Funktionen, die wegen der starken Verbilligung der Technologie weder durch konventionelle Wirtschaftlichkeitsüberlegungen gebremst, noch aufgrund der zunehmenden Elastizität durch herkömmliche Substitutionsgrenzen verhindert wird.

Es ist also zu erwarten, daß auf der neuen Automationsstufe technische Aggregate in größerem Umfang als bisher selbständig arbeiten. Damit wird neben dem Maschinenbediener, dessen Handhabungsfunktionen automatisiert werden können, auch der Maschinenführer, -steuerer/-regler sehr stark entkoppelt. War es in der konventionellen Fertigung noch die Präsenz des Maschinenführers, die die Laufzeit technischer Aggregate bedingte, weil Produktionsvollzug und menschliche Steuerung nur synchron denkbar waren oder weil nur der stete regelnde Eingriff des Menschen die Qualität der Produktion sicherte, so erweist sich heute der einzelne Mensch in vielen komplexen Prozessen oft als überfordert. Im Flugverkehr ist mittlerweile die Landung mittels technischer Geräte zuverlässiger als durch Piloten, und in vielen Großanlagen helfen technische Kontroll- und Regelsysteme, menschliches Versagen zu vermeiden.

Die Steuerungs- und Regelungsfunktion kann, betrachtet man das Beispiel der numerischen Steuerung von Werkzeugmaschinen, völlig vom materiellen Produktionsbereich in den Bürobereich verlagert und damit räumlich und zeitlich abgetrennt werden. Neben der Datenverarbeitung und der numerischen Steuerung verfügt man gleichzeitig über Speicherungssysteme für Regelungs- und Steuerungsinformationen, was eine totale zeitliche Entkopplung zwischen Ausführung und Erstellung der Steuerungs- und Regelungssoftware erlaubt. Es muß also nicht mehr ad hoc vom einzelnen Maschinenführer disponiert werden, und man kann ohne Streß und unter Rückgriff auf die Erfahrung anderer steuern und regeln.

Gerade diese Entkopplung von Steuerungs-/Regelungs-Softwareerstellung und ihrer Anwendung im Rahmen der Ausführungsaufgabe führt das ursprüngliche kooperative Problem im Mensch-Maschinen-Bereich auf ein Konsekutivproblem zurück, das sich durch einfache Puffer und Speicherbildung entschärfen läßt. Und auch hier trägt schließlich die Analogie zwischen industrieller Produktion und Dienstleistung. Es wird deutlich, daß die heute hochproblematisierte Schnittstelle Mensch – Technik auch im Bürobereich eventuell nur eine „notwendige Fehlentwicklung" ist, die in absehbarer Zeit überwunden werden kann.

Damit wird die vielkritisierte harte Konfrontation zwischen Mensch und Maschine aufhebbar, denn die neuen Techniken machen die Grenze fließend und enthalten Optionen zur Entwicklung einer aus der Sicht der Betroffenen ‚weicher' zu gestaltenden Technik. Neben den neuen technischen Möglichkeiten wird aber die Aufhebung konventioneller ökonomisch bedingter Kopplungszwänge von ausschlaggebender Bedeutung sein. Insbesondere die Entkopplung der beiden kooperativen Abhängigkeiten von Mensch und Maschine, die Entkopplung des Maschinenbedieners und die Entkopplung der Maschinensteuerung und -regelung von dem arbeitenden Aggregat heben das gewichtigste klassische ökonomische Argument zur strengen Präsenzregelung und Arbeitszeitreglementierung im Betrieb auf. Dieses Argument resultierte schließlich aus dem Bestreben nach möglichst kontinuierlichen Laufzeiten von Maschinen. Die Maschine ist aber nicht mehr der Engpaßfaktor, an dem sich die Organisation orientieren muß. Sie ist vielmehr kostengünstig verfügbare Elastizitätsreserve und funktioniert weitgehend entkoppelt vom humanen Bereich.

Die damit erreichbare Automation mittels Technologien höherer Elastizität befreit von der Bindung der Produktion an die starren Arbeitszeitregelungen von

Tarifverträgen, Arbeitszeitverordnungen und Geschäftszeiten. Damit können auf dieser Automationsstufe ohne Personalengpässe Betriebsmittel im Dreischichtbetrieb genutzt, die Gleitzeit selbst im Produktionsbetrieb oder bisher zeitgebundenen Dienstleistungsbetrieb eingeführt und Dienstleistungen auch außerhalb der Geschäftszeit erbracht werden.

Der naive, aus der Präsenz am zentralisierten Arbeitsplatz abgeleitete Arbeitszeitbegriff wird unter diesen Umständen reformbedürftig. Kontroll- und Überwachungssysteme, konventionelle Führungssysteme, aber auch die Reaktionsmuster der Gewerkschaften hierauf werden obsolet, oder aber sie verhindern diesen Entwicklungssprung, weil sie den technischen Entwicklungsstand festschreiben, vor dessen Hintergrund sie entstanden sind.[11]

3.3 Optionen der technischen Entwicklung für die Arbeitsplätze in der Versicherungswirtschaft

Faßt man die Ergebnisse zusammen, so zeigt sich:

- es existieren durchaus brauchbare technische Lösungsmöglichkeiten zur Entkopplung von Mensch-Mensch- und Mensch-Maschine-Systemen sowohl von konsekutiven als auch von kooperativen Abhängigkeiten. Ein großer Teil der klassischen Sachzwangargumentation gegen eine Flexibilisierung oder Individualisierung in den Arbeitsverhältnissen wird damit hinfällig.
- Die technischen, organisatorischen und ökonomischen Voraussetzungen für eine weitgehende Entkopplung von industriegeschichtlich einmal für notwendig erachteten Zwängen liegen heute vor.
- Damit bestehen beachtliche Optionen für eine Flexibilisierung von Arbeitsverhältnissen, eine Individualisierung von Arbeitszeitstrukturen etc.
- Ob diese Optionen genutzt werden können, hängt wesentlich davon ab, inwieweit es gelingt, die als Reaktion auf frühere technische und ökonomische Bedingungen entstandenen insitutionellen Ordnungsmuster bei Gesetzgeber, Gewerkschaften und Arbeitgebern zu ändern. Hier liegen z.Zt. die stärksten noch verbliebenen Entkopplungsgrenzen.

Für die Arbeitsplätze in der Versicherungswirtschaft bedeutet dies (vgl. Abb. 2), daß die Verfügbarkeit von dezentraler Steuerungs- und Regelungsintelligenz, Handhabungsautomation und Telekommunikation eine Neuverteilung der Aufgaben zwischen Mensch und Technik ermöglicht. Die Integration der neuen Technologie ist verbunden mit umfangreichen Qualifikations- und Dequalifikationsprozessen. Der Spielraum für einen organisatorischen Wandel nimmt aufgrund der funktionalen räumlichen und zeitlichen Entkopplungsmöglichkeiten zu. Konventionelle Hauptverwaltungs- und Zweigstellenorganisation, zentrale Datenverarbeitung und Arbeitsplatzstruktur, aber auch die Trennlinie zwischen Innen- und Außendienst stehen damit zur Disposition.

---

[11] Vgl. Staudt, E.: Widerstände bei der Einführung neuer Technologien. In: VDI-Z 7/1982, S. 233 ff.

Die neuen Freiheitsgrade bei der Gestaltung von Arbeitsplätzen und Arbeitsorganisation und das erreichbare qualitative Potential für völlig neue individuell gestaltbare Produkte und Dienstleistungen machen eine Überprüfung der Wettbewerbssituation erforderlich. Sie lassen es unsinnig erscheinen, gesellschaftliche Auswirkungen neuer Technologien, wie heute vielfach üblich, nur unter rein quantitativen substituierenden Aspekten zu diskutieren.[12] Der Versuch, veraltete Arbeitsplätze zu erhalten, ist genauso naiv wie der Glaube, mit veralteten Dienstleistungsqualitäten eine Wettbewerbsposition halten zu können. Die Nutzung der Optionen für einen Qualitätszuwachs der Arbeitsplätze, aber auch im Produkt- und Dienstleistungsspektrum ist ein schöpferischer Gestaltungsprozeß im Sinne des Schumpeter'schen innovierenden Unternehmers. Die Durchsetzung des den neuen Bedingungen angemessenen organisatorischen Wandels wird an die Unternehmensführung völlig neue Aufgaben stellen. Dies sei abschließend am Beispiel der Personalwirtschaft verdeutlicht.

3.4 Neuorientierung der Aufgabenstellung der Personalwirtschaft

Bisher war es notwendig, Arbeitsplätze orientiert an technischen und ökonomischen Sachzwängen zu gestalten (vgl. Abb. 3, linke Spalte). Die zentrale Technik bestimmt in Fertigung und Dienstleistung die Organisationsform. Die personellen Ressourcen stellten das elastische Potential dar, das der technischen Konfiguration anzupassen war. Die funktionalen Einheiten wurden dann entsprechend den technischen und ökonomischen Bedingungen bei der Erstellung von Produkten und Dienstleistungen nach dem Fließprinzip organisiert und die Kapazitäten entsprechend optimiert.

Aufgrund der in Zukunft verfügbaren Elastizitätsspielräumen im technischen Bereich wird diese Reihenfolge umkehrbar. Es wird möglich (vgl. Abb. 3, rechte Spalte), ausgehend von personellen und sozialen Einheiten kostengünstige technische Elastizitätspotentiale gleichsam als Entlastung zuzuordnen. Sie erlauben es in erheblich größerem Umfange als bisher, soziale und technische Organisation entsprechend den persönlichen und sozialen Bedürfnissen aufeinander abzustimmen bei gleichzeitiger Erhöhung des qualitativen Potentials in der Aufgabenerfüllung. Sie sind deshalb zugleich wesentliche Grundlagen für die Entwicklung offensiver Marktstrategien.

Vor diesem Hintergrund wird aus dem heute vordergründig das Personalwesen belastenden Akzeptanzproblem im Sinne einer Anpassung von Menschen, Arbeitsplätzen und Organisation an vorgegebene technische Bedingungen nunmehr

---

[12] Vgl. z.B.: Gizycki, R. v., Weiler, U., (Battelle-Institut): Auswirkungen einer breiten Einführung von Mikroprozessoren auf die Bildungs- und Berufsqualifizierungspolitik. (Untersuchung im Auftrag des BMBW), Frankfurt 1979.
Arbeitsgemeinschaft „Mikroelektronik im Maschinenbau" (MIM): Anwendung der Mikroelektronik im Maschinenbau. Berlin 1980.
Ifo-Institut für Wirtschaftsforschung (Hrsg.): Technischer Fortschritt – Auswirkungen auf Wirtschaft und Arbeitsmarkt. Berlin 1980.

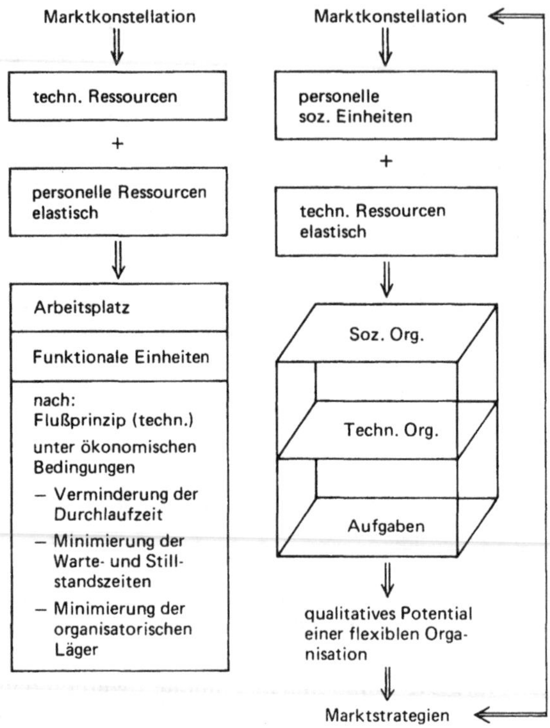

Abb. 3 Neuorientierung der Aufgabenstellungen der Personalwirtschaft

ein Gestaltungsproblem. Da aus dem Verkäufermarkt entsprechender Bürotechnologien ein Käufermarkt geworden ist,[13] wird es zunehmend möglich und notwendig, die Erfordernisse der jeweiligen Dienstleistungsorganisation in Anforderungen an die Technik umzusetzen. Anstatt sich, wie bisher, bei Arbeitsplatzgestaltungen und Qualifikationsentwicklung dem Sachzwang zu beugen, ist die Akzeptabilität der eingesetzten Technik zu erhöhen.

Die Entwickler neuer Bürotechnologien sind hierdurch überfordert.[14] Sie sind vorwiegend an der technischen Machbarkeit orientiert. Den Anwendungsbereich kennen sie nur ausschnittsweise. Über die Wirkungen des Einsatzes der Techniken bestehen nur Vermutungen. Sie suchen die schnelle Amortisation ihres Forschungs- und Entwicklungsaufwandes und überschlagen sich im „Schnel-

[13] Zur Situation der Mikroelektronik-Hersteller vgl. etwa: Ernst, D.: Restructuring World Industry In A Period Of Crisis. The Role Of Innovation. UNIDO Working Paper on Structural Changes, Dec. 1981.

[14] Vgl. a. Staudt, E.: Engpaß „Anwendung der Mikroelektronik“. In: Modernisierung der Volkswirtschaft in den achtziger Jahren. Schriftenreihe Technologie und Beschäftigung, Band 3, Hrsg. v. Bundesminister für Forschung und Technologie, Düsseldorf, Wien 1981, S. 146 ff.

ler, Besser, Billiger" einer vorwiegend durch rasante technische Einzelentwicklungen bestimmten Generationenfolge. Daraus folgt:

- Eine hektisch wechselnde Modellpolitik ersetzt Vorausdenken oder Eindenken in den Anwendungsbereich.
- Die Entwicklung von Hard- und Software läuft entsprechend als Trial- and Error-Prozeß ab.
- Hard- und Software sind nicht abgestimmt, Orgware ist nur rudimentär vorhanden.
- Die Lebenszyklen sind kürzer als die Amortisationszeiten für Forschung und Entwicklung, Produktion und Marketing.
- Die notwendigen Fehlentwicklungen belasten als Investitionsruinen (im Hard- und Softwarebereich) Hersteller und Anwender.
- Der Ersatz anspruchsvoller Funktionen im informationswirtschaftlichen Bereich führt zu einer zunehmenden Komplexität der eingesetzten Technologien.
- Aufgrund der mangelnden Transparenz des Anwendungsbereiches kommt es zu unerwarteten und ungewollten Folgewirkungen der neuen Technologien.
- Der Anwender hat zusätzliche Integrationsprobleme und wird zu ungeplanten Zusatzaufwendungen veranlaßt, wie z.B. Programmpflege, angemessene Orgware etc.
- Es kommt zu Störungen mit enormer Reichweite und es entstehen neuartige Schnittstellenprobleme zwischen verschiedenen Technologien und zwischen den Menschen und der Technik.

All dies macht deutlich, daß die Kompatibilität der vorwiegend informationstechnologisch orientierten Kreationen im Hard- und Softwarebereich mit den technischen, personellen und marktlichen Bedingungen der Anwender nicht hinreichend gesichert ist. Technisches Entwicklungspotential und Realisierung klaffen auseinander. Angesichts dieser Situation mit Hilfe der neuen Technologien zu innovieren, überfordert viele potentielle Anwender. Sie überlassen die technische Entwicklung und damit auch ihre organisatorische Entwicklung den Geräteherstellern, kurieren an den Symptomen inkompatibler Technologien und sind daher kaum in der Lage, das qualitative Potential in neue Marktaktivitäten umzusetzen.[15] Zahlreiche Dienstleister geraten deshalb in die Gefahr, analog vielen Produktionsbetrieben den Anschluß zu versäumen, weil sie, ähnlich wie z.B. die deutsche Uhrenindustrie, stolz auf ihr Fertigungs-know-how und ihr Marktimage, die Chancen neuer Technologien verpassen. Diese letzte Analogie zwischen Produktion und Dienstleistung erscheint jedoch vermeidbar, wenn es den potentiellen Anwendern gelingt, stärker Einfluß auf die Entwicklung ihrer Technologielieferanten zu gewinnen und das Potential der neuen Technologie offensiv in verbesserte Organisationsstrukturen und Marktleistungen umzusetzen.[16]

---

[15] S. a. Hinz, H.: Der Boykott des Taylorismus. In: Biethahn, J., Staudt, E. u.a.: Der Betrieb im Qualitätswettbewerb. Berlin 1982, S. 65 ff.

[16] Vgl. Staudt, E., Schepanski, N.: Innovation, Qualifikation und Organisationsentwicklung: Die Folgen der Mikrocomputertechnik für Ausbildung und Personalwirtschaft. In: ZFO Heft 5/6 1983.

Prozeßgesteuerte Verfahrenstechnik bei Kreditinstituten

Lösungsvorschlag einer vollautomatischen Bank am Beispiel der VERBRAUCHERBANK AG, Hamburg

A. Richter

1. Thesen

Den nachstehenden Ausführungen liegen folgende Thesen über die Rahmenbedingungen der Banken zugrunde, wie sie mit Eintritt in das Massengeschäft durch Anschluß auch des letzten Bundesbürgers an die Kontenstruktur des Kreditgewerbes bestehen.

Erste These:

Banken erbringen Leistungen, deren kleinster gemeinsamer Nenner „Information lautend auf Geld" ist. Im Zeitalter der modernen elektronischen Kommunikationsmedien ist aber die Leistungsdarstellung nicht mehr dem Stand der neuesten Technik entsprechend. 45000 Bankzweigstellen und 20000 Postbankzweigstellen als Kommunikationsschnittstellen zwischen Bank und Kunden zur Übernahme dieser Informationsleistung werden zunehmend teurer und sind in ihrer Kommunikationsbereitschaftszeit zu sehr eingeschränkt.

Zweite These:

Drei von vier Kunden der Banken sind Arbeitnehmer. Die Leistungsdarstellungen der Banken sind aber immer noch abgestellt auf die ursprüngliche Kundschaft, nämlich den gewerblichen Kunden. Bankleistungen für Menschen sind in der Regel jedoch in anderem Erscheinungsbild vorzuhalten als Bankleistungen für gewerbliche Kunden. Daher müssen die Banken der Zukunft unterscheiden zwischen ihren Zielgruppen gewerblicher Kunde und Arbeitnehmer.

Dritte These:

Das mit dem Anschluß auch des letzten Bundesbürgers an das Bankennetz entstandene Mengenproblem erfordert andere Organisationstechniken. Eine vollautomatische Verfahrenstechnik analog prozeßgesteuerter Fertigungsverfahren in Industriebetrieben ist ein Erfordernis für die Kreditinstitute, was sich schon aus der Wachstumsrate der täglichen geschäftlichen Transaktionen ergibt.

Vierte These:

Die Beziehung des Menschen zu seinem Geld ist unmittelbar. Eine Einbindung des modernen Menschen in den Entscheidungsprozeß, was geschieht mit meinem Geld, entspricht dem „Jahrhundertimmanenten“ Zug zur Emanzipation. Beratung und Bedienung schränken für den emanzipierten Menschen diese Freiheit ein. Hier kann eine Marketing-Idee der Selbstbedienung eine gesellschaftliche Bewegung nachvollziehen.

1. Einleitende Bemerkungen

Meinen Ausführungen, die sich abseits aller überkommenen banktechnischen Organisations- und Verkaufsstrukturen bewegen, habe ich die vorstehenden Thesen vorangestellt, da sie meines Erachtens Umfeldbedingungen des bankgeschäftlichen Tuns widerspiegeln, die von uns Banken nachvollzogen werden müssen. Die Idee, in der VERBRAUCHERBANK AG Deutschlands erste vollautomatische Bank für Menschen zu konzipieren, geht zurück auf das Jahr 1973. Zu diesem Zeitpunkt hatte die damals noch als NORDDEUTSCHE TEILZAHLUNGSBANK Dr. Ade & Co. AG firmierende Bank eine vollautomatische Lösung für die Gewährung von Ratenkrediten einschließlich der computergesteuerten Kreditentscheidung (Credit-Scoring) vollzogen. Ein zu diesem Zeitpunkt einsetzender Verdrängungswettbewerb von Banken und Sparkassen im Verbraucherratenkreditgeschäft ließ eine Idee Gestalt gewinnen, dieses automatisierte Einproduktengeschäft umzuwandeln in eine Automation für sämtliche Bankleistungen, die in Arbeitnehmerhand nötig waren. Insbesondere war hier das Lohn- und Gehaltskonto im Mittelpunkt der Überlegungen aus vielerlei Gründen, die nachstehend noch geschildert werden.

Dem zunächst in der Theorie entwickelten Konzept, das später (September 1976) in die Tat umgesetzt wurde, lagen die folgenden Überlegungen zugrunde:

a) Banken produzieren Leistungen, die den kleinsten gemeinsamen Nenner „Information lautend auf Geld“ haben, täglich in einer Vielzahl von unterschiedlichen Erscheinungsformen, jedoch trotz Massengeschäft noch immer in Individualfertigungstechniken. (Fertigungstechniken)
b) Banken vertreiben diese Leistungen in einer für den Bankkunden „Mensch“ eingeschränkten Vertriebsbereitschaftszeit, nämlich den Schalteröffnungszeiten. (Vertriebstechniken)
c) Banken transportieren diese Informationen lautend auf Geld in der Regel körperlich, d.h. in Papier oder Magnetbandträgern gebunden und damit mit erheblichem Zeitaufwand. (Transporttechniken)

Die Lösungsmöglichkeiten für die vorstehenden drei Grundleistungen einer Bank sollen nachfolgend im einzelnen dargestellt werden:

3. Das bankgeschäftliche Produktionsverfahren (Fertigungstechniken)

Analysiert man die Verfahrenstechnik der Banken, so sind hier trotz Einsatz moderner technischer Hilfsmittel bis hin zu Computersystemen noch immer Individualfertigungstechniken erkennbar. Ein Kreditberater fertigt eine Kreditzusage (auch dieses eine Information lautend auf Geld) im Wege einer Einzelfertigung, maßgeschneidert nach den Bedürfnissen des Kunden. Er bedient sich hierbei mehrerer ihm übergeordneter (Kompetenzträger) und untergeordneter (Schreibkraft) Mitarbeiter, die jedoch nur dann tätig werden, wenn diese Individualleistung gefragt wird. Gleiche Einzelanalysen lassen sich für alle anderen denkbaren Arbeitsvorgänge in einem Kreditinstitut treffen. Diese Verfahrenstechnik ist jedoch in industriellen Mengenfertigungsprozessen seit Jahrzehnten überholt. Die Erfindung des Fließbandes von Henry Ford im Jahre 1913 war eine Voraussetzung zur Herstellung preisgünstiger hochwertiger Massenartikel, die in der Produktionsform der Individualleistung zu teuer, zu zeitaufwendig und auch zu differierend in Qualität und Erscheinungsform geworden wären. In der ersten Hälfte dieses Jahrhunderts hat es in der Industrie noch lange Zeit einen Wettstreit dieser beiden Herstellungsphilosophien gegeben, der aber spätestens im Produktionsboom der Nachkriegszeit beginnend mit den 50er Jahren für die automatisierte Massenherstellung entschieden worden ist. Die Industrie erlebt gegenwärtig eine zweite Phase in der Bemühung, diese Produktionstechniken bis zur Totalität zu automatisieren (Einsatz von Fertigungsrobotern).

Bei den Kreditinstituten war der Zwang zur Rationalisierung ihrer Fertigungsvorgänge bis in die 60er Jahre dieses Jahrhunderts nicht gegeben. Die Banken waren bis zu diesem Zeitpunkt weitestgehend einer exklusiven Kundschaft vorbehalten. Erst mit dem Anschluß eines jeden Bundesbürgers an das Bankennetz durch Einführung der Lohn- und Gehaltskonten sowie der unbaren Lohn- und

Gehaltsgutschrift für alle Menschen in der Bundesrepublik Deutschland tat sich auch in den Banken die Welt der Mengengeschäftsvorfälle auf. Statistische Kennzahlen aus der zeitlichen Entwicklung z.B. des Überweisungsverkehrs zeigen diese Erscheinung deutlich. Die Banken setzten interessanterweise ihre bis dahin bekannten Verfahrenstechniken unverändert in der Grundstruktur, wohl aber unterstützt durch technische Bürohilfsmittel bis hin zum Computer, zur Bewältigung dieses Mengengeschäftes ein. Für die Führung des Arbeitnehmerkontos wurde kein anderes produktionstechnisches Verfahren zugrunde gelegt als es bisher zur Führung von Konten für Unternehmen oder gewerbliche Individualkunden (Freiberufler) unterhalten wurde. Daß hier jedoch gewaltige Unterschiede in der Leistungsdarstellung, aber auch in der Kalkulationsdeckungsgrundlage bestanden, muß von vornherein klar sein. Der erste Unterschied wurde bis heute kaum gesehen, den zweiten Unterschied machte eine sich dramatisch entwickelnde Kostenlawine zu Beginn der 70er Jahre deutlich.

Diese Überlegungen führten bei der VERBRAUCHERBANK AG zu einer völlig neuen Konzeption, Bankleistungen im Wege einer prozeßgesteuerten Verfahrenstechnik herzustellen. Im Jahr 1976 hatte die VERBRAUCHERBANK AG ein über den Computer vollautomatisch gesteuertes totales Netzwerk an bankbetrieblichen Leistungsströmen vollzogen, die die Bankleistung, wie sie ein Verbraucherkunde von einer Bank erwartet, voll automatisiert 24 Stunden um die Uhr verfügbar erbrachte. Daß hiermit gewisse Schematisierungen und die Beschränkung dieser Leistungen auf 95% des Nachfrageumfangs erfolgten, konnte mit Rücksicht auf den unbestreitbaren Vorteil hingenommen werden. Dieser Vorteil liegt in folgenden Ergebnissen:

a) Die Bankleistung kann ständig, d.h. in einem realen 24 Stunden-Betrieb unabhängig von Werk- oder Feiertagen dargestellt werden.

b) Der Ort der Leistungsabnahme ist nicht lokalisiert. Durch Kabelverbindungen ist eine elektronische Verfügbarkeit der Leistung an jedem beliebigen Ort möglich.

c) Die Qualitätsansprüche an die Bankleistung konnten mit der im Computerprogramm vorgegebenen Leistungshöhe ständig wie aus einem Präzisionswerk zu jeder Tages- und Nachtzeit vorgehalten werden.
(Es sei mir hier eine persönliche Bemerkung erlaubt: Ich habe mich in meinem gesamten Berufsleben immer wieder darüber geärgert, mit welchem Unterschied an Qualitätsanspruch eine Bankleistung in unserem Hause verfügbar war.)

d) Ein Abstützen der Fertigungstechniken auf menschliche Individualverfahren mußte die Banken in eine Abhängigkeit von Personalkosten bringen, die – potenziert durch ständige Tarifsteigerungen – inzwischen eine Höhe erreicht hatten, die entweder die Preisgestaltung für das Produkt oder die Kostenrechnung für die Bank – oder beides – unbefriedigend werden läßt. Eine Analyse der Gewinn- und Verlustrechnungen der Banken im zeitlichen Vergleich der letzten 20 Jahre zeigt dieses Phänomen deutlich.

Der Aufbau einer solchen prozeßgesteuerten Verfahrenstechnik erfordert erhebliche Einmalinvestitionen in Computerprogramme (Software). Der Erfolg in dieser sich lohnenden bankbetriebswirtschaftlichen Aufgabe liegt aber allein in dem Willen, die Geschäftspolitik zum Inhalt dieses Verfahrens werden zu lassen. Es handelt sich nämlich hier nicht um die Automatisierung von Teilleistungen einer Bank, sondern um eine Totalautomation, in der die Unternehmensziele Eingang finden müssen. Alles Übrige ist dann ein wenn auch großer Organisations- und Programmieraufwand, der jedoch nach der Durchführung dieser Aufgabe vom Ergebnis her gerechtfertigt erscheint. Nach meiner Auffassung ist es unrealistisch, hier Teilgebiete der Bank in die Vollautomation zu übernehmen, während andere Gebiete in der bisherigen Verfahrenstechnik weiter betrieben werden. Die Bankleistung ist aus so vielen kleinen Einzelleistungen quer durch das ganze Bankinstitut hindurch verwoben, daß sich eine Totalautomation auch schon aus Kostengründen anbieten muß. Es wird dabei von mir nicht verkannt, daß sich hierbei große Institute ganz anderen Sachzwängen zu unterwerfen haben als dies bei einem kleinen Institut oder aber sogar bei einer völligen Neukonzeption der Fall ist.

Dabei muß sich das Ergebnis einer solchen Bemühung in einer Form darstellen, die die technische Gestaltung im Hintergrund beläßt und das Ergebnis in der gewohnten Erscheinungsform beibehält. In eine solche prozeßgesteuerte Verfahrenstechnik läßt sich aber auch mühelos das gesamte Korrespondenzwesen einer Bank einbinden, das zu einem großen Teil aus Leistungskonstellationen vollautomatisch aus dem Computersystem generiert werden kann. Der Dialog zwischen dem Menschen als Mitarbeiter der Bank und dem prozeßgesteuerten Verfahren muß in der Bildschirmdarstellung einfach sein und darf nicht abseits der bisher gewohnten Kommunikationstechnik liegen. Es bieten sich hier Möglichkeiten an, die im Bankbetrieb bisher verwendeten Formulare in der elektronischen Erscheinung auf dem Bildschirm wiederkehren zu lassen. Dieses Prinzip gilt auch für alle die Berührungspunkte, an denen sich die Kunden der Bank unmittelbar mit dem prozeßgesteuerten Verfahren in Verbindung befinden. Kurz gesagt, der Bankorganisator muß alles vermeiden, was in der Außendarstellung eine zu technische Lösung signalisiert. Gelingt ihm dies, so wird er sehr schnell eine Akzeptanz bei Bankmitarbeitern und Bankkunden vorfinden. Im Grundsatz ist der Mensch in der Kommunikation mit der Technik bewandert. Die Umwelt der Banken ist technisiert. Die heranwachsende, junge Generation hat ein direktes und unbelastetes Verhältnis zu den elektronischen Kommunikationstechniken.

Nach meiner Auffassung werden die Banken noch bis zum Ende dieses Jahrhunderts von großen technischen Ingenieurleistungen auf diesem Gebiet sprechen können. Ein technisches Mitglied im Vorstand einer Bank wird um die Jahrhundertwende eine Selbstverständlichkeit sein. Diese Institute werden damit auch ihrem Anspruch, „Finance Industries“ zu sein, in vollem Umfang gerecht werden müssen.

4. Die Vertriebsleistung (Vertriebstechniken)

Banken verkaufen ihre Leistungen spätestens seit Beginn der 60er Jahre in modernen Marketing-Strategien. Sie richten ihre Bemühungen auf eine Zielgruppe, die mehrheitlich seit dieser Zeit Arbeitnehmer sind. In einer Gemeinschaftsanzeige des Bundesverbandes deutscher Banken e.V. wurde davon gesprochen, daß die Kunden der Banken im Verhältnis von 3 : 4 auf Arbeitnehmer entfallen. Dies macht deutlich, daß die mehrheitliche Zielgruppe der Banken Menschen sind, die ihrerseits als unselbständig Tätige im Berufsleben stehen und so die Kontakte zu ihrer Bank während der Schalteröffnungszeiten nur schwer wahrnehmen können. Dies hat sich mehr und mehr durch Zunahme dieser Kundschaft im Kreditgewerbe herausgestellt. Abgesehen von einzelnen über das Versuchsstadium nicht hinausgekommenen Bemühungen ist es andererseits im Kreditgewerbe unvorstellbar, daß Schalteröffnungszeiten erweitert oder auf Wochenendzeiten ausgedehnt werden. Dies wäre arbeitsrechtlich nicht durchsetzbar, und wenn durchsetzbar, kostenrechnerisch nicht bezahlbar. Hier muß analog der Bemühungen im Handel die durch Techniken der Selbstbedienung gewonnene Verfügungsfreiheit für Bankleistungen eingesetzt werden. Es ergibt sich zu den oben angeführten produktionstechnischen Entwicklungen auch hier ein interessanter Parallelvorgang. Mit dem Einsetzen von Mengengeschäftsvorfällen hatte sich auch im Handel die im Jahr 1937 in ersten Anfängen durch Ecklöh praktizierte Selbstbedienungstechnik durchgesetzt. Auch hier war zunächst unvorstellbar, daß ein vielschichtiges Warensortiment ohne Beratung und Bedienung durch Fachkräfte durch den Verbraucher unmittelbar ausgewählt und gekauft werden konnte. Auch hier hatten sich ernst zu nehmende Kritiker mit dem Argument zu Wort gemeldet, die Ware sei erklärungsbedürftig, die Verkaufsförderung könne nur durch geschulte Mitarbeiter vorgenommen werden. Dennoch ist es unbestritten, daß sich im Handel eine Vielzahl von Warenangeboten heute im Selbstbedienungsverfahren absetzen lassen und daß der Verkaufserfolg hierbei für alle Beteiligten befriedigend ist, weil mit dem Umsatz ohne personelle Verkaufskosten dem Verbraucher günstige Verkaufspreise (Discount) ermöglicht werden.

Auch bei Banken ist die Selbstbedienung möglich. Sie muß allerdings eine Reihe von Notwendigkeiten beachten, die sich aus der Natur der Sache ergeben. Zunächst muß die Sicherheitstechnik gewährleistet sein. Dies ist durch heute gebräuchliche Identifikationsmethoden, die elektronisch durchgeführt werden, gegeben. Magnetstreifen-bewehrte Scheckkarten und persönliche Identifikationszahlen sind eingeführte Hilfsmittel. Bei den persönlichen Identifikationszahlen beginnt jedoch bereits die Problematik, nämlich bei der Vergabe nicht die Bank sondern den Kunden selbst tätig werden zu lassen. Eine persönliche Identifikationszahl, die von Kunden auf Papier mit sich getragen wird, ist grundsätzlich unsicher. Die Rechtsprechung wird sich hier in einer Entwicklung den bereits in den Vereinigten Staaten erkennbaren Tendenzen anschließen, wonach Sicherheitsmaßnahmen von Grund auf so konzipiert sein müssen, daß sie das Risiko auf ein Minimum reduzieren. Sonderbedingungen für Selbstbedienung werden hier nicht das alleinige Hilfsmittel zur Risikobeschränkung sein können.

Für mich technisch vorstellbar und als sicheres Identifikationsmerkmal zu verwenden ist die menschliche Stimme. Das Ausweismedium, das jeder Mensch unverkennbar mit sich trägt, wird, da es ohnehin den technischen Innovationsbemühungen der nächsten zwanzig Jahre gewidmet ist, für die Banken neue Dimensionen der Erkennungsmöglichkeit bringen. Auf jeden Fall ist vom Standpunkt der humanen Gestaltung der Sicherheitstechnik wünschenswert, daß die Hersteller von EDV-Endgeräten zur Identifiktion nicht nur Nummern, sondern in Zukunft auch Alphazeichen verwenden sollten. Die Identifikation im BILDSCHIRMTEXT durch Worte oder ganze Erkennungssätze bietet hier erste Anhaltspunkte. Ein Merksatz ist hier für Menschen ein wesentlich sicheres Ausweismedium als eine Zahl in einer Konstellation, die sich der Mensch als Ausweisträger noch nicht einmal selbst ausgedacht hat.

Ein weiteres Erfordernis für die Bankselbstbedienung ist der Schutz der Intimität. Bankgeschäfte sind hochsensibel, was dies Bedürfnis angeht. Daher ist für mich die Bankselbstbedienung, die auch die Bargeldversorgung einschließt, außerhalb des Bankgebäudes an Außenwandautomaten nicht diesem Grundbedürfnis entsprechend. Die Bankselbstbedienung erschöpft sich auch nicht in diesem Vorgang der Bargeldversorgung, sondern geht wesentlich weiter nach dem Grundprinzip, daß die Bankleistung „Information lautend auf Geld" darstellt. Die VERBRAUCHERBANK AG hat mit gutem Erfolg vollautomatisierte Teilbereiche ihrer Bankzweigstellen, die sich Tag und Nacht durch eine Ausweiskarte für die Kunden begehbar öffnen, geschaffen. Dies wird noch lange Zeit die „Schnittstelle" der Beziehungen zwischen Bankkunden und Bank sein. Dabei ist es nicht unbedingt erforderlich, daß diese Bankzweigstelle immer wohnortnah organisiert sein muß. Durch die unbegrenzte Verfügungszeit gibt es für den Menschen als Bankkunden vielfältige Möglichkeiten, diese Zweigstelle zu erreichen. In weiteren Dimensionen läßt sich diese Selbstbedienung allerdings vorstellen durch die Darstellung im Fernmeldedienst BILDSCHIRMTEXT der Deutschen Bundespost. Hier waren erste Überlegungen für die VERBRAUCHERBANK AG im Jahr 1973 durch die Existenz des englischen Systems Viewdata gegeben. Dieses System wurde 1976 von der Deutschen Bundespost übernommen und weiterentwickelt bis hin zur Computer-Dialogmöglichkeit. Erst mit der Aufnahme dieses Fernmeldedienstes im Jahre 1980 auch als Rechnerverbund war der Fachwelt verständlich zu machen, was die VERBRAUCHERBANK AG bereits 1977 mit der in den Zweigstellen installierten Bildschirmtastatur-Bedienung gemeint hatte.

Abseits der betriebswirtschaftlichen und technischen Hintergründe in dieser Bankselbstbedienung tut sich jedoch ein weites Feld für Marketing-Überlegungen auf, das von den Kritikern unseres Systems bis heute noch nicht gesehen wurde. Dieses Gebiet kann im Rahmen einer solchen Darstellung nur angerissen werden. Es ist auch noch so abseits jeglicher herkömmlichen Bankmarketing-Überlegung, daß es schwer verständlich zu machen ist. Bei der praktischen Anwendung der Selbstbedienung stellte sich heraus, daß eine Vielzahl von Bankkunden, die nicht den ursprünglichen Vorstellungen für die technisch emanzipierte Selbstbedienungs-Generation entsprachen, diese Möglichkeit voll in die

Hand nahmen. Auch hat aus einer Vielzahl von Gesprächen mit behinderten Bankkunden, die im BILDSCHIRMTEXT-Verfahren des Feldversuchsbereichs Düsseldorf und Berlin mit uns elektronisch kommunizieren, diese für die Bank bisher nicht vorstellbare Welt Eingang in unsere Überlegungen gefunden. Ich will versuchen, dies im folgenden zu skizzieren: Jeder Mensch hat eine unmittelbare Verbindung zu seinem Geld. Für dieses Geld arbeitet er, dieses Geld will er aber auch als Äquivalenz für diese Arbeitsleistung nachzählen, verteilen und verwalten. Dieses ist übrigens mit ein Grund, warum die Mehrheit aller japanischen Arbeitnehmer noch bis heute mit Erfolg die Entgegennahme unbarer Lohn- und Gehaltszahlungen verweigern. Wenn diese Möglichkeit auf elektronischem Wege durch Selbstbedienung geschaffen wird, indem der Mensch die Verfügungsgewalt über das von ihm verdiente Geld wieder selbst in die Hand bekommt, tun sich ganz neue Welten der Kundenbeziehung für eine Bank auf. Es ist m.E. darüber hinaus ein Fehler der Banken in der Vergangenheit gewesen, bei ihren Marketing-Bemühungen nicht stärker auf die Emanzipation, die rund um die Banken stattgefunden hat, abzustellen. Emanzipation geschieht aber in erster Linie durch Selbstverwirklichung und nicht durch Beratung oder Bedienung Dritter. Selbstbedienung ist in unserem Verständnis zunächst praktiziertes Selbstbewußtsein und dies ist im Umgang mit Geld besonders ausgeprägt. Wenn aber die fortschreitende Emanzipation in unserem Jahrhundert und hier im wesentlichen in der zweiten Hälfte dieses Jahrhunderts ein gesellschaftlich unverkennbarer Zug ist, so müssen die Banken diesem sozialen Verhalten folgen. Dabei beschränkt sich dies nicht auf das sogenannte Generationsproblem, sondern ist – in bezug auf den Umgang mit Geld – ein über die Generationen hinweggehendes Allgemeinverhalten. Auch ältere Menschen haben ein hohes Selbstbewußtsein im Umgang mit Geld und verwirklichen dieses durch praktizierte Selbstbedienung.

In diesem Sektor der bankbetrieblichen Leistung tut sich ein weites Feld für neue Marketing-Strategien auf, die die Wettbewerbsgestaltung der nächsten zwanzig Jahre entscheidend beeinflussen werden.

5. Der elektronische Transfer (Transporttechniken)

Banken transportieren ihre Leistungen lautend auf Geld rund um den Erdball. Dies ist eine uralte Teilleistung bankbetrieblichen Tuns. Transport oder Transfer ist eine Domäne der Banken, seit es sie gibt. Mit der Erfindung des Telefons haben auch elektronische Transferleistungen in Bankbetrieben Eingang gefunden. Allerdings hat sich dies in der Vergangenheit immer nur beschränkt auf den Wertpapierbereich und den Devisenhandel. Transporttechniken, die die Übertragung von Informationen lautend auf Geld außerhalb dieser beiden Teilbereiche des Bankbetriebes darstellen, sind nur zögernd und auch erst in jüngster Zeit feststellbar. Das weltumspannende Zahlungsverkehrsnetz Swift gibt hier Anhaltspunkte für die Gestaltung eines nationalen Zahlungsverkehrssystems, das auf elektronische Übertragungsmedien abstellt. Die Schwierigkeit, Zahlungsverkehrsleistungen elektronisch transportabel zu machen, läßt sich durch die Einbindung und Totalautomation im Wege der prozeßgesteuerten Verfahrenstechnik lösen. Bankkunden, die im Wege der Selbstbedienung ein prozeßgesteuertes Bankverfahren ansprechen – sei es aus einer automatisierten Bankzweigstelle oder aus einem kommunikationsfähigen Fernsehapparat – liefern diese Transferleistung bereits elektronisch verarbeitbar auf. Im übrigen ist die Entwicklung solcher Zahlungsverkehrsnetze leicht vorstellbar, wenn man sich parallel dazu die Entwicklung der Telefonie vorstellt. Als zu Beginn dieses Jahrhunderts der Telefonapparat noch lange nicht Standard in der Individualkommunikation war, benutzte man für schnelle Nachrichten ein Telegramm, das in der Regel dann durch Telefonie weitergegeben wurde. Später mit der Vernetzung eines jeden Bürgers durch Telefone konnte das Telegramm weitgehend entfallen. Empfänger und Absender waren unmittelbar miteinander verbunden und übermitteln sich seitdem im direkten Dialog Nachrichten, deren Inhaltsgröße von der einer Zahlungsverkehrsnachricht weit nach oben hin abweicht. Es wird die Aufgabe der Banken sein, unter Beachtung aller Sicherheitstechniken diese Individualkommunikation über Informationen lautend auf Geld entgegenzunehmen, zu steuern und abzuwickeln. Daß dabei die nach dem heutigen System unzweifelhaft und unbestritten bestehenden Float-Gewinne entfallen werden, ist eine zwar vom Standpunkt der Bankbetriebswirtschaft aus beklagbare aber nicht zu ändernde Tatsache. Aber auch hier hat die technische Entwicklung der Vergangenheit gezeigt, daß es von bestimmten Entwicklungsstufen ab verkehrt wäre, diese Ertragsdomänen zu erhalten und den in diese Gebiete einbrechenden technischen Fortschritt zu negieren.

Hier ist als probates Beispiel die Entwicklung der motorgetriebenen Schiffahrt im Vergleich zur Segelschiffahrt anzuwenden. Die Betriebswirtschaft der Segelschiffe war gezeichnet durch naturbedingte Erträge (kostenlose Windenergie), die durch motorgetriebene Schiffe vernichtet wurden um den Preis einer kostenträchtigen Investition. Dies war für die Betriebswirtschaft der Segelschiffahrt unvorstellbar. Dennoch hat die Kostenrechnung des motorgetriebenen Schiffes letztlich die Frachtbeförderung bestimmt zu dem Zeitpunkt, als das Mengenaufkommen an Ladung und die Notwendigkeit, eine Fracht zu einem bestimmten Zeitpunkt an einem bestimmten Ort abzuliefern, die Segelschiffstechnik überholte.

6. Schlußbemerkungen

Der Beitrag kann nur in sehr oberflächlicher Darstellung die Problematik aber auch die Herausforderungen einer solchen bankbetrieblichen Leistungsdarstellung anreißen. Nach meiner Überzeugung wird sich aber die Bank der Zukunft so oder so ähnlich darstellen lassen. Ein Verharren in den heutigen Verfahrenstechniken wird in absehbarer Zeit unbezahlbar werden. Die Menschen als Kunden der Banken werden den Zeitpunkt der Leistungsbereitschaft bestimmen, der von ihren Zeitvorstellungen ausgeht, und schließlich wird sich die Massenkommunikation im Bereich der Zahlungsverkehrsströme auf technische 24 Stunden Kontakte abstellen müssen, die schließlich eine volle Vernetzung aller Banken zur Übertragung dieser Zahlungsverkehrsströme erreicht. All dies erscheint nicht nur aus theoretischer Sicht machbar, sondern ist im praktischen Anwendungsfall der VERBRAUCHERBANK AG bewiesen.

Einsatz der Datenverarbeitung im Marketing

Eitelfritz Cabus

Zumindest in den gesättigten Massenmärkten der Verbrauchsgüter mit hohem Konkurrenzdruck werden eine Fülle unterschiedlichster Daten bezogen, um das Marktgeschehen transparent zu machen und die Risiken der Planung zu mindern.

Neben streng zweckgebundenen, für eine bestimmte Entscheidung speziell konzipierter Einzeluntersuchungen, wie Produktideentests, Produkttests, Anzeigen- und TV-Tests, Packungstests, Storetests, bis hin zu Testmärkten gibt es noch die ständige Marktbeobachtung.

Die Einzeluntersuchungen stellen im Regelfall kein Problem dar, das nach Datenverarbeitung beim Nutzer ruft. Die Ergebnisse werden vom durchführenden Institut zu einem fest vereinbarten Zeitpunkt präsentiert, anschließend diskutiert. Danach wird kurzfristig die Entscheidung getroffen. Der Berichtsband wird archiviert. Damit ist der Vorgang meist abgeschlossen.

Ganz anders ist die Situation bei der ständigen Marktbeobachtung. Die Daten werden von den betreffenden Instituten kontinuierlich erhoben, nach bestimmten Standards aufbereitet und in festgelegten zeitlichen Rhythmen berichtet und präsentiert.

Die Berichterstattung nimmt dabei zwangsläufig keine Rücksicht auf die Termine, zu denen ein Management bestimmte Entscheidungen zu treffen hat. Die Daten werden ja für viele Nutzer erhoben. Die Technik zwingt zu einheitlichen, zeitlich eng fixierten Verarbeitungsschritten bis hin zu einer – gemessen am Erhebungszeitraum – möglichst kurzfristigen Berichterstattung.

Aber noch ein anderes Problem zeichnet diese Daten der Marktbeobachtung aus. Da sie für viele Nutzer und unterschiedliche Zwecke als Basisinformation dienen sollen, sind sie unspezifisch. Tritt ein bestimmtes Marketingproblem auf, steht der Marketingmann vor einer riesigen Datenfülle, die er erst problemspezifisch strukturieren und analysieren muß. Ohne die Hilfe einer modernen Datenverarbeitung, einem computergestützten Marketing-Informations-System, würde der Einzelne resignieren müssen. Der Zeitaufwand zur Informationsverarbeitung wäre viel zu hoch, die zwangsläufige Folge eine mehr willkürliche Informationsauswahl und die Entscheidung „aus Erfahrung".

Einige Zahlen aus unserem Hause sollen diese These unterstreichen. Wir haben die Daten über den Markt in 5 Segmenten gespeichert.

Nielsen/GfK-Handelspanel	55 Mio Informationen
Wellenbefragungen zur Beobachtung des Verbraucherverhaltens	1 Mio Informationen
G & I-Haushaltpanel	6 Mio Informationen
Umsatz ab Werk	14 Mio Informationen
S + P-Werbestatistik	30 Mio Informationen
Plandaten	10 Mio Informationen
	= 116 Mio Informationen

Das bedeutet einen Speicherbedarf von 2500 Zylindern.

Ohne EDV wäre diese Datenmenge nicht mehr überschaubar und nutzbar. Mit EDV werden schnell und problemlos Fragen, die der Markt stellt, beantwortet.

Daß dieses Abfragen und Analysieren über Terminals auch funktioniert, beweisen rund 16000 Anfragen pro Monat.

Einige Beispiele können dies vielleicht noch besser verdeutlichen.

1. Henkel hat ein neuartiges Produkt auf den Markt gebracht. Das Produkt-Management interessiert sich natürlich dafür, bei welcher Zielgruppe dieses neue Produkt besonders Anklang gefunden hat.

Ohne vorhandene Datenbasis müßte jetzt ein Institut beauftragt werden, einen repräsentativen Bevölkerungsquerschnitt zu befragen, um die gewünschten Informationen zu beschaffen. Zeitaufwand: mindestens 6 Wochen.

Werden aber regelmäßig, d.h. 6 mal im Jahr, Erhebungen zum Verbraucherverhalten durchgeführt, kommt die neue Marke einfach mit auf die Markenliste. Man kann die Entwicklung von Markenbekanntheit und Verwenderanteil verfolgen und zu jedem gespeicherten Material eine Strukturanalyse erstellen. Zeitaufwand: 20 Minuten.

Aus einer Fülle von demografischen Merkmalen und Life Style Statements werden durch eine Abweichungsanalyse die für die Verwender des neuen Produktes gegenüber der Gesamtbevölkerung signifikanten Merkmale herausdestilliert:

	Alle Verwender der Produktkategorie	Verwender des neues Produktes	
Alter der Befragten 16-39 Jahre	48%	62%	+ 14
Familie mit Kindern zwischen 6 und 13 Jahren	26%	36%	+ 10
Bildungsniveau: mindestens abgeschlossene Lehre, oder mittlere Reife, Abitur	66%	78%	+12
Befragte ist voll oder teilweise berufstätig	53%	63%	+ 10

Befragte achtet darauf, daß sich die Kinder die Zähne putzen	17%	23%	+ 6
Befragte probiert gern neue Körperpflegemittel aus	34%	47%	+ 13
Befragte geht immer mit der Zeit	63%	73%	+ 10

Aus den Daten läßt sich entnehmen, daß das neue Produkt eine gewisse pädagogische Funktion erfüllt, da es gerade bei Familien mit Kindern Eingang gefunden hat.

2. Im Waschmittelmarkt unterscheidet man ganz grob die Universalwaschmittel von den Spezialwaschmitteln. Die großen Universalwaschmittelmarken loben alle ihre Fähigkeit aus, perfekt bei 30°, 60° und 95° Grad zu waschen. Fast jeder Haushalt (92%) hat eine Waschmaschine zur Verfügung. Hat dann eigentlich noch ein „Spezialist" eine Chance?

Eine Querschnittbetrachtung wie im ersten Fall hilft hier wenig. Aus dem Vergleich von mindestens zwei Zeiträumen muß versucht werden, einen Trend zu erkennen.

Ohne eine Datenbank, die die Informationen über mehrere Jahre speichert, kommt der Marktforscher in Schwierigkeiten. Es sei denn, er hat zu der gewünschten Fragestellung schon vor zwei, drei Jahren eine Untersuchung durchgeführt. Dann kann er die Untersuchung wiederholen und den Trend feststellen. Das Produktmanagement muß sich aber wieder 6 Wochen in Geduld üben.

Anders bei einer Datenbank. Sie muß so konzipiert sein, daß sie über einen längeren Zeitraum alle für das Marketing der betreffenden Firma relevanten Informationen speichert.

Das zwingt natürlich auch die Marktforschung zu langfristig und breit angelegten Erhebungen. Sind diese Voraussetzungen geschaffen, ist eine Antwort noch am gleichen Tag möglich. Aus den vorhandenen Vergleichszeiträumen werden die Waschgewohnheiten der deutschen Hausfrauen gegenübergestellt.

Positionierungs-Analyse eines Wollwaschmittels

a. Die Frauen wenden sich wieder verstärkt Spezialwaschmitteln zu.

	1975	1980
Ausschließlich Universalwaschmittel kauften	30%	24%
Spezial- und Universalwaschmittel kauften	70%	76%

b. **Auch** Wollsachen werden ganz überwiegend selbst gewaschen (und nicht aus Bequemlichkeitsgründen in die Reinigung gegeben).

	1979	1981
Wollsachen werden gewaschen von	98%	97%

c. Wollsachen werden zunehmend nur noch in der Waschmaschine gewaschen.

	1979	1981
Wollsachen nur in der Maschine waschen	31%	37%
Empfindliche Wollsachen von Hand, das andere in der Waschmaschine waschen	57%	52%
Wollsachen nur von Hand waschen	12%	11%

d. Die Waschmaschinenindustrie hat sich auch darauf eingestellt.

1981 waren bereits 73% der Waschmaschinen in den Haushalten mit einem speziellen Wollwaschprogramm ausgerüstet.

Und 86% der Frauen, die eine solche Waschmaschine besitzen, benutzen auch das Programm.

Auch hier beträgt der Zeitaufwand nicht mehr als eine halbe Stunde. Die Antwortzeit des Computers ist natürlich noch viel schneller. Er braucht dazu nur 1 Sekunde. Aber wir müssen ja die Fragestellung vorher überlegen und eingeben. Und hinterher muß natürlich der Ausdruck auch noch ein wenig gefälliger für das menschliche Auge zusammengestellt werden. Daraus wird eine kurze Notiz an den Fragesteller und der Fall ist erledigt.

Aus den dargestellten Daten ist nun unschwer abzuleiten, daß sich ein weiterer Marketingaufwand für ein Wollwaschmittel durchaus lohnt. Eine Zielgruppenanalyse zur genauen Mediaplanung könnte sich jetzt anschließen. Auch dafür steht der Computer zur Verfügung.

3. Wenn man im Besitz eines starken Marktführers ist, hat man gerade in schwierigen Marktsituationen eine gute Trumpfkarte in der Hand. Trotzdem muß sehr genau darauf geachtet werden, wo sich evtl. gewisse Schwachpunkte zeigen, um rechtzeitig die Position zu verteidigen. Hierfür bietet sich das Segment mit den Nielsen-Zahlen an.

Eine Grobanalyse ergab, daß der Marktführer zunehmend Marktanteile verlor. Diese Verluste konzentrierten sich besonders auf das Nielsengebiet Hessen – Rheinland Pfalz – Saar.

Wie erklärt sich diese Entwicklung?

Ohne ein MIS würde man jetzt die roten Bände von Nielsen hernehmen (pro Periode ein Band) und aus den verschiedenen Tabellen die benötigten Daten zusammensuchen. Eine solche Analyse von Hand dauert erfahrungsgemäß 1-2 Stunden. Am Terminal geht es schneller, denn die relevanten Informationen stehen gleich direkt untereinander.

Marktanteil in III a, jeweils Jan./Febr.

	1980	1981	1982
Marktführer insgesamt	29,2%	28,4%	25,4%
Wichtigste Packungsgröße			
Marktführer	30,7%	27,4%	20,3%
Nr. 2 im Markt	13,3%	16,9%	19,5%
Alle Anderen	32,9%	35,8%	44,0%
Preis Marktführer DM	3,19	3,60	3,87
Preis Nr. 2 im Markt DM	3,13	3,32	3,41
∅ Preis Alle Anderen	1,59	1,69	1,69

Der scharfe Preiswettbewerb in diesem Gebiet III a durch die aggressiven Betriebsformen (z.B. MASSA, TOOM, HL, PENNY) hat die gewünschten Preiserhöhungen für den Marktführer nur unter Marktanteilsverlusten realisierbar gemacht. Das umso mehr, als der Hauptkonkurrent nur zögernd mitzog und der Preisabstand sich dadurch drastisch erhöhte. Als neues Element offerierten zudem die „Gattungsmarken" dauerhafte Niedrigpreise. Dieser Preiskampf spielt sich in erster Linie bei einer Packungsgröße ab, dem traditionell am härtesten im Preiswettbewerb stehenden Segment.

Mit diesen kurzfristig zusammengestellten Daten kann nun das weitere Vorgehen mit der regionalen Verkaufsleitung unmittelbar diskutiert werden.

4. Genauso gut kann man natürlich auch den Erfolg einer bestimmten Aktion im Zeitablauf verfolgen. Dazu werden dann vielleicht nicht nur die Nielsen-Zahlen herangezogen, sondern auch die Werksabsätze nach Verkaufsgebieten, um zunächst Plan-Ist-Vergleiche anzustellen und damit Schwachgebiete zu erkennen.

Wie z.B. bei einer national beworbenen Aktion im Jahre 1979.

Marktanteilsentwicklung	S/O	N/D	J/F	M/A	M/J
Marke gesamt	23,7%	23,9%	29,4%	22,9%	24,4%
Aktionspackung	8,0%	7,5%	18,2%	8,7%	4,4%

Plan-Ist-Vergleich für die Aktion nach Verkaufsgebieten (Plan = 100%).

Bundesgebiet		109
Verkauf	Berlin	87
	Nord	89
	Nordwest	116
	West	108
	Mitte	133
	Südwest	116
	Süd	103

Bei einer an sich sehr erfolgreichen, über dem Plan liegenden Aktion werden trotzdem noch deutliche Schwachstellen sichtbar, die nach Kunden und Inspektionen weiter zu differenzieren sind. Anschließend werden die Gründe für die Abweichungen besprochen und eine verbesserte Strategie für das nächste Mal erarbeitet.

5. Schließlich und endlich kann man natürlich das Datenmaterial auch multivariaten statistischen Analyseverfahren zuführen, um z.B. Preiselastizitäten oder Werbeelastizitäten für bestimmte Märkte zu bestimmen. Oder man nimmt die Datenbank als Daten-Basis für ein Media-Optimierungs-Modell. Die Zielgruppe wird vorgegeben, die Mediapreise sind gespeichert, der Werbeetat liefert den finanziellen Rahmen und das Modell sucht aufgrund des Mediaverhaltens der Zielgruppe den optimalen Streuplan. Dabei werden vom Computer in kürzester Zeit bis zu 20000 Planalternativen gerechnet und geprüft. Das schafft auch der schnellste Mensch nicht mehr (Und der Computer kennt keine Vorurteile gegenüber bestimmten Zeitschriften).

Diese 5 Beispiele sollten 3 Dinge deutlich machen.

I. Die elektronische Datenverarbeitung funktioniert nur, wenn logisch strukturierte Datenbanken aufgebaut werden können. Das zwingt den Marktforscher zur Systematik und zum Vorausdenken, um auch künftige Nutzerwünsche abdecken zu können.

II. Datenbanken verbunden mit einem Marketing-Informationssystem liefern schneller und besser Kennziffern für Marketingentscheidungen als einzelne Untersuchungen oder ein übliches Archiv. Trotzdem behalten Einzeluntersuchungen für spezielle Problemlösungen ihren Wert.

III. Der Einsatz der Datenverarbeitung ist immer dann sinnvoll und auch von den Kosten her zu vertreten, wenn große Datenmengen vorhanden sind, aus denen unterschiedlichste Anfragen zu beantworten sind. Mit anderen Worten, wenn eine Standard-Tabellierung nicht genügt, sondern hohe Anforderungen an die Flexibilität der Datenzusammenstellung und -transformation gestellt werden, lohnt sich ein MIS.

Eines sollte man dabei beachten: Der Computer denkt nicht für uns, er nimmt uns auch keine Entscheidungen ab. Er kann aber sowohl einfache als auch komplizierte Fragen blitzschnell beantworten. Es liegt an uns, ihm die richtigen Fragen zu stellen. Dann wirkt die Datenverarbeitung als Intelligenzverstärker.

Bürger und Datenverarbeitung Datenverarbeitung in der Massenverwaltung

Staatssekretär Dr. H.-R. Haacke

In diesem Jahr wurde für das Seminar an der Universität Duisburg das Thema „Datenverarbeitung in der praktischen Bewährung" mit dem Untertitel „Gesellschaftliche Auswirkungen der Datenverarbeitung" gewählt. Dieses Thema geht auch den Finanzminister sehr an, zumal den Finanzminister des bevölkerungsreichsten Landes innerhalb der Bundesrepublik Deutschland. Ich nehme daher gerne die Gelegenheit wahr, um zu diesem Thema Stellung zu nehmen und die Anwendung der modernen Informationstechnologie aus der Sicht der Steuerverwaltung zu erläutern.

Den Hinweis auf den Bevölkerungsreichtum unseres Landes habe ich nicht zufällig gegeben, er hat gerade im Hinblick auf mein Vortragsthema: „Bürger und Datenverarbeitung – Datenverarbeitung in der Massenverwaltung" eine besondere Bedeutung. Die Auswirkung in unserem Land betrifft nämlich Millionen von Mitbürgern. Allein bei der Kraftfahrzeugsteuer sind die Daten von 7,4 Millionen Autos und Motorrädern zu verwalten. Man kann also davon ausgehen, daß nahezu jeder erwachsene Bürger mit den Auswirkungen der Automation in Berührung gekommen ist.

Das breite Spektrum der ADV-Anwendung in der Steuerverwaltung vor Ihnen auszubreiten, würde sicher ein Wochenseminar erfordern. Meine Redezeit ist daher in kluger Voraussicht auf 45 Min. beschränkt. Ich hoffe, daß es mir nicht ergeht wie es Professor Parkinson unlängst in einem Gastvortrag in Düsseldorf von einem englischen Diplomaten berichtete: der hatte eine Einladung, am Wochenende vor einem Damenclub eine Stunde über das Thema „Möglichkeiten und Grenzen der englischen Außenpolitik im zwanzigsten Jahrhundert" zu sprechen. Er gab das Thema seinem Assistenten mit der Frage, ob er ihm diese einstündige Rede vorbereiten könne. Der sagte: Jawohl. Am Freitagnachmittag gab der Assistent dem Botschafter das Papier, das dieser in die Tasche steckte und nach Hause mitnahm. Am Wochenende hielt der Botschafter die Rede; sie dauerte zwei Stunden. Er und sein Publikum waren total erschöpft. Am Montag im Büro ließ der Botschafter seinen Assistenten kommen und sagte ihm: „Sie sollten mir doch eine einstündige Rede vorbereiten". Dem Assistenten schlottern die Knie; schließlich sagte er aber mannhaft: Eure Exellenz, der Vortrag war auch für eine Stunde, ich habe Ihnen nur zwei Exemplare mitgegeben.

Zurück zum Thema. Es geht um nichts weniger als die Frage: können wir, insbesondere der Bürger, mit dem Computer leben? Diese Frage wird immer noch gestellt. Die Auswirkungen des fortschreitenden Computereinsatzes in der Verwaltung mündeten in eine weitverbreitete Bürokratiekritik. Sie umfaßt ganz unterschiedliche Erscheinungsformen des Unmutes und des Protestes.

Kristallisationspunkte dieses Unbehagens sind zweifellos unverständliche Formulare, die Dauer von Verwaltungsentscheidungen, Perfektionismus und Unverständlichkeit von Gesetzen und Verordnungen und nicht zuletzt die Angst des Bürgers, in dieser Maschinerie nicht mehr als Individuum, sondern nur noch wie eine Nummer behandelt zu werden. Die Bürokratiediskussion zeigt deutlich, wie sehr sich auch die Wissenschaft noch im Prozeß des Forschens und Suchens befindet. Auch ich scheue nicht das Eingeständnis, daß ich selbst Fragen habe und nicht nur Antworten weiß. Ich halte deshalb die Frage nach soziologischen und sozialpsychologischen Ursachen des Unbehagens für sehr wichtig.

Die Politik und die Verwaltung können aber nicht warten, bis diese Grundsatzfragen geklärt sind. Wir sind aufgefordert, uns Gedanken zu machen über **Abhilfen** und, wenn es solche Abhilfemaßnahmen nicht gibt, beim Bürger Einsicht und Verständnis zu wecken. Wir können schwierige Tatbestände nicht durch einfache Regeln weniger schwierig machen. Dies soll aber kein Freibrief für Resignation sein, sondern ein Ansporn zum Handeln. Wir müssen kritischer als bisher die Notwendigkeiten neuer Gesetze und Verordnungen prüfen, wir müssen überall, bis hin zu den Formularen, immer wieder Fragen, ob der Bürger uns noch versteht.

Im Vergleich zu anderen Verwaltungen hat die Finanzverwaltung schon früh mit dem Einsatz von Datenverarbeitungsanlagen begonnen, nämlich Anfang der 60er Jahre. Das hängt damit zusammen, daß das Steuerrecht besonders geeignet erschien für eine Automatisierung. Angesichts der häufigen Änderungen des Steuerrechtes sollte dem Bearbeiter z.B. die oft schwer zu beantwortende Frage nach dem für den jeweiligen Zeitraum anzuwendenden Recht abgenommen werden. Außerdem sind in der Finanzverwaltung die entsprechend hohen Fallzahlen zu bearbeiten, die eine Unterstützung durch die Automation sinnvoll erscheinen lassen.

Ich möchte die wichtigsten Anwendungsbereiche der EDV in der Nordrhein-Westfälischen Steuerverwaltung kurz erwähnen.
Im **Lohnsteuerjahresausgleich** sind jährlich etwa 3 Millionen Fälle zu bearbeiten, was für 1981 eine Erstattungssumme von ungefähr 1,7 Milliarden DM bedeutete. Darüberhinaus sind ca. 2,6 Millionen **Einkommensteuerfälle** jährlich zu rechnen. Zusätzlich gibt es etwa 900 Tsd. Fälle im **Umsatzsteuer- und Lohnsteueranmeldungsbereich**. In 500 Tsd. Fällen geben die Unternehmer bzw. Arbeitgeber ihre Anmeldungen monatlich ab. Umgerechnet auf das Jahr ergibt sich also in diesem Bereich die stattliche Zahl von etwa 6 bis 7 Millionen Arbeitsfällen.
Dazu kommt die Verwaltung der **Kfz-Steuer**. Z.Zt. sind, wie schon eingangs erwähnt, 7,4 Millionen Kraftfahrzeuge auf Nordrhein-Westfalens Straßen zugelassen.

Als weitere große Aufgabe soll die Einheitsbewertung des Grundbesitzes erwähnt werden, wo bei einer Neufeststellung der Einheitswerte über 4 Millionen Steuerfälle zu bearbeiten wären.

Das alles sind Verwaltungsvorgänge, an deren Ende nicht bloß ein Konto-Auszug oder eine Versicherungsrechnung steht, sondern ein Verwaltungsakt mit der rechtlichen Qualität eines Strafurteils: Der Rechtskraft fähig, vollstreckbar und für den Fall der Nicht-Befolgung bewehrt mit empfindlichen Folgen bis hin zum Bußgeld und zur Strafanzeige.

Die Millionenzahlen könnten einen zu der Annahme verleiten, daß der Bürger im Verwaltungsablauf gar nicht viel mehr als eine Nummer sein könne. Dem möchte ich gleich entgegnen, daß sich nur wenige Steuerfälle automatisch erledigen; z.B. dort, wo wir mit der Zulassungsbehörde die Datenträger über An- und Abmeldungen von Kfz austauschen. Aber auch dort steht am Anfang der Bearbeitung ein Mensch, nämlich ein Angehöriger der Zulassungsstelle. So steht auch hinter jedem Steuerbescheid eine entsprechende Anweisung des zuständigen Steuerbeamten. So sind zwar die verschiedenen Steuernummern unverzichtbar für die formale Durchführung der Steuerveranlagung, aber der Bürger hat jederzeit die Möglichkeit, seinen konkreten Ansprechpartner in einem der 105 Finanzämter zu befragen.

Am Beispiel der Kfz-Steuer möchte ich die praktischen Auswirkungen der Automation aufzeigen. Die Abwicklung der Kraftfahrzeugsteuer-Festsetzung und -Erhebung ist durch sehr hohe Fallzahlen und durch umfangreiche, zum großen Teil mechanische Verwaltungsarbeiten gekennzeichnet. Es lag deshalb nahe, die Kraftfahrzeugsteuer-Bearbeitung als eines der ersten Verfahren in die Automatisierung einzubeziehen. Hier in Nordrhein-Westfalen wurden schon in den 50er Jahren mit Lochkarten die ersten Versuche gemacht, Quittungen und Mahnungen zu schreiben. Damals gab es etwa 1 Mio Kraftfahrzeuge.
1960 hatten wir 1,7 Millionen Arbeitsfälle in der Hauptsache: An- und Abmeldungen. Daran arbeiteten 320 Arbeitskräfte. Eine Arbeitskraft erledigte also etwa 5300 Fälle pro Jahr. Das sind pro Tag 24 Fälle.
1980 gab es 5,2 Millionen Arbeitsfälle und 570 Arbeitskräfte, d.h. 1 Arbeitskraft erledigte 9100 Fälle. Das sind pro Tag 43 Fälle.

Diese Steigerung der Arbeitsleistung pro Tag von 24 auf 43 Fälle konnte nur mit der Unterstützung durch den Computer erreicht werden. Das Beispiel zeigt auch, daß der Einsatz von Computern nicht unbedingt Arbeitsplätze wegrationalisiert, denn von 1960 bis 1980 wurde der Personalbestand in den Kraftfahrzeugsteuerstellen des Landes um über 70% vermehrt. Dazu kommen noch die zusätzlichen Arbeitsplätze im Rechenzentrum. D.h. **der Computer ist gerade rechtzeitig gekommen, um mit den gestiegenen Fallzahlen überhaupt fertig werden zu können.**

Die gesamten Investitionen für die Anschaffung von Computeranlagen im Rechenzentrum der Finanzverwaltung Nordrhein-Westfalen betrugen in den Jahren 1962 bis 1982 147 Mio DM. Hierin sind die entsprechenden Ersatzbeschaffungen für alte Rechenanlagen enthalten. Denn die Lebensdauer einer Rechenanlage beträgt etwa 7 bis 10 Jahre. Dazu kamen noch 96 Mio DM für Datenerfassungs- und Datenübertragungseinrichtungen bei den Finanzämtern.

Als 1962 der erste Großrechner (TR-4 von AEG TELEFUNKEN) angeschafft wurde, waren im Rechenzentrum 50 Mitarbeiter und als Erfassungskräfte 250 Mitarbeiterinnen beschäftigt. Heute sind es im Rechenzentrum 503 und in der Datenerfassung 1500 Beschäftigte, d.h., insgesamt im Automationsbereich etwa 2000 Mitarbeiter. Die Gesamtzahl der Beschäftigten in der übrigen Finanzverwaltung stieg in dem gleichen Zeitraum von 24764 auf 33025 Mitarbeiter, d.h. trotz verstärkter Automatisierung eine Personalvermehrung um 9750 Stellen.

Der erste Großrechner der Finanzverwaltung war bereits ein Rechner der sog. zweiten Computergeneration, d.h. ein Elektronenrechner mit Transistoren, im Gegensatz zur ersten Computergeneration, die mit Elektronenröhren arbeitete. Von den Rechenanlagen der zweiten Computer-Generation ist heute im Rechenzentrum keine mehr in Betrieb. Wir haben nur noch Rechner der dritten Generation im Einsatz; das gilt für den TELEFUNKEN-Rechner TR 440, wie auch für die anderen installierten Großrechenanlagen von Honeywell Bull und Siemens. Die dritte Computergeneration unterscheidet sich von der zweiten durch noch kleinere Schaltelemente, sog. integrierte Schaltkreise. Dabei werden auf einem Siliziumplättchen (Chip) von 2 mm Kantenlänge bis zu 300 Schaltelemente hergestellt. Die typische Schaltzeit pro Transistor beträgt 1 Milliardstel Sekunde; eine unvorstellbare Steigerung der Geschwindigkeit im Vergleich zu den 5 Millisekunden bei den elektromechanischen Drahtrelais der Rechenmaschine von Konrad Zuse (1944).

Wie sieht nun der praktische Einsatz des Computers als Hilfsmittel für die menschliche Arbeitskraft aus? Das wird am ehesten deutlich, wenn man sich fragt, welche Tätigkeiten die Sachbearbeiter heute nicht mehr selbst durchzuführen brauchen.

Im Beispiel der Kraftfahrzeugsteuer sind das:

1. Die Steuerberechnung bei der Anmeldung
2. Die Führung der Steuerkonten
3. Die Überwachung der Fälligkeiten und das Abbuchen der fälligen Steuern in den Fällen mit Lastschriftermächtigung
4. Die Berechnung der zu erstattenden oder nachzufordernden Beträge bei der Abmeldung des Kraftfahrzeuges
5. Die Berechnung der eventuellen Säumniszuschläge
6. Das Fertigen von Schreiben wie z.B. Steuerbescheiden, Postnachnahmen, Mahnungen, Rückstandsanzeigen und Buchungsmitteilungen.

Für die **Zahlung** der Kraftfahrzeugsteuer konnte in Zusammenarbeit mit den Sparkassen und Bankorganisationen die Automatische Abbuchung vom Konto des Steuerpflichtigen auf Grund von Lastschriftermächtigungen eingeführt werden. Von dieser Möglichkeit macht etwa die Hälfte der Autobesitzer gebrauch.

Zunehmend dringlicher fordern übrigens Bürger und Steuerberater die Ausdehnung des Lastschriftverfahrens auf andere Steuerarten. Die Steuerverwaltung will sich dem anpassen. So ist beabsichtigt, z.B. die vierteljährliche Vorauszahlungen zur Einkommensteuer auf Wunsch automatisch bei Fälligkeit vom Bankkonto des Bürgers abbuchen zu lassen. Der Vorteil für den Steuerpflichtigen liegt – abgesehen davon, daß er nicht immer an Termine denken muß – insbesondere darin, daß die Steuer als pünktlich gezahlt gilt. Auch wenn der Staat etwa in Folge einer Störung in seinem Rechenzentrum die Steuer verspätet vom Konto abbucht. Bei Umsatzsteuervoranmeldungen und Lohnsteueranmeldungen würde durch das Lastschriftverfahren auch noch die bisher übliche Scheckeinlieferung wegfallen.

Bei der Kraftfahrzeugsteuer ist es durch den Einsatz der Automation auch möglich geworden, ca. 2-4 Wochen vor Fälligkeit dem Bürger, der nicht am Lastschriftverfahren teilnimmt, einen Hinweis auf die bevorstehende Fälligkeit der Steuer zu geben. Wir senden ihm einen sog. klarschriftlesbaren Zahlungsbeleg. Die Benutzungsquote liegt über 50%. Damit entgeht man der Gefahr, die Kfz-Steuer zu vergessen. Der Fiskus freut sich über pünktlichen Steuereingang, und der Bürger vermeidet Säumniszuschläge und ggf. die Zwangsvollstreckung. Außerdem ist das Ausfüllen sehr einfach, weil außer der Unterschrift alle zur Zahlung erforderlichen Angaben vorgedruckt sind. Jährlich werden bei der Kfz-Steuer z.Zt. ca. 3,2 Millionen vorbereitete Hinweise geschrieben und zentral vom Rechenzentrum verschickt. Ein weiterer Vorteil für den Bürger ist das zentrale Erstattungsverfahren bei Kfz-Abmeldungen. Der Bürger erhält sein Geld spätestens eine Woche nach dem Abmeldebescheid, ohne zusätzliches Tätigwerden der Sachbearbeiter in den Finanzämtern. Der Einsatz der automatisierten Datenverarbeitung hat die Steuerverwaltung in die Lage versetzt, dem Grundsatz der Gleichmäßigkeit der Besteuerung in zeitlicher wie auch in materieller Hinsicht in einem Maße Rechnung zu tragen, wie dies im personellen Verfahren nicht mehr möglich wäre.

Man wird der ADV ohnehin nicht gerecht, wenn man sie vorwiegend als Hilfsmittel zur Einsparung von Verwaltungskosten ansieht, wenn auch dieser Effekt in Zeiten steigender Mittelknappheit der öffentlichen Haushalte wieder an Bedeutung gewinnt. Entscheidend ist aber vielmehr die Möglichkeit, die Leistungsfähigkeit der Verwaltung zu steigern.

Das gilt z.B. sehr konkret auch auf den Schreibvorgang, der durch modernste Drucker ausgeführt wird. Es ist wohl nicht mehr vorstellbar, daß Bescheide für 7,4 Millionen Kraftfahrzeuge und 5,6 Millionen Einkommen- und Lohnsteuerveranlagungen mit der Hand geschrieben oder getippt werden sollten. Ein vorläufig letzter Schritt zur Arbeitsvereinfachung beim Schreiben wird darin liegen, daß die Sachbearbeiter in den Finanzämtern keine Bescheiddurchschrift auf Papier mehr erhalten, sondern mikroverfilmte Belege. Damit kann das Einsortieren in die Akten gespart werden. Die Bedeutung dieser Computer-Unterstützungen – abermals dargestellt am Beispiel der Kfz-Steuer – wird sichtbar, wenn man nach der Zahl der Arbeitsfälle fragt, bei denen die Maschine nicht helfen kann: wenn sich nur 1% der Kraftfahrzeugsteuerbesitzer mit Anträgen, Eingaben oder Einsprüchen an die Finanzämter wenden, dann ergibt das immer noch die stattliche Anzahl von über 70000 Arbeitsfällen, 140 pro Bearbeiter. Das sind die Fälle mit dem höchsten Arbeitsaufwand. Sie können mit der notwendigen Intensität nur deshalb geprüft werden, weil die übrigen 7 Mio Fälle eben „Computer-Fälle“ sind.

Der Erfolg der Informationstechnologie, insbesondere der Automation, ist allerdings damit bezahlt worden, daß zentrale Verfahren auf individuelle Erfordernisse schwerfälliger reagieren. **Den multiplizierten Vorteilen steht die Multiplikation von Fehlern gegenüber**. Eine Nachlässigkeit bei der Verfahrenskonzeption, ein kleiner Fehler bei der Programmierung multipliziert sich mit der Zahl der nach diesem Verfahren ablaufenden Einzelfälle und verursacht entsprechend viele Beschwerden. Angesichts des rechtlichen Gewichts der Computer-Produkte in der Steuerverwaltung ist es nur zu verständlich, daß die Bürger darauf empfindlich reagieren. Man kann einen fehlerhaften Steuerbescheid ja nicht einfach in den Papierkorb werfen, sondern man muß reagieren, sonst folgt die Mahnung und dann die Lohnpfändung.

Die Steuerfestsetzung und -erhebung mit Hilfe der Automation betrifft auch die Steuerberater sehr, weil sie zwischen dem Bürger und der Verwaltung eine Mittlerrolle haben. Deshalb habe ich immer besonderen Wert darauf gelegt, daß Verfahrenseinführungen oder -änderungen im Rahmen von gemeinsamen Besprechungen erörtert werden. Dabei stoßen wir im Allgemeinen auf Zustimmung bei unseren Automationsbemühungen. Wie das Beispiel der Anmeldesteuern zeigt, wünschen die Berater gelegentlich sogar die Ausdehnung des automatisierten Verfahrens, z.B. die schon erwähnte Einrichtung des Lastschriftverfahrens für alle Steuerarten.

Doch auch der Bearbeiter im Finanzamt muß ein neues Verfahren akzeptieren, wenn es funktionieren soll. Das ist keineswegs selbstverständlich, denn die Auswirkungen der Automation in der Verwaltungswirklichkeit sind nahezu revolutionär. Eine technikgestützte öffentliche Verwaltung verlangt von den Mitarbeitern Qualifikationen, die mit dem in der Erstausbildung vermittelten Wissen noch nicht abgedeckt werden, auch dann noch nicht, wenn immer mehr technisch vorgebildetes Personal in den öffentlichen Dienst integriert wird. Für die Mitarbeiter der öffentlichen Verwaltung bedeutet dies eine erhöhte Lern- und Fortbildungsbereitschaft, für den Dienstherrn die Bereitstellung eines auf die künftigen Anforderungen zugeschnittenen Fortbildungsangebotes. Darüber hinaus haben wir die Aufgeschlossenheit gegenüber technischen Problemstellungen sowie Flexibilität und Mobilität der Mitarbeiter der öffentlichen Verwaltung durch gezielte Maßnahmen zu fördern.

Die Bearbeiter werden dennoch die neuen Verfahren erst dann akzeptieren, wenn die Summe der Vorteile aus ihrer Sicht die Nachteile überwiegt. Zu dem steigenden Umfang materiell-rechtlicher Vorschriften der Steuergesetze müssen die Bearbeiter sich auch noch mit komplizierten Vorschriften des formalen ADV-Verfahrens vertraut machen. Es wird sicher allgemein begrüßt, daß einem der Rechen- und Schreibaufwand abgenommen wird, dafür wird aber beklagt, daß Verfahren, die früher in einem Arbeitsgang abliefen, durch die zwischengeschaltete Datenverarbeitung im ungünstigen Fall für mehrere Wochen unterbrochen werden.

Die derzeitigen ADV-Anwendungen in der Verwaltung sind überwiegend durch große Batchverfahren gekennzeichnet. Im Rechenzentrum werden die von den Finanzämtern täglich übersandten Arbeitsfälle gesammelt und in bestimmten Zeitabständen zu festgelegten Terminen verarbeitet; bei der Kfz-Steuer für jeden Oberfinanzdirektionsbezirk 2 × im Monat, z.B. für die Duisburger Finanzämter, die zur OFD Düsseldorf gehören, am 7. und 22. jeden Monats.

Diese Art der Nutzung der ADV entsprach und entspricht bis heute noch weitgehend den technischen Möglichkeiten und dem wirtschaftlichen Einsatz der ADV im Massengeschäft. Wo nicht eine sofortige Arbeitserledigung unumgänglich ist, muß die Unterbrechung in der personellen Bearbeitung durch einen zwischengeschalteten automatisierten Arbeitsgang leider in Kauf genommen werden. So entstand der Eindruck, als bestimme allein der zentrale Großcomputer den Arbeitsrhythmus der Sachbearbeiter in den Finanzämtern.

In der Tat muß der Mensch allzuoft seinen Arbeitsstil dem Computer anpassen, obwohl es eigentlich umgekehrt sein sollte: der Computer sollte uns dann zur Verfügung stehen, wenn wir dessen Leistung benötigen. Bei den Datenmengen aber, die die Steuerverwaltung zu verarbeiten hat, und bei der Kompliziertheit und Vielfalt der ihr gestellten Aufgaben würden wir mehrere Dutzend Rechenzentren allein in Nordrhein-Westfalen brauchen, wenn wir versuchen wollten, alle Aufgaben im Dialogverkehr zu lösen. Das wäre allein an Bau-Ausgaben mehr als 1 Mrd. DM.

Für die Finanzverwaltung der 80er Jahre wird aber nicht nur eine Konsolidierung der vorhandenen zentralisierten Besteuerungsverfahren angestrebt. Zur Ergänzung sollen die Möglichkeiten einer verteilten, d.h. dezentralen Datenverarbeitung genutzt werden. In der Entwicklung von Mini- und Mikrocomputern stellen die Techniker die dazu erforderlichen Instrumente zur Verfügung. Bei gleicher Leistung kostet ein Bauteil, das vor 10 Jahren 350,– DM wert war, heute 1 Pfennig; der luxuriöseste Rolls-Royce würde heute 40 Pfennig kosten, wenn sich der Preis hier ähnlich verändert hätte.

Die Änderungen, die von diesen technischen Neuerungen, insbesondere in der Speichertechnik, ausgehen, kann man sich am ehesten vorstellen, wenn man sich vergegenwärtigt, daß die Muskelkraft des Menschen bei Beginn des Industriezeitalters im vorigen Jahrhundert zunächst nur durch riesige Dampfmaschinen ersetzt werden konnte. Der eigentliche gesellschaftliche Fortschritt kam dann erst durch die vielen kleinen Motoren, die wir heute im Hause haben und die uns körperliche Arbeit abnehmen, z.B. Waschmaschinen, Bohrmaschinen, Rasierapparate, Kraftfahrzeuge usw. Eine ähnliche Veränderung unserer Lebensumstände ist von den Mini- und Mikrocomputern zu erwarten.

Die Vorteile dieser neuen Technologie setzt die Finanzverwaltung schon im automatisierten Steuererhebungsverfahren ein. Bei der sogenannten „Erhebungsauskunft" können die Bearbeiter in den Finanzämtern über Bildschirmterminals das Steuerkonto des Bürgers einsehen und den Inhalt sogar auf einem danebenstehenden Drucker direkt ausdrucken lassen. Bei dieser Aufgabe hat die Finanzverwaltung die Möglichkeit der Dezentralisation erneut genutzt; erneut deshalb, weil in der Finanzverwaltung Nordrhein-Westfalen bereits seit 1971 dezentrale Erfassungssysteme in den einzelnen Finanzämtern installiert wurden. Die von den Erfassungskräften beschriebenen Magnetbänder wurden dann zur Verarbeitung in das Rechenzentrum nach Düsseldorf transportiert.

Als diese Anlagen technisch überholt und den neuen Anforderungen und Größenordnungen nicht mehr gewachsen waren, wurde in den Jahren 1976/1977 das heutige Kommunikationssystem der Finanzverwaltung konzipiert. Die unterste Ebene – bei den Finanzämtern – besteht aus Minicomputern. Sie dienen zur Erfassung aller im Finanzamt anfallenden Daten sowie als Zugang zu den Auskunftssystemen für die Steuerkonten. Ferner erlauben sie den dezentralen Druck von im zentralen Rechenzentrum erzeugten Ergebnislisten. Die Übermittlung der Daten geschieht auch nicht mehr durch den Transport von Datenträgern, sondern direkt durch Kabel, sogenannte Standleitungen. Welch organisatorischen Fortschritt das bedeutet, macht man sich am besten in der Tatsache klar, daß früher Magnetbänder mit Kraftfahrzeugen im Wege des „Autoprocessing" aus weit entfernten Gegenden des Landes, wie Höxter und Paderborn, herangefahren werden mußten.

Damit nun im Rahmen der „Erhebungsauskunft" nicht von 105 Finanzämtern Anfragen an das Rechenzentrum in Düsseldorf geschickt werden, hat die Finanzverwaltung 16 kleine Vorverarbeitungsrechenzentren eingerichtet. Für den Bereich der Duisburger Finanzämter z.B. steht die Vorverarbeitungsanlage im Finanzamt Moers. Dort ist die dezentrale Datenbank für die Abfrage aller Steuerkunden der Finanzämter Moers, Dinslaken, Duisburg-Hamborn, Duisburg-Nord, Duisburg-Süd, Geldern und Kleve installiert. Damit wird der Dialogbetrieb auf diese sogenannten Netzknoten und die jeweils angeschlossenen Basissysteme beschränkt und das zentrale Rechenzentrum von diesen Aufgaben völlig entlastet. Die Datenbank enthält die Buchungen, die Sollstellungen, die Salden und Vermerke über Umbuchungen und Verrechnungen und die persönlichen Daten wie Name, Anschrift, Geburtsdatum, Bankverbindung und steuertechnische Merkmale.

Die oberste Ebene dieses Netzes bildet das zentrale Rechenzentrum in Düsseldorf. Dort werden die Erfassungsdaten gesammelt und auf die verschiedenen Großrechner verteilt. Nach der Verarbeitung werden die Änderungsdaten an die dezentrale Datenbank zurückgeschickt. Dieses Kommunikationssystem und die Möglichkeit, direkt über Bildschirme die erforderlichen Daten einzusehen, machen den Computer für die Sachbearbeiter akzeptabler – und für den Bürger auch, weil er seinen Kontoauszug aus der Finanzkasse gleich mitnehmen kann.

Wenn bisher ein Steuerpflichtiger in die automatisierte Kasse eines Finanzamtes kam, um Unstimmigkeiten zu klären, wenn z.B. eine fällige Einkommensteuervorauszahlung mit einem Erstattungsanspruch aus der Umsatzsteuer hätte ausgeglichen werden müssen, konnte der Sachbearbeiter oftmals nicht sofort helfen.

Zunächst mußte er dazu eine Kontoübersicht beim Rechenzentrum anfordern. Bis zum Einteffen im Finanzamt vergingen einige Tage. Wenn dann die Kontoübersicht aufgetaucht war, hatte der Bürger wahrscheinlich längst vergessen, welche Einzelheiten in seinem komplizierten Steuerfall er wissen wollte. So mußte er sich nochmals mit dem ungeliebten Steuerrechtsverhältnis beschäftigen und eventuell sogar ein zweites Mal zum Finanzamt gehen. Zurückbehalten von der ganzen Aktion hat er jedenfalls einen zumindest heimlichen Groll gegen den Finanzminister, weil die Sachbearbeiter ihn sicher nicht im unklaren gelassen haben darüber, daß diese Verfahrensweise von oben angeordnet worden sei. Denn nicht nur der Steuerpflichtige mußte erneut seinen Fall überdenken; auch der Sachbearbeiter ärgerte sich darüber, daß er eine begonnene Arbeit ein zweites Mal anfassen mußte.

Das soll also jetzt zunehmend weniger vorkommen.

Die Verwaltung wird durch die neue Computerunterstützung auskunfts- und beratungsfreudiger. Für den Bürger wird das Verfahren transparenter.

Allerdings ist auch dieses Verfahren noch nicht das, was wir uns von einer späteren Zukunft erhoffen. Denn immer noch müssen die Kassendaten an anderer Stelle erfaßt, zu bestimmten Terminen verarbeitet und dann an 16 dezentrale Datenbanken abgegeben werden. Die Daten, die in der Sofortauskunft abgerufen werden, können bis zu 24 Stunden alt und entsprechend überholt sein.

Was wir uns erhoffen, ist eine Datenverarbeitung, mit der der Bearbeiter im Finanzamt umgehen kann wie mit seiner Schreibmaschine – oder wie das Schaltermädchen bei der Platzreservierung der Bundesbahn mit seinem Terminal: vorne kommt die geprüfte Steuererklärung hinein und hinten kommt der fertige Bescheid mit Zahlungsträger wieder heraus; und das in Sekundenbruchteilen, Rückfragen des Computers und deren Beantwortung nicht eingerechnet. Das wäre der persönliche Computer mit einer Programmbreite, wie sie den rund hundert Fachprogrammierern entspricht, die wir in unserem Rechenzentrum allein für den Änderungsdienst am geltenden Steuerrecht beschäftigen.

Wenn es diesen Computer gibt, werden wir ihn kaufen. Ich rechne aber nicht damit, daß wir dafür schon in der gegenwärtigen mittelfristigen Finanzplanung Mittel ansetzen müssen.

Die Unterzeile ihrer Seminarreihe, Herr Professor Biethahn, lautet: „Gesellschaftliche Auswirkungen der Datenverarbeitung".

Soweit man darunter die Auswirkungen der Datenverarbeitung auf die Effizienz einer Verwaltung versteht, habe ich Ihnen ausführlich Auskunft gegeben. Soweit man bei diesem Stichwort daran denkt, daß der Computer Arbeitsplätze gefährdet, kann ich nur darauf verweisen, daß die Steuerverwaltung – ob mit oder ohne Computer – noch nie soviel Personal erhalten hat, wie sie gern hätte. Außerdem sollte eine Verwaltung, die die Steuern hereinholt, davon möglichst wenig für sich selbst verbrauchen. Daran sind Arbeitnehmer, Arbeitgeber und Arbeitslose gleichermaßen interessiert.

Gesellschaftliche Auswirkungen hat die Datenverarbeitung aber auch insoweit, als sie in der Verwaltung den einzelnen Bearbeiter und in der Folge draußen den einzelnen Bürger beeinflußt und über die Vielzahl der einzelnen die Gesellschaft als Ganzes. Man könnte Fragen, was an dem Menschen anders beschaffen ist als an seinem Vorfahren, der nicht mehr mit der Schätzungskommission über Land reist, um im ausgiebigen Gespräch den steuerlichen Sachverhalt eines einzelnen Pflichtigen zu erörtern, sondern der – denken Sie an das Beispiel der Kraftfahrzeugsteuer – 43 Fälle an einem Tag bearbeitet, ohne auch nur einen einzigen der betroffenen Bürger zu sehen. Die Gefahren der Anonymität in der Gesellschaft sind gewiß mit der bisherigen Entwicklung des Computereinsatzes nicht geringer geworden. Aber niemand unter Ihnen, meine Damen und Herren, würde auch nur einen Funken Verständnis dafür haben, wenn ich aus diesem Grunde in Nordrhein-Westfalen zwei Großrechner weniger und dafür statt der gegenwärtigen 30000 die dann notwendigen 100000 Steuerbeamten beschäftigte. Die Frage nach den Gefahren der computerbedingten Anonymität suggeriert eine Wahlmöglichkeit, die die moderne Großverwaltung in der gesellschaftlichen Wirklichkeit nicht hat; die sie nirgendwo auf der Welt hat. Deshalb kann die Antwort auch nicht ja oder nein lauten, sondern sie muß heißen: was kann die Technik, die den Computer geschaffen hat, dazu beitragen, ihn zum Werkzeug zu machen, in des Wortes ursprünglicher Bedeutung.

Ich kann diese Frage **nicht** beantworten; die Steuerverwaltung gehört zu denen, die auf die Antwort warten. Bis dahin muß ich mich mit den Vorzügen begnügen, die der Computer heute hat:
Er setzt die Verwaltung in die Lage, bei unverändertem oder geringerem Personal- und Zeitaufwand mehr öffentliche Aufgaben zu erledigen.
Er erleichtert eine gleichmäßige und einheitliche Rechtsanwendung.
Er erweitert die Informations- und Auskunftsfähigkeit der Verwaltungen und er verbessert die Informationsbasis für Verwaltungsentscheidungen und für politische Gestaltungen.

Die kommunale Datenverarbeitung

H. Prinz

Einleitung

Kommunale Datenverarbeitung ist eine komplexe, vielfältige, automatisierte Dienstleistung in einem komplexen, politisch-administrativen Dienstleistungssystem. Die automatisierte kommunale Datenverarbeitung, bestehend aus den Funktionen Hardware, Software und Anwendungsprogrammen soll dienen der Organisation, diese den Mitarbeitern, diese den Aufgaben, diese den Zielen des Systems.

Die Ziele des Systems ergeben sich aus Bundes- und Landesgesetzen, insbesondere jedoch aus Beschlüssen des Rats der Stadt (5000 Beschlüsse in einer Legislaturperiode).

Kommunale Datenverarbeitung soll folgenden Kriterien genügen:

- Bürgerorientierung (kurze Wege, dezentrale Funktion, Verständlichkeit)
- Wirtschaftlichkeit (Effektivität, Rationalität, Kostensenkung)
- Anpassungsfähigkeit (Wandel der Dienstleistungen, Flexibilität der Hard- und Software)
- Selbstorganisation (Mitbestimmung der Mitarbeiter und Bürger)

Ziele und Kriterien werden in 9 Abschnitten beschrieben:

1. Organisation der Politik und der Verwaltung
2. Ziele der Datenverarbeitung
3. Hardware und Software
4. Verfahrensstand
5. Einwohnerverfahren
6. Wirtschaftlichekit
7. Büroautomation
8. Telefonsystem
9. Zusammenfassung

1. Organisation der Politik und der Verwaltung

Die Stadt ist als politisches Gebilde in ein vielschichtiges Umfeld eingebunden (Abb. 1). Die städtischen Dienstleistungen werden stark dezentralisiert angeboten in

7 Bezirksämtern
194 allgemeinbildenden Schulen
9 Berufsschulen
159 Kindergärten
26 Bädern
35 Bibliotheken
71 Alteneinrichtungen sowie
20 Theater- und Konzertstätten und Museen.

Abb. 1 Die Stadt in ihrem Umfeld

Der Rat der Stadt ist in Ausschüssen organisiert, welche die Ratsentscheidungen vorbereiten. Die Verwaltung baut sich aus 120 Abteilungen, 42 Ämtern und 8 Dezernaten auf, welche die Ratsentscheidungen vorbereiten und ausführen (Abb. 2).

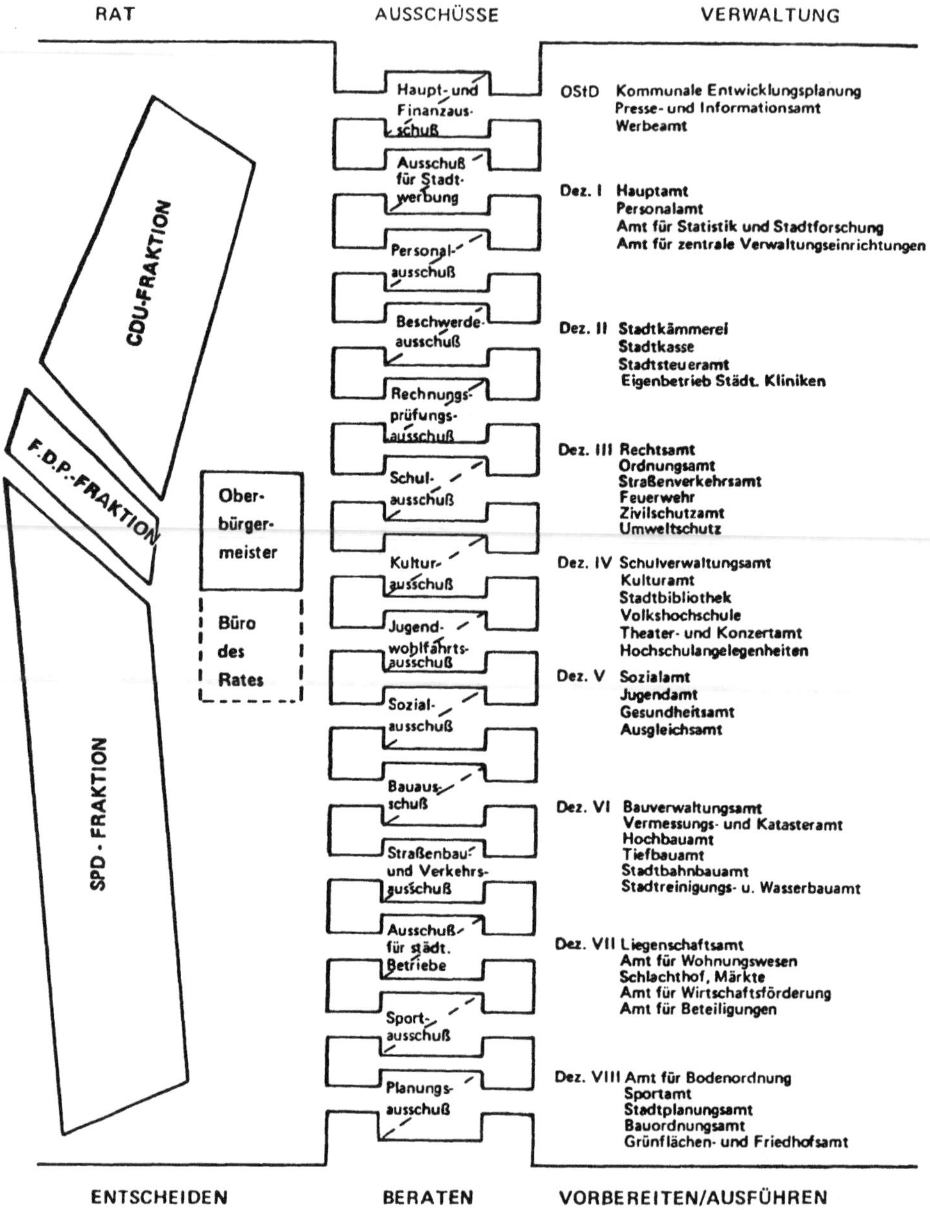

Abb. 2

75% der 10000 städtischen Mitarbeiter in 120 Berufsgruppen sind in den vielfältigen Dienstleistungsbereichen tätig. Der jährliche Haushalt beträgt 1,4 Milliarden DM im Verwaltungshaushalt und 500 Millionen DM im Vermögenshaushalt.

2. Ziele der Datenverarbeitung

Die Ziele sollen im folgenden tabellarisch aufgeführt werden.

Merkmal	Automation	Integration	Information	Dekonzentration
Objekt	Vollzug: Routinearbeit, funktionale Organisation	Koordination: arbeitsteilige institutionelle Organisation	Planung: Planungs-organisation, Zeit	Raum/Zeit
Maxime	Ersatz/ Entlastung des Menschen	Zentralisierung der Informationsfunktion, Überwindung der Arbeitsteilung	Gewinnung von Strukturdaten, Minderung von Zeit und Unsicherheit	Ein/Ausgabe am Ort und zum Zeitpunkt des Bedarfs
Mittel	Programmierung	Einmaleingabe, Einmalspeicherung Einmalverarbeitung, Einmalausgabe von Daten, Redundanzfreiheit	Mathematische Verfahren: Statistik, Modelle	Datenfernverarbeitung
Kriterium	Wirtschaftlichkeit: Einsparung/ Ersatz von Personalkosten, Leistungssteigerung	Effektivität, Wirtschaftlichkeit, Nutzen	Effektivität, Nutzen	Wirtschaftlichkeit, Effektivität

Diese Automationsziele sind erreicht, übertroffen, korrigiert, verfehlt, wie es allen Zielen ergeht, die eine komplexe, soziale Wirklichkeit verändern; so bleibt Zielerneuerung eine ständige Herausforderung. Die Durchdringung der Verwaltung mit maschinellen Abläufen verlief rapide, teilweise tiefgreifend.

Die Zielhierarchie der 60er Jahre, die technisch-wirtschaftlich geprägt war, hat sich deutlich gewandelt. Heute läßt sich folgender Zielkomplex erkennen:
- DV-Leistungen am Arbeitsplatz, Datenfernverarbeitung,
- vernetzte, hierarchisch gestufte Systeme mit Mehrfachprozessoren.
- Spezialrechner, dezidierte Rechner für Stand-alone-Lösungen,
- graphische Datenverarbeitung,
- standardisierte Software,
- Verknüpfung mit Textverarbeitung und anderen Informationstechnologien,
- dezentrale Projekte, gemeinsames Lernen in Projekten von DV-Zentralen und Kunden,
- Lösung der Verfahrensprobleme am Arbeitsplatz, „Selbstorganisation“.

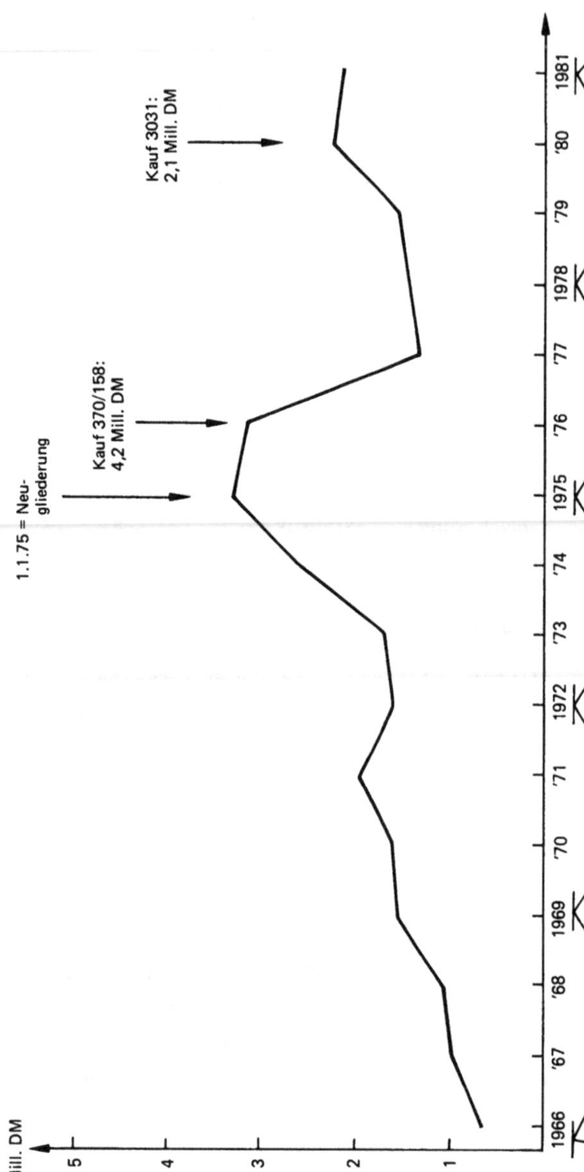

CPU	IBM 360/30	IBM 360/50	IBM 360/145	IBM 370/158	IBM 370/158	2 x IBM 3031
Hauptspeicher Ext. Speicher (DA)	32 KB 4 x 10 Mio.	128 KB 10 x 29 Mio.	256 KB 14 x 29 Mio. 4 x 100 Mio.	1.536 KB 5 x 29 Mio. 10 x 200 Mio.	4.096 KB 6 x 200 Mio. 16 x 317 Mio.	2 x 8.192 KB 6 x 200 Mio. 40 x 317 Mio.
Software	BOS	DOS	DOS UDB	OS/MVT IMS	OS/SVS IMS, TSO	OS/MVS IMS, TSO

Abb. 3 Lfd. DV-Maschinenkosten/Jahr (Miete/Wartung)

Die Unsicherheiten zeigen sich nicht so sehr in technischen Problemen, sondern in den Sozialbeziehungen der Technokraten zu den Betroffenen, der Mächtigen zu den Ohnmächtigen, der Organisatoren zu den Organisierten. Die Systemtechniker sind zukünftig primär mit Verhaltensproblemen der Öffentlichkeit, der Mitarbeiter, der Gewerkschaften, der Personalräte konfrontiert.

3. Hardware und Software

Die Hardware- und Softwareentwicklung war zwischen 1966 und 1981 außerordentlich schnell und sprunghaft (Abb. 3). Die Grenzen der Leistungssteigerung und des Preisverfalls sind noch nicht abzusehen.

Die gewachsene Struktur des kommunalen Gebietsrechenzentrums der Stadt Duisburg läßt heute Entwicklungslinien erkennen, die sowohl zentralen als auch dezentralen Kriterien folgen (Abb. 4). Auffällig ist die starke Zunahme der verschiedenen Offline-Systeme in verschiedenen Fachämtern.

Auch die Programmierung weist eine eindeutige dezentrale Richtung zum Benutzer auf: Die Anwender lösen ihre Programmierungsprobleme zunehmend selbst (Abb. 5).

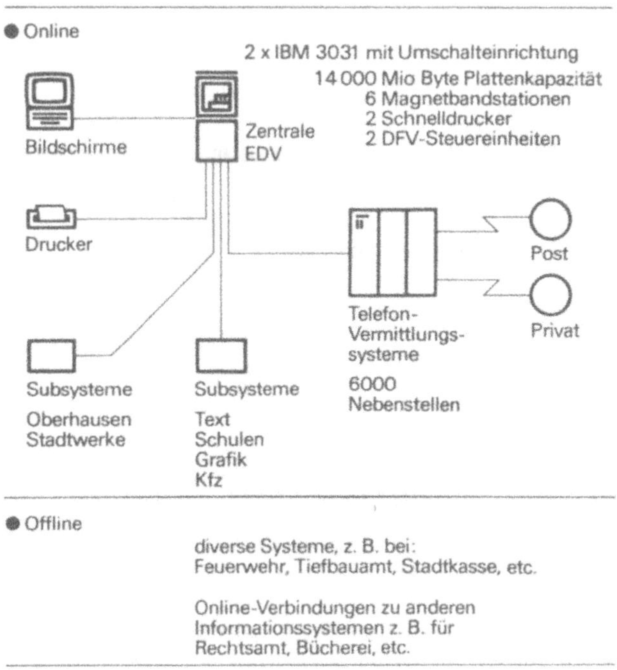

Abb. 4 DV Struktur KDZ Duisburg

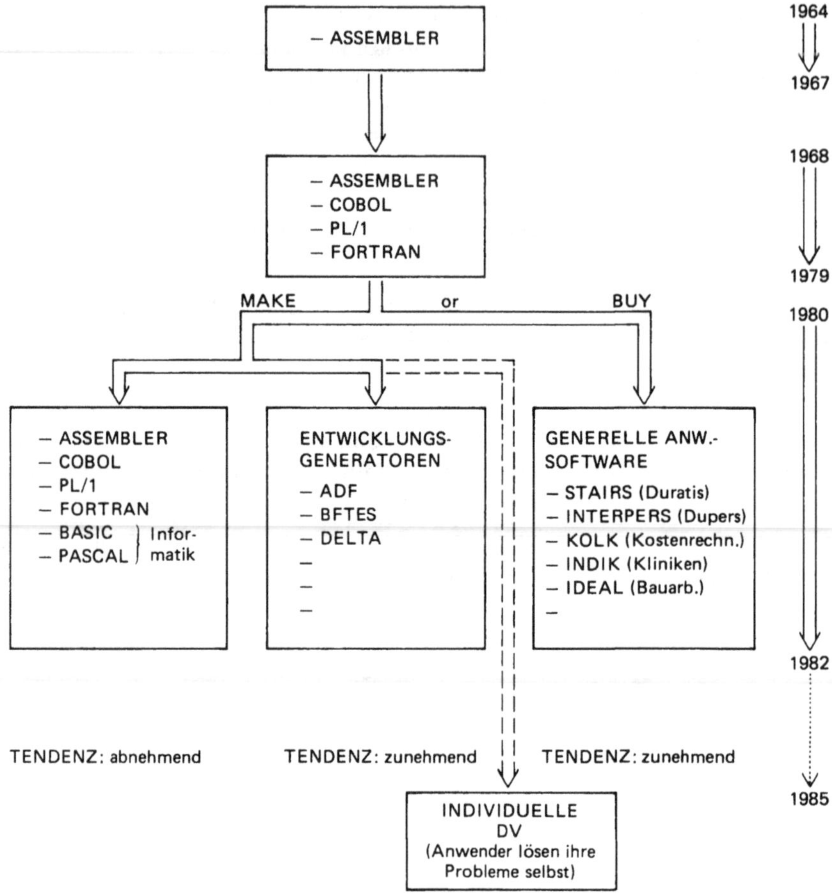

Abb. 5 Programmierung/Programmentwicklung

4. Verfahrensstand

Vielfalt und Aufgabenfülle einer Großstadtverwaltung zeigen sich in den mehr als 4000 Programmen des Dienstleistungsbetriebs „Rechenzentrum". Z.Zt. sind folgende Datenverarbeitungsanwendungen und -verfahren in Betrieb, im Test oder in der Entwicklung:

Bereich			
Einwohner	**Finanzen**	**Technik**	**Allg. Verwaltung**
fertig			
– Einwohnerwesen – Volkshochschule – automatisierter Stundenplan – Schülerfahrtkosten/Verpflegung – Büchereikatalogigisierung – Büchereiausleihe – Gesundheitswesen – Sozialhilfe	– Haushaltswesen – Kassenwesen – Finanzplanung – Betriebskostenrechnung – Veranlagung von Steuern und Abgaben – Liquiditätsplanung – Schuldendienst – Patientenabrechnung/Kliniken	– techn. Berechnung – Räumliches Ordnungssystem – Ausschreibung/ Abrechnung von Bauleistungen – Überwachung der HH-Mittel – Lagerverwaltung – Verkehrs-Simulation – Beleuchtungskataster – Gewerbebrachflächen	– Personalabrechnung – Wahlen – Stellenplanverfahren – Zusatzversorgungskasse – Statistik – Jur. Informationssystem – Telefonabrechnung – Textverarbeitung – COM
im Test			
– Ausländerwesen – Schulinformatik – Verwarnungs-/ Bußgeld – autom. Personalausweise			– BTX – Ratsdokumentation – Personalsystem
neu in 1983 ff			
– Kfz-Zulassung – Schulinventar	– Haushaltsüberwachung – Laborautomation – Fehlbelegung – Krankentransportabrechnung	– Kanalkataster – Buchnachweis – Grünflächen kataster – Grafische DV	– Elektr. Post – Fernkopieren – Ferntexten – Computer Confer.

5. Einwohnerverfahren

Ein automatisiertes Datenfernverarbeitungs-Einwohnerverfahren nützt Bürgern und Verwaltung gleichermaßen (Abb. 6).

Vorteile des automatisierten Einwohnerwesens für den Bürger sind:

- Minimierung von Wartezeiten.
- Schnellere Bearbeitung von Meldevorgängen, da manuelle Tätigkeiten weitgehend entfallen.
- Minimierung der Wege bei dezentraler Organisation. Jeder Bürger kann bei jeder Meldestelle vorsprechen.
- Keine starre Buchstabenzuordnung. Der Bürger kann zu dem Sachbearbeiter/ Schalter gehen, der frei ist.

Abb. 6 Nutzen eines DV-Verfahrens für Bürger und Verwaltung (Beisp. EWO)

- Verbesserter Datenschutz.
- Aktuellere Auskünfte.

Vorteile des automatisierten Einwohnerwesens für die Verwaltung sind:

- Aktuellere Datenbestände.
- Bessere Vertretungsmöglichkeiten der Sachbearbeiter
  Schlechte Lesbarkeit von Karteikarten entfällt
  Sachbearbeiter ist nicht an Pulte und Räume gebunden.
- Belegtransport entfällt.
- Keine Bearbeitung von Fehlerlisten.
- Entlastung von Schreibarbeiten durch automatisierten Druck von Bescheinigungen.
- Vereinfachte Organisationsänderungen von zentral nach dezentral sind möglich, damit mehr Bürgernähe.
- Anschluß weiterer Ämter der Verwaltung an ein verkürztes Einwohnerauskunftssystem sind möglich (Stadtkasse, Bücherei). Damit entfällt das Fortführen von Anschriftkarteien.

6. Wirtschaftlichkeit

Die Wirtschaftlichkeit der Verfahren wird regelmäßig durch einzelne Kosten-Nutzen-Rechnungen ermittelt und kontrolliert.

Die Stellenentwicklung im Kassenbereich stellt sich wie folgt dar (Abb. 7):

- Kontenentwicklung von 1966 bis 1978:
  Anstieg von ca. 100000 auf 432000, (Faktor 4,3)

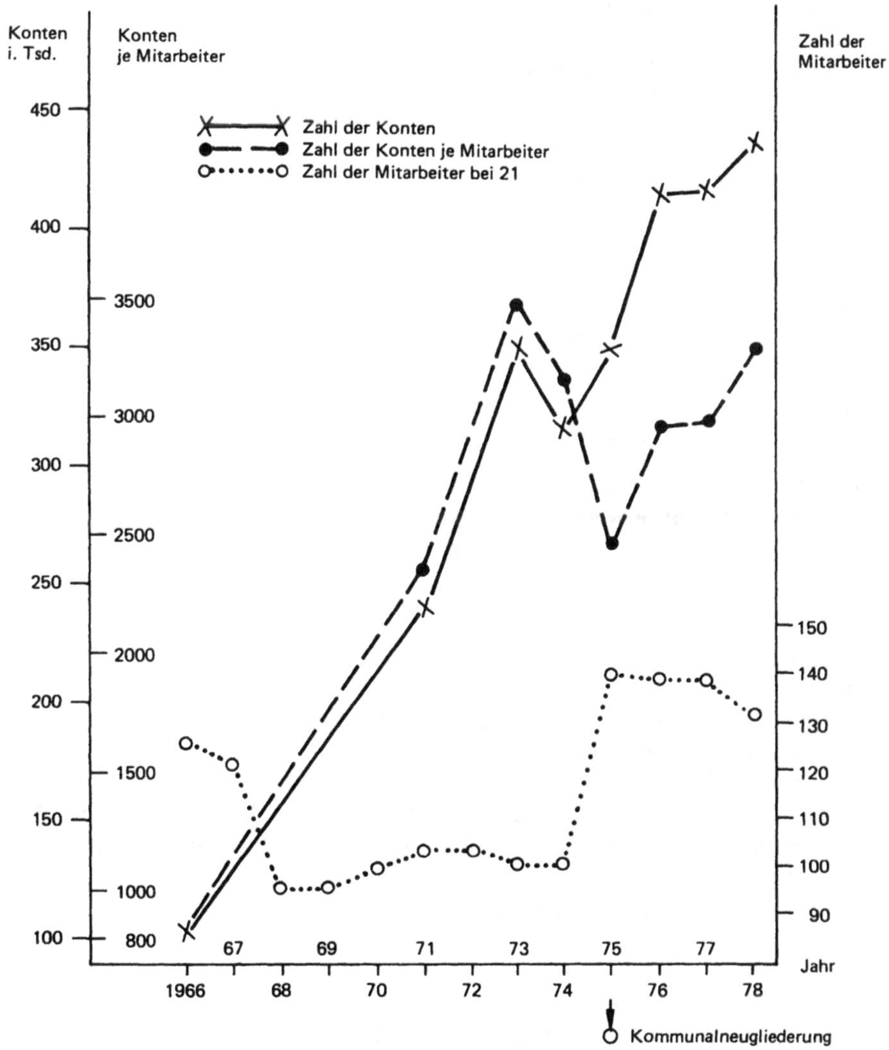

Abb. 7 Personal- und Kontenentwicklung

- Mitarbeiterstand 1966 = 126;
  hochgerechnet mit Faktor 4,32: 544
- Tatsächlicher Mitarbeiterstand 1978: 132
- Rechnerische Personaleinsparung 412

Es wurde ein Rationalisierungsgewinn von 50% bei Einsatz von Büromaschinen und Organisationsänderungen angenommen, oder umgekehrt eine Einsparung von 206 Stellen durch ADV-Einsatz gegenüber konventioneller Kassenführung.

Der quantifizierbare Nutzen errechnet sich demnach wie folgt:

1. Personalkostenersparnis
   Stellenfortfall und Einsparung von notwendigem Stellenzuwachs (206 Stellen × 48400,– DM) DM 9970400,–
2. Mehreinnahmen
   bei Nebenforderungen durch automatisierte Kontenüberwachung
   Ist auf NF 1978: 621207,– DM
   Ist auf NF 1966: unter 100000,– DM DM 200000,–
   Gesamtnutzen in 1978: DM 10170400,–

Gegenüberstellung Kosten/Nutzen
- Laufender Aufwand 1978 DM 1429039,–
- Nutzen 1978 DM 10170400,–
- Wirtschaftlicher Vorteil 1978 DM 8741361,–

Die Tendenz des Nutzens ist weiter steigend wegen
- weiterer Automationsschritte
- gegensätzlicher Entwicklung von sinkenden Maschinen und steigenden Personalkosten

Der nichtquantifizierbare Nutzen läßt sich wie folgt beschreiben:

Für die Verwaltung:
- Bessere und leichtere Prüfung für RPA
- Zinsgewinne durch schnelleren Zahlungseingang
- Wegfall von Spitzenbelastungen
- Fortfall von Karteien und Kontenkarten
- aufgrund automatischer Kontenüberwachung Unterrichtung des Sachbearbeiters bei bestimmten Konstellationen im Konto eines Zahlungspflichtigen

Für den Bürger:
- Zusammenfassung aller Forderungen in einem Konto
- Weniger Zahlungstermine
- Kontoauszüge vor Fälligkeit mit vorbereitetem Überweisungsträger
- Abbuchungsmöglichkeit
- durch Gleichbehandlung höheres Maß an Steuergerechtigkeit

Kosten und Nutzen geplanter Verfahren werden vor der Einführung ermittelt:

Maßnahme: Verwarnungsgeldverfahren					
Ziel: Teilautomation Verwarnungsgeld					
Wirkung	1982	1983	1984	1985	1986
a) Kosten					
Entwicklungsaufwand	139860	–	–	–	–
Lfd. Aufwand Personalkosten	39200	39200	39200	39200	39200
Maschinenkosten	182564	182564	182564	182564	182564
	361624	221764	221764	221764	221764
b) Nutzen					
Sachkosten	7500	10000	10000	10000	10000
Personalkosten-einsparung		194000	194400	194400	194400
Erwartete Mehr-einnahmen	370000	505000	505000	505000	505000
Indirekter Nutzen (Entlastung anderer Ämter, z.B. 20, 36 und 66)					
	577500	909400	909400	909400	909400
c) Bilanz	215876	687636	687636	687636	687636

Die Gesamtkosten der Datenverarbeitung im Verwaltungshaushalt beliefen sich 1981 auf

ZENTRAL	
– Miete (HW/SW)	1 805 000,–
– Wartung	376 000,–
– Personal	
– Rechenzentrum	2 280 000,–
– Entwicklung	3 724 000,–
– Aus- und Fortbildung	100 000,–
– Kalk. Abschreibung	1 094 000,–
– Sonstiges	37 000,–
DEZENTRAL	
– Miete (HW/SW)	521 000,–
– Wartung	
– Personal	1 430 000,–
	11 367 000,–

7. Büroautomation

Die rapide Entwicklung der Computer-Technologie, Leistungssteigerung und Preisverfall

- verstärken die technischen Zentralisierungsmöglichkeiten,
- erschließen neuer Technologien,
- eröffnen Dezentralisierungs-Nischen,
- fordern die Beteiligung (Selbstorganisation) der Kunden heraus.

Es lassen sich folgende Trends in der Bürokommunikation ausmachen:

Textverarbeitung:	Anwenderanforderungen führen zu einem breiten Spektrum von Textsystemen: Von der elektronischen Speicherschreibmaschine bis zum Mehrplatzsystem. Verbund zwischen Text- und Datenverarbeitung wird zunehmend wichtiger.
Kopieren/Faksimile	Vordringen des Arbeitsplatzkopierers und des Faksimile als Peripherie. Einführung der ersten ‚intelligenten Kopierer'.
Kommunikation	Telefax- und Teletex-Dienste werden zusätzlich zu Datendiensten eingeführt. Elektronische Fernmeldenebenstellenanlagen, dezentrale Vermittlung.
Büroorganisation	Anwenderanforderungen und Wirtschaftlichkeitsüberlegungen führen zu dezentralen Büroterminals und -systemen sowie zur weiteren Integration der unterschiedlichen Funktionen am Büroarbeitsplatz, aber unter Berücksichtigung der jeweiligen Benutzergruppen

Heute sind technologisch möglich, jedoch noch nicht prinzipiell in einem Organisationskonzept erschlossen:

- Datenfernverarbeitung,
- Analogdatenfernübertragung (Telefonieren),
- Datenfernschreiben,
- Digital- und Analogdatenfernkopieren,
- Texte auf Bildschirme übertagen,
- Texte be- und verarbeiten,
- Texte elektronisch speichern.

Die wirtschaftliche und organisatorische Verknüpfung dieser Informationstechnologien ist als vernetztes Dienstleistungssystem für eine Großstadtorganisation eine größere und schwierigere Herausforderung als die Automationsprobleme der 60er Jahre (Abb. 8).

In dieser Situation folgt die weitere Entwicklung der Datenverarbeitung/Mikroelektronik/Büroautomation folgenden Kriterien und Zielen:

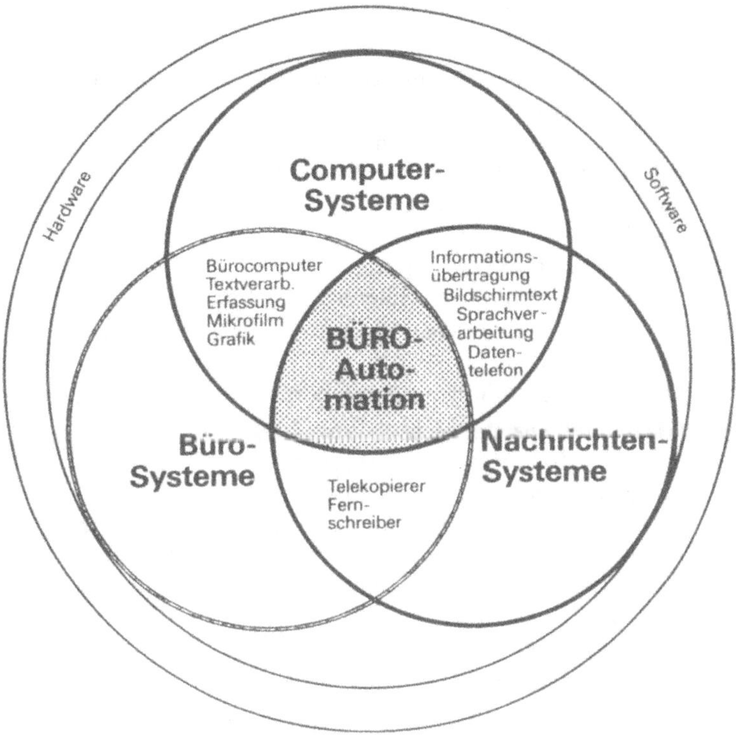

Abb. 8 Integration der Informationsverarbeitungs- und Kommunikationssysteme im Rahmen von Hard- und Software

1. Entwicklung von Informations- und Dokumentationssystemen

1.1. Spezielle Systeme
- Juristisches Informationssystem des Bundesministeriums des Innern
- Personalinformationssystem a.d. Basis INTERPERS/PDL (DUPERS)
- Informations- und Dokumentationssystem zur Unterstützung der Ratsarbeit a.d. Basis von STAIRS (DURATIS)

1.2. Universelle Systeme
- Bildschirmtext
  - ○ intern (betriebl. Informationssystem)
  - ○ extern (universelles Informations- und Dialogsystem der Kommunalverwaltung für Bürger (geschlossene Benutzergruppen)

2. Entwicklung von Kommunikationssystemen
- Textbe- und -verarbeitung = etabliert
- Schriftgutablage = Test
- elektronische Post (Textkommunikation) = Planung
- Teletex = Information
- Telefax = Erprobung

– Sprachein- und -ausgabe = Information
– Informatik für Schulen = Planung

3. Dezentrale Gestaltung bisher zentraler oder neuer Anwendungen
- Dialogisierung existierender Verfahren
- Einsatz eines Time-sharing-Systems f.d. Benutzerservice
- Einsatz dedizierter Systeme mit vorbereiteten Anwendungslösungen (grafische DV/Lagerverwaltung)
- Einsatz schlüsselfertiger Systeme, Mikro-Rechner (Krankentransport)
- Zentrale Neuentwicklung ausschließlich als Dialogsystem

4. Nutzung des rechnergesteuerten Telefonvermittlungssystems für Datenanwendungen
- Standleitungskonzept nur bei hoher Übertragungsgeschwindigkeit

5. Wirtschaftliche und ‚soziale' Ziele
- Steigerung der Effektivität der Büroarbeit
- verstärkte Benutzerorientierung
- Stärkung der Verantwortung in den fachlich zuständigen Bereichen
- Unauffällige kleine Schritte, keine Grundsatzentscheidungen
- Wirtschaftlichkeitsnachweis im Einzelprojekt
- Irrtümer und Sackgassen sind erlaubt

6. Weitere Entwicklung des Rechenzentrums

Die Rechnerhierarchie wird weiter ausgeformt

– Host-Computer	– Rechenzentrum
– Subsysteme	– Verwaltungsbereiche
– Bürosysteme	– Fachämter
– Personal-Computer	– Arbeitsplatz

7. Veränderung der Personalstruktur
- Spezialisten für Betriebssysteme, Datenbanken, Hardware (Netzwerke/Nachrichtentechnik)
- Software-Ingenieur für Methoden, Sprachen, Anwendungssysteme
- Systemanalytiker/Entwickler, Anwendungsberater/Trainer für die Fachämter

8. Veränderung der Organisationsstruktur
- Zusammenführung von Nachrichtentechnik und Rechenzentrum
- Zusammenführung von Organisationsstelle und Büroautomation

8. Das Telefonsystem

Als integrierter Bestandteil der zukünftigen Büroautomation ist das Telefonverbundsystem IBM 3750/1750, das 1982 installiert wurde, anzusehen.

Die Situation des Telefonnetzes in der Stadtverwaltung Duisburg war wie folgt (1981) zu beschreiben:

50% der Anlage waren älter als 20 Jahre, Ersatzteile waren schwierig zu beschaffen, technische Mängel nahmen zu. Der Platzbedarf im Rathaus war hoch, die Unteranlagen konnten nicht weiter ausgebaut werden. Die Verkehrsbelastungen waren nicht meßbar, eine Netzoptimierung nicht möglich. Die Besetztfälle für Bürger und damit die Verärgerung nahmen zu.

Neue Funktionen wie Kurzwahl, automatischer Rückruf, Konferenzschaltung, Mitnahme der Rufnummer waren nicht oder nur sehr kostenintensiv einrichtbar.

Das Kommunikationsmittel Telefon war jedoch außerordentlich bedeutungsvoll geworden:
1962 waren im Stadtgebiet Duisburg 35000 Telefone installiert, 1980 204000 Telefone. Die Stadtverwaltung erreichen täglich 30000 Anrufe, davon 18000 in der Zentrale des Rathauses. Die Fernsprechgebühren der Stadtverwaltung beliefen sich 1980 auf ca. 3 Mio DM.

In dieser Situation mußten die Ziele für ein neues Vermittlungssystem wie folgt formuliert werden:
Bessere Erreichbarkeit der Stadtverwaltung **für die Bürger** durch:
- Vergrößerung der Anschlußkapazität von Amtsleitungen,
- schnellere Schaltzeichen,
- größeren Durchsatz,
- moderne Leistungsmerkmale.

Besserer Telefonservice **für die Mitarbeiter** durch:
- Anwendung moderner Leistungsmerkmale

Erhöhung der Flexibilität in der **Telefonorganisation** durch:
- gezielte Vergabe von Berechtigungen,
- laufende Anpassung an die Entwicklung der Fernmeldeordnung,
- Möglichkeit der Standortveränderung,
- Möglichkeit der Veränderung von bedienten Anlagen in bedienungslose Anlagen und umgekehrt.

Mehrfachnutzung des Vermittlungssystems, des vorhandenen Leitungsnetzes und der Endgeräte für Sprach-, Daten- und Textverkehr durch:
- Computertechnologie und leistungsfähige Software

Geringer Raumbedarf und **vereinfachte Wartung** durch:
- Einsatz raumsparender Computertechnologien,
- Fortfall mechanischer Teile,
- Anwendung von Prüf- und Meßprogrammen

Kostensenkung durch:
- gezielte Vergabe von Berechtigungen,
- verbesserte Kostentransparenz,
- geringere Telefongebühren.

Als technische Konsequenz war ein neues modernes Vermittlungssystem (rechnergesteuert, speicherprogrammiert, elektronische Bauelemente) zu suchen, das den 1981 erkennbaren Trends der Büroautomation genügte.

Die Situation des Telefonnetzes hat sich ab 1982 erheblich verändert:
70% der Anlagen sind rechnergesteuert, elektronisch. Der Platzbedarf im Rathaus ist erheblich reduziert. Die Anlagen sind ausbaufähig, die Verkehrsbelastung ist bekannt. Die Wartezeiten der Telefonzentrale liegen unter 10 Sekunden. Es gibt für die Bürger keine Besetztfälle.
Moderne Leistungsmerkmale sind realisiert (Kurzwahl, automatischer Rückruf etc. (Abb. 9).

Wirkung der Leistungsmerkmale	auf Bürger	auf Mitarbeiter	Bemerkung
Durchwahl	×	×	Entlastung der Fernsprechvermittlung
Direkte Amtswahl		×	w.o. Unterscheidungsmöglichkeit: dienstlich/privat
Dreierkonferen	×	×	Zuschalten von kompetenten Mitarbeitern
Kurzwahl		×	häufig benötigte Rufnummern
Automatischer Rückruf		×	bei besetzten Nebenstellen
Sammelrufnummer	×		Verbesserung der Erreichbarkeit
Rufweiterschaltung	×		Verbesserung der Erreichbarkeit
Datenanwendungen	×	×	Verbesserung der Auskunftsbereitschaft

Abb. 9 Vermittlungssysteme IBM 3750/1750 – Wirkung der Leistungsmerkmale

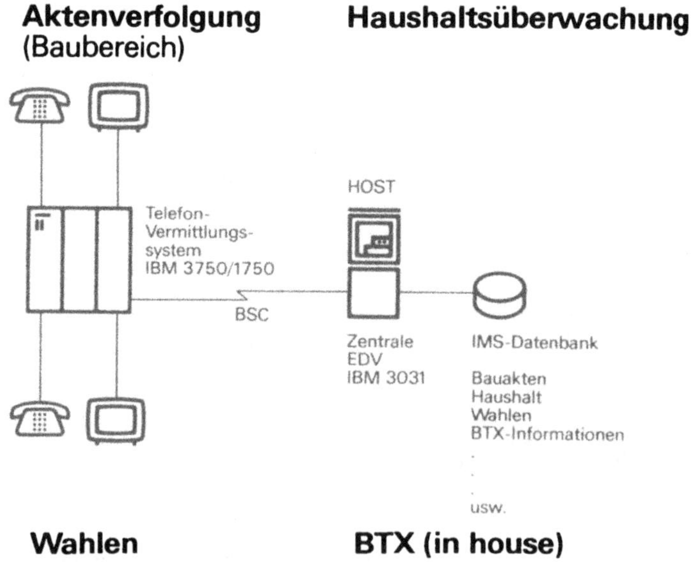

Abb. 10 Vorgesehene Datenanwendungen mit den Vermittlungssystemen IBM 3750/1750 bei der Stadt Duisburg

Mehrere Datenanwendungen werden in Projekten vorbereitet (Abb. 10).
Die prinzipielle technische Struktur der Bürokommunikation, insbesondere der Verbund von Computer- und Telefonsystem, ist bereits technisch realisiert (Abb. 11).

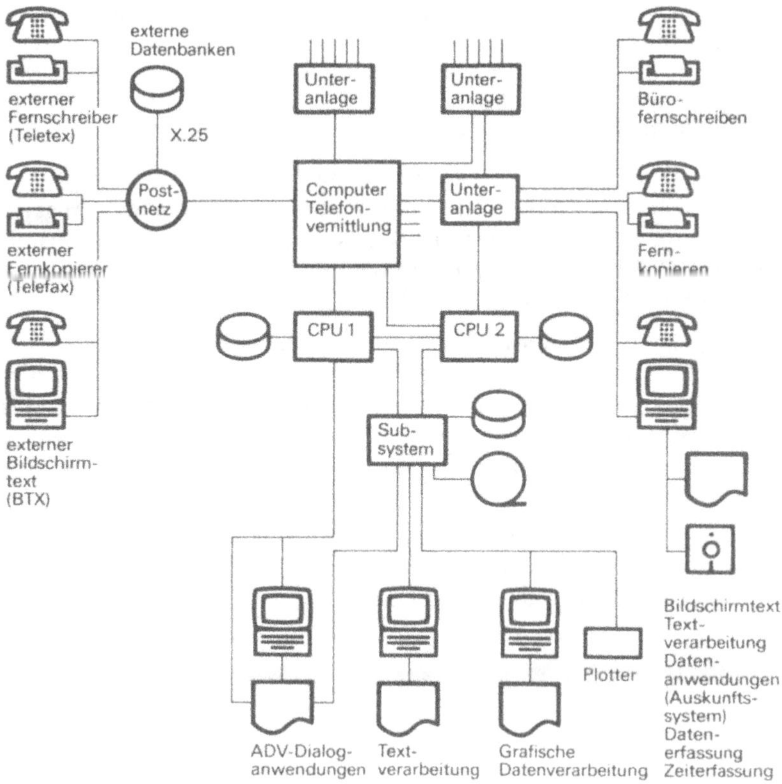

Abb. 11 Prinzipielle technische Struktur der Bürokommunikation

9. Zusammenfassung

Jeder Datenverarbeiter hat die Pioniersituation erfahren: Das „Neue" im alten entwickeln. Oft wurde das Neue gegen die „anderen", die Kunden, entwickelt. Manchmal in einer kurzsichtigen Euphorie, wie man heute weiß.

Jedoch ist der „Geist" der Pioniersituation auf die neuen Herausforderungen übertragbar, um das „Organisationsdilemma" schrittweise zu überwinden.

1. zu „hohe Komplexität", an deren Wachstum alle Organisationsmitglieder meist bewußt arbeiten,

2. „Herrschaft der Experten", die ihre Funktion optimal beherrschen, jedoch die Ziele des Gesamtsystems vernachlässigen oder unterlaufen,
3. „Unwirtschaftlichkeit des Handelns", weil die zentralisierten Ressourcen-Verantwortlichkeiten zur Unverantwortlichkeit der Organisationsmitglieder tendieren,
4. „Bürgerferne" wegen des häufigen Vorrangs der Problemlösungen der bürokratischen Innenwelt,
5. „mangelnde Kreativität" und Experimentierfreudigkeit wegen der Struktur des öffentlichen Dienstrechts,
6. „mangelnde Beherrschung" von zielorientierter Projektarbeit.

Die Organisationsmitglieder sind einem zunehmenden Wertepluralismus, rapidem technischem Wandel, Verlust der Identität, zunehmenden Ängsten und wachsender Frustration ausgesetzt. Dies wirkt in die Arbeitswelt hinein und muß dort zusätzlich verarbeitet werden. Auf der anderen Seite wachsen die Ansprüche an Subjektivität und Selbstverwirklichung.

Diese tiefgreifende Herausforderung muß wahrgenommen, bewußt erlebt, mit den Betroffenen zusammen ausgesprochen und verarbeitet und in gemeinsamer Arbeit bewältigt werden. Dies ist nur jenseits der überlieferten hierarchischen Organisationslösungen möglich, die jedoch in der arbeitsteiligen Welt weiter existieren müssen. Alle Organisationsmitglieder sollten deshalb lernen, in zwei Welten zu leben:

- der arbeitsteiligen hierarchischen der Großsysteme,
- den übersichtlichen Pionierinseln in den Großsystemen, die Kreativität und Selbstorganisation ermöglichen.

Das Recht des Bürgers auf Datenschutz

Dr. Ruth Leuze, Landesbeauftragte für den Datenschutz

Als 1950 George Orwells Zukunftsvision „1984“ in deutscher Sprache erschien, waren seine Leser fasziniert. Sie fühlten sich unmittelbar angesprochen, weil sie gerade ein totalitäres Regime erlebt hatten. Daß eines Tages eine neue, ganz anders geartete Gewaltherrschaft mit Hilfe der elektronischen Datenverarbeitung entstehen könnte, verwiesen sie dagegen nahezu alle in das Reich der Phantasie. Orwells heutige Leser haben es schwerer. Unübersehbar ist für jeden von uns seit Jahren der Computer ein unentbehrliches Hilfsmittel in Ausbildung, Beruf und Freizeit. Fast in jedem Wohnzimmer steht ein Fernsehgerät. Nicht lange mehr wird es dauern, bis jeder Haushalt einen Heimcomputer hat und die neuen Medien unser Leben mehr oder weniger bestimmen. Orwells Aussage „Der Große Bruder sieht dich an“ hat damit einen beklemmenden Wirklichkeitsbezug. Ihm kann sich der heutige Leser von „1984“ nicht entziehen. Umso mehr ist eine nüchterne Analyse der gegenwärtigen Situation am Platz.

1. Vom Einfluß der Informationsverarbeitung auf den Bürger

Über jeden von uns gibt es eine Fülle persönlicher Daten. Alle Angaben und Informationen, die unsere Person und Lebenssituation betreffen, gehören hierzu. Ich nenne beispielhaft Name, Wohnort, Beruf, Familienstand, Einkommen, Kraftfahrzeug und dessen Kennzeichen, Versicherungen, Ausbildung, Krankheiten, Grundbesitz oder Schulden. Viele persönliche Daten sind in Umlauf, weil wir ständig anderen Informationen über uns mitteilen und Informationen über andere einholen. Das Registrieren persönlicher Daten beginnt bereits mit der Geburt im Krankenhaus und setzt sich fort beim Standesamt und Einwohnermeldeamt. Kindergärten führen Karteien über Kinder und deren Eltern. Erst recht haben Schulen, Ausbildungsstätten und Universitäten Daten von uns. Arbeitgeber, Arzt, Krankenhaus und Krankenkasse kennen zum Teil sehr sensitive Daten aus unserem Leben. Teils verpflichten uns die Gesetze, anderen unsere Daten mitzuteilen. Ich denke etwa an die bevorstehende Volkszählung 1983: Noch mancher Bürger wird sich hier je nach Temperament wegen seiner gesetzlichen Auskunftspflicht wundern, ärgern oder gar aufbegehren[1]. Teils geben wir unsere Da-

[1] Vgl. Urteil des Bundesverfassungsgerichts vom 13. April 1983 Az. 1 BvR 209 und 269/83 über die einstweilige Aussetzung der auf den 27. April 1983 festgesetzten Volkszählung 1983

ten auch freiwillig heraus. Dies tun wir vor allem, um Leistungen zu erhalten, die wir erwarten. Unabhängig davon, ob wir Daten freiwillig oder kraft Rechtspflicht herausgeben, begleitet uns ein Phänomen auf Schritt und Tritt: Daten, die wir einer bestimmten Stelle oder Person für einen bestimmten Zweck gaben, erhalten oft andere Stellen und Personen zur weiteren Verwendung. Wer denkt schon daran, wenn er Kindergeld, Sozialhilfe, Wohngeld, Krankenschein, Ausbildungsförderung oder Kredit beantragt, daß seine Angaben in Sekundenschnelle an andere Stellen weitergehen, dort mit anderen Daten verknüpft und ihm möglicherweise eines Tages in anderem Zusammenhang entgegengehalten werden können. Dies geschieht viel häufiger als man glaubt und kann für den einzelnen Bürger beachtliche Folgen haben. Nur wenige Beispiele aus dem täglichen Leben zum Beleg:

- Jeder Arbeitgeber weiß vieles über seine Mitarbeiter. Je größer sein Wissen ist, umso stärker ist seine Möglichkeit, die Mitarbeiter zu kontrollieren. Man denke etwa an ein arbeitsmedizinisches Gutachten über die Eignung eines Arbeitnehmers. Solange es dem Arbeitgeber nur dazu dient, den Mitarbeiter so einzusetzen, wie es seine Gesundheit erlaubt, ist alles recht. Benützt es der Arbeitgeber dagegen als Auswahlkriterium bei Entlassungen oder bei Auskünften an andere Stellen über die Eignung seines Mitarbeiters, liegt der Nachteil für ihn auf der Hand.
- Wer wissen will, wie viel seine Bank über ihn weiß, muß sich nur einmal seine Kontoauszüge genauer ansehen. Die Bank kennt die Höhe unseres Gehalts und unserer Abzüge. Sie weiß, welche Zeitungen wir abonnieren, welche Versicherungen wir haben, an welche Vereine und Berufsverbände wir Mitgliedsbeiträge bezahlen. Sie erfährt, ob wir Geld vom Sozialamt, der Wohngeldstelle oder vom Arbeitsamt bekommen. Die Informationen der Banken gehen zum Teil an Kreditschutzorganisationen, die sie wiederum an Interessenten auf Anfrage weitergeben.
- Ich denke an die Bürger aus Norddeutschland, die für eine Bibelgesellschaft in Stuttgart Geld spendeten. Keiner von ihnen dachte wohl beim Ausschreiben der Banküberweisung daran, er könne wegen seiner Spende einmal Gegenstand polizeilicher Aktivitäten werden. So war es aber, nachdem die Polizei in Norddeutschland eines Tages eine Zahlkarte dieser Bibelgesellschaft gefunden hatte, auf die rechtsradikale Parolen geschmiert waren. Die Polizei wollte deshalb von der Bibelgesellschaft die Namen und Anschriften aller Spender aus diesem Gebiet wissen, um festzustellen, ob einer davon der Parolenschmierer war. Irgendwelche Anhaltspunkte dafür gab es nicht[2].

Allein diese Beispiele belegen, was alles ohne unser Wissen mit unseren Daten passieren kann. Diese Aussage gilt für die manuelle (herkömmliche) und elektronische Datenverarbeitung in gleicher Weise. Darüber hinaus steigerte jedoch der Einsatz der elektronischen Datenverarbeitung in Staat, Wirtschaft und Gesell-

---

[2] Vgl. 3. Tätigkeitsbericht der Landesbeauftragten für den Datenschutz Baden-Württemberg (Künftig: TB), LT-Drs. 8/3450, S. 67

schaft die Neigung enorm, viele Daten über viele Personen zu sammeln, zu speichern und zu nutzen. Ohne die Errungenschaften der elektronischen Datenverarbeitung hätten wir keine Diskussion um maschinenlesbare Personalausweise und Volkszählung, um Krankheitsregister oder Personalinformationssysteme. Erst der technische Fortschritt ermöglichte der Polizei, in Sekundenschnelle ihre polizeilichen Informations- und Auskunftssysteme nahezu von jedem Ort aus abzufragen. Erst die Errungenschaften der Technik brachten medizinische Forscher auf die Idee, eine Fülle von Patientendaten ohne Wissen der Patienten und ohne konkrete Zwecke auf Vorrat zu speichern, und beflügelten Arbeitgeber in dem Bemühen, möglichst vieles über ihre Mitarbeiter zu speichern und jederzeit präsent zu haben. Nicht nur die Tatsache umfangreicher Datenerfassungen, sondern auch die vielfach fehlende Transparenz der Verwendung gespeicherter Daten schafft Unbehagen und Unsicherheit. Wohl niemand weiß genau, wer welche Daten über ihn seit wann, zu welchem Zweck und wie lange speichert und vorhält und an wen er sie bei Bedarf weitergibt. Diese Unkenntnis ist nicht gut. Sie belastet den Bürger umso mehr, je stärker er sich der Möglichkeiten der modernen Informationstechnologie bewußt ist. Beim heutigen Stand der Technik wäre es ohne weiteres möglich, jemand auf Schritt und Tritt zu beobachten, sein Reden und Handeln zu registrieren und ohne die Gnade des Vergessens auf Dauer präsent zu halten. Das heißt: „Die Gefahren des Großen Bruders sind nicht mehr bloß Literatur; sie sind nach dem heutigen Stand der Technik real“[3]. Wer ihnen begegnen will, kann freilich nicht den völligen Verzicht auf die elektronische Datenverarbeitung fordern. Die neue Technologie ist für Staat, Wirtschaft und Gesellschaft in bestimmtem Umfang unverzichtbar: ohne elektronische Datenverarbeitung wäre manches Vorhaben der medizinischen und der Sozialforschung nicht möglich. Massengeschäfte, wie das Auszahlen von Gehältern und Sozialleistungen, lassen sich mit ihrer Hilfe wesentlich rationeller abwickeln. Polizeiliche Tätigkeit ist ohne automatisierte polizeiliche Informationssysteme nicht mehr effektiv. Es geht nicht darum, das Rad der Geschichte völlig zurückzudrehen und dies alles wieder abzuschaffen. Die entscheidende Frage ist allein, welche rechtlichen und technischen Grenzen eine Informationsgesellschaft akzeptieren muß, damit jeder Bürger den Gestaltungs- und Freiheitsraum auch in Zukunft hat, den ihm unsere Verfassung garantiert.

2. Recht des Bürgers auf Schutz seiner Privatsphäre

Im Datenschutz verwirklicht sich die Wortentscheidung unseres Grundgesetzes, daß jeder Bürger im Rahmen der Gemeinschaft seine Individualität entwickeln und wahren kann. Der Datenschutz fordert nicht, wie manche Kritiker der Öffentlichkeit weismachen wollen, ein absolutes Selbstbestimmungsrecht des Bürgers über seine Daten. Er läßt jedoch nicht zu, den Bürger zum Objekt staatli-

[3] Vgl. Herold „Polizeiliche Datenverarbeitung und Menschenrechte“, in: Recht und Politik, 1980, S. 79 ff

chen und gesellschaftlichen Handelns zu degradieren. Datenschutz bedeutet: Staat und Gesellschaft müssen die Fähigkeit des Bürgers zur Selbstverantwortung respektieren. Niemand braucht Beschränkungen seiner Persönlichkeitssphäre durch Informationsverarbeitung hinzunehmen, die nicht legitime Interessen der Gemeinschaft oder Rechte anderer zwingend gebieten. Nur innerhalb dieser Grenzen dürfen andere Stellen und Personen unsere Daten erheben, sammeln und weitergeben. Viele Gesetze enthalten einzelne Vorschriften über die Informationsverarbeitung und den Schutz der Privatsphäre. Ich erinnere an die ärztliche Schweigepflicht, das Steuergeheimnis, das Bankgeheimnis, das Fernmeldegeheimnis, die Verwertungsverbote im Strafrecht, die Zeugnisverweigerungsrechte vor Gericht, das Wahlgeheimnis, das Statistikgeheimnis und die Verschwiegenheitspflicht der Beamten. Auch das Bundesverfassungsgericht machte schon vor Jahren in zwei Entscheidungen[4] deutlich, welche Grenzen dem Erheben und Weitergeben von Informationen über eine Person gesetzt sind. Nicht minder bedeutsam ist die verwaltungsgerichtliche Rechtsprechung zur Aufbewahrung erkennungsdienstlicher Unterlagen[5]. Dies alles zeigt, daß es Datenschutz schon lange gibt. Datenschutz ist keine Modeerscheinung; nur der Ausdruck ist neu. Die Zielsetzung des Datenschutzes ist unserer Rechtsordnung seit langem vertraut. Die Ende der 70er Jahre erlassenen Datenschutzgesetze vervollständigen lediglich die weit verstreuten Spezialvorschriften des Datenschutzes um eine alle Lebensbereiche erfassende Regelung und schlossen auf diese Weise die damals offensichtlich gewordenen Lücken unseres Rechts in dem besonders wichtigen Bereich der Datenverarbeitung in Dateien. Datenschutz beschränkt sich aber keineswegs auf Datenverarbeitungsvorgänge in Dateien, also z.B. in Computern, Karteien und Formularsammlungen. Aufgabe des Datenschutzes ist, wie die Datenschutzgesetze der Länder und des Bundes sagen, generell der Beeinträchtigung schutzwürdiger Belange der Bürger durch das Erheben, Sammeln, Weitergeben und sonstige Auswerten ihrer Daten entgegenzuwirken. Datenschutz ist also Persönlichkeitsschutz.

3. Hemmnisse bei der Verwirklichung des Datenschutzes

Die besten Rechtsvorschriften nutzen nichts, wenn die Praxis sie nicht beachtet. Leider ist gerade dies im Bereich des Datenschutzes immer wieder der Fall. Das hat verschiedene Ursachen. Zum Teil liegt es an der mangelnden Kenntnis des Datenschutzrechts, zum Teil auch am leider weitverbreiteten Hang, den Datenschutz als Vorwand zu benutzen[6]. Diese Erscheinungen reichen aber noch nicht aus, um die gegenwärtige Situation zu erklären. Die tieferen Ursachen sehe ich woanders:

---

[4] BVerfGE 27, 1 ff und 344 ff

[5] z.B. BVerwGE 26, 169 ff

[6] Vgl. 1. und 2. TB, LT-Drs. 8/830, S. 8 und LT-Drs. 8/2220, S. 9

- Zum einen liegt es am mangelnden Verständnis für die präventive Funktion des Datenschutzes. Aufgabe des Datenschutzes ist nicht nur, den falschen Umgang mit Informationen über andere abzustellen. Aufgabe des Datenschutzes ist vor allem, die Möglichkeit eines fehlerhaften Umgangs oder gar eines Mißbrauchs mit persönlichen Daten zu verhindern. Diese Funktion des Datenschutzes wird leider oft verkannt. Ein Verstoß gegen den Datenschutz liegt nicht bloß vor – wie die Verwaltung heute noch oft meint –, wenn der Bürger durch falschen Umgang mit seinen Daten einen – in Geld bezifferbaren – Schaden erleidet. Um einen Verstoß handelt es sich bereits, wenn eine Behörde unzulässig – also ohne Rechtsgrundlage oder Einwilligung des Bürgers – Daten über ihn speichert oder an eine andere Stelle weitergibt. Hierdurch läuft der Bürger nämlich permanent Gefahr, zum Gegenstand von Aktivitäten dieser Stellen gemacht zu werden. Schon in dieser Gefahrensituation liegt der Eingriff in die Privatsphäre, welche das Grundrecht auf freie Entfaltung der Persönlichkeit und die verfassungsrechtlich verbriefte Menschenwürde in besonderer Weise schützen. Der Datenschutz setzt also bereits bei der Gefahrenlage ein, weil das Sammeln und Weitergeben von Informationen über eine Person oft viel belastender für sie sein kann als z.B. ein Verwarnungsgeld oder ein Gebührenbescheid. Diese Denkweise entspricht nicht dem traditionellen Rechtsverständnis der Verwaltung und ist ihr daher vielfach noch fremd und ungewohnt[7]. Sie wird sich in der Praxis erst nach und nach durchsetzen. Je stärker das Engagement der Bürger für den Datenschutz ist, umso eher wird dies geschehen.
- Zum anderen liegt es an der mangelnden Transparenz der Datenverarbeitung. Datenverarbeitung spielt sich weitgehend hinter verschlossenen Türen ab. Nur selten dringt etwas von den Vorgängen nach außen. Der Bürger ist deshalb in einer schwierigen Position. Sein Recht auf Datenschutz hilft ihm wenig, solange er überhaupt nicht weiß, ob hiermit öffentliche oder private Stellen möglicherweise in Konflikt kommen. Dringen Vorgänge fehlerhafter Datenverarbeitung bruchstückhaft nach außen, ist die Situation des Bürgers kaum besser, weil er den Vorgang aus eigener Kraft meist nicht genau aufklären kann. Hier bleibt ihm oft nur das ungute Gefühl, daß etwas nicht stimmt, ohne genau sagen zu können, woran es liegt. Eine der wichtigsten Forderungen des Datenschutzes heißt daher „mehr Transparenz der Datenverarbeitung" für den Bürger. Weil sie in der Vergangenheit fehlte, fühlten sich die datenverarbeitenden Stellen weitestgehend frei und glaubten, trotz der Datenschutzvorschriften nach ihren Bedürfnissen schalten und walten zu können. Erst die neue Institution der Datenschutzbeauftragten der Länder und des Bundes brachte ihnen die rechtliche Begrenztheit ihres Handelns zum Bewußtsein. Die Bürger sind darauf angewiesen, mit Hilfe dieser Institution ihr Recht auf Datenschutz durchzusetzen.

---

7 Vgl. 3. TB, aaO, S. 13 f

Hemmnisse des Datenschutzes gibt es aber auch im Bereich der Technik[8]. Bei der Planung und Entwicklung automatisierter Verfahren hat der Datenschutz noch längst nicht den Stellenwert, der ihm an sich gebührt. Häufig konzentrierten sich die Überlegungen der EDV-Spezialisten ausschließlich auf technische Probleme. Dies kann teuer zu stehen kommen, da der Aufwand für nachträgliche Verfahrensänderungen zu Gunsten des Datenschutzes ungleich größer ist als wenn er von Anbeginn gebührend berücksichtigt wird. Schwachstellen finden sich ferner in bereits eingesetzten automatisierten Verfahren. Die gravierendsten Mängel treten erfahrungsgemäß bei der Datenerfassung, der Löschung und Auftragsdatenverarbeitung auf. Aufgabe der Technik ist, im Interesse eines effektiven Datenschutzes diese Mängel so gut wie möglich auszuschalten.

4. Die Einstellung der Bürger zum Datenschutz

Die Bevölkerung hat den Erlaß der Datenschutzgesetze in Bund und Ländern weder erwartet noch gefordert. Ihr Interesse wurde erst geweckt, als sie diese Gesetze in ihr Leben einbeziehen und daran Hoffnungen und Erwartungen knüpfen konnte. Dann allerdings entfalteten viele Bürger eine erstaunliche Aktivität. In Baden-Württemberg wenden sie sich z.B. Tag für Tag in steigender Zahl mit ihren Sorgen an die Landesbeauftragte für den Datenschutz und erhoffen Rat und Hilfe. Unter den ratsuchenden Bürgern sind alle Altersklassen vertreten. Ebenso kommen sie aus allen gesellschaftlichen Schichten. Die Mehrzahl ist ohne besondere Stellung im öffentlichen Leben, ohne Lobby im Hintergrund, ohne Rechts- und Verwaltungskenntnisse. Die Bandbreite der Anliegen der Bürger wegen des Datenschutzes ist groß. Sie reicht von der generellen Auskunft über gespeicherte Daten bis hin zur konkreten Sorge wegen einer Datenspeicherung bei der Polizei, der Schule, dem Gesundheits- oder Sozialamt. Die Bürgeranfragen betreffen Mietspiegel und Zweitwohnsteuer, Auskünfte aus den Melderegistern oder Personenstandsbüchern ebenso wie den öffentlichen Anschlag von Angaben über Bauherren. Eltern behinderter Kinder wollen wissen, ob sie tatsächlich dem Sozialhilfeträger auch noch die letzten Sparzinsen angeben müssen, und fühlen sich dadurch diskriminiert. Personen, die Strafanzeige gegen Unbekannt erstatteten, können nicht verstehen, weshalb ihnen die Staatsanwaltschaft in der Einstellungsverfügung den Namen des von der Polizei Verdächtigten mitteilt. Andere Bürger beklagen, daß ihnen das Sozialamt die Sozialhilfe nicht in bar ausbezahlt, sondern Kleiderbezugsgutscheine aushändigt mit der Folge, daß die einlösenden Stellen erkennen, daß ein Sozialhilfeempfänger vor ihnen steht. Studenten laufen dagegen Sturm, der Universität auch die soziale Stellung ihrer Eltern angeben zu müssen. Andere Bürger verstehen nicht, warum ihnen nach der Neuzulassung eines Wagens Werbematerial ins Haus flattert, obwohl sie doch bei der Anmeldung ausdrücklich eine Verwendung der Daten zu Werbezwecken ablehnten. Eine

[8] Vgl. 3. TB, aaO, S. 100 ff

Mitarbeiterin einer Kindertagesstätte wendet sich zu Recht dagegen, daß die Stadtverwaltung Einzelheiten aus ihrem Scheidungsverfahren einer Tageszeitung mitteilte. Andere Bürger wiederum nehmen Anstoß, daß das Finanzamt ihre Jahreseinkommen der Gemeinde zur Festsetzung der Feuerwehrabgabe mitteilt. Außerdem setzen sich nicht wenige Bürger auch für andere, ihnen persönlich nicht bekannte Mitbürger ein. Ich denke zum Beispiel an die Mitarbeiterin einer caritativen Organisation: Sie kritisierte die Praxis der Justiz, caritativen Organisationen generell auch die Art des Delikts mitzuteilen, dessentwegen ihnen jemand Bußgeld bezahlen muß, obwohl der Grund der Zahlung für die caritative Organisation ohne Belang ist. Diese Beispiele aus meiner Arbeit sind der beste Beweis für das starke Engagement der Bürger im Datenschutz.

Natürlich gibt es auch noch Bürger, denen angeblich gleich ist, was mit ihren Daten geschieht. Sie meinen, sie hätten nichts zu verbergen. Dieser Standpunkt ist gefährlich. Wer glaubt, er brauche keinen Datenschutz, weil er eine weiße Weste habe, weiß in der Regel nicht, was alles mit seinen Daten passieren kann. Es ist ein großer Unterschied, ob jemand noch nie unmittelbar mit Problemen des Datenschutzes konfrontiert war oder ob er schon am eigenen Leib einen falschen Umgang mit seinen Daten zu spüren bekam. Hier ist die Reaktion der Bürger, die sonst von der weißen Weste sprechen, dann meist eine ganz andere. Man denke nur daran, wie viele gerade von diesen sich in beredten Worten beklagen, wenn ihnen fortlaufend Werbematerial ins Haus flattert. Die These, der anständige Bürger brauche keinen Datenschutz, ist aber noch aus einem anderen Grund unrichtig. Niemand von uns ist vor Problemen und Schwierigkeiten im persönlichen Bereich geschützt, die er nicht auf dem offenen Markt ausgetragen sehen will. Niemand von uns hat das Recht, anderen seine Verhaltensweise und seine Norm vom anständigen Bürger aufzudrängen. Wer dies versucht, drückt nicht nur Alte und Schwache, Außenseiter und Randgruppen, Hilfsbedürftige und Gefährdete an den Rand der Gesellschaft, sondern schränkt auch die Möglichkeit aller anderen zum individuellen Rollenverhalten über Gebühr ein.

5. Initiativen der Bürger für Datenschutz

Die Durchsetzung des Datenschutzes hängt letztlich von Wachsamkeit und Engagement der Bürger ab. Man kann deshalb die Bevölkerung nur ermuntern, in eigener Sache neugierig zu sein und aufzupassen, was mit ihren Daten geschieht. Dafür stehen einige Wege offen:

- Jeder Bürger hat ein Auskunftsrecht. Das heißt: Jede Stelle – sei es Bürgermeisteramt, Schule, Arbeitgeber oder Krankenkasse – ist verpflichtet, ihm zu sagen, ob und welche Daten sie über ihn speichert. Die Wahrnehmung des Auskunftsrechts ist mühsam. Denn jeder von uns hat im Laufe seines Lebens mit einer Vielzahl von Stellen Kontakt, die möglicherweise Daten über ihn vorhalten[9]. Diese Tatsache sollte keinen Bürger davor abschrecken, Auskunftsersuchen zu stellen. Die Auskünfte sind vielfach, aber nicht stets gebührenfrei; sie müssen vollständig sein. Lediglich bei einigen Behörden, vor allem bei Polizei und Verfassungsschutz, ist der Auskunftsanspruch des Bürgers eingeschränkt. Diese Behörden können, müssen aber keine Auskunft erteilen. Begründet der Bürger ihnen gegenüber sein Auskunftsersuchen, erhöht sich seine Chance, Auskunft zu erhalten. Verpflichtet zur Begründung ist der Bürger aber nicht.

- Meint der Bürger, eine Stelle speichere über ihn unzulässig Daten oder unrichtige Daten, hat er ein Recht auf Löschung oder Berichtigung. Läßt sich nicht feststellen, ob gespeicherte Daten richtig oder unrichtig sind, kann der Bürger ihre Sperrung verlangen. Gesperrte Daten bleiben gespeichert, sind aber jeglichem Zugriff und jeglicher Verwertung entzogen.
- Ehe der Bürger seine Daten anderen freiwillig mitteilt, sollte er sich genau informieren, was die anfordernden Stellen mit seinen Daten tun. Nur wer dies weiß, kann gewissenhaft abwägen, ob er gut beraten ist, Angaben aus seinem persönlichen Leben herauszugeben. Niemand sollte im übrigen blindlings Formulare ausfüllen und Vordrucke unterschreiben.

Das alles ist gut, reicht aber noch nicht aus. Unsere besondere Aufmerksamkeit verdient die Gesetzgebung auf dem Gebiet des Datenschutzes. Während 1982 der Bund behutsam mit Vorarbeiten an einer Novelle des Bundesdatenschutzgesetzes begann[10], um den Schutzbereich der Bürger zu stärken, drehte Baden-Württemberg das Rad zurück und schränkte den Datenschutz durch die 1. Änderung des Landesdatenschutzgesetzes vom 30. Juni 1982 (GBl. S. 265) empfindlich ein. Seitdem ist in diesem Land der Datenaustausch zwischen Behörden über Gebühr erleichtert, die Kontrollbefugnis des Landesbeauftragten für den Datenschutz empfindlich eingeschränkt, die Polizei bei den Meldungen zum Datenschutzregister privilegiert. Kaum war dieses – bundesweit einmalige – Gesetz verabschiedet, kündigte die Landesregierung Baden-Württemberg Pläne zu einer weiteren Einschränkung des Datenschutzes an. Sie sprach sich dafür aus, faktisch alle Berufs- und Amtsgeheimnisse zu Gunsten der Forschung aufzuheben[11]. Ebenso wenig befriedigt aus der Sicht des Datenschutzes das neue Melderecht in Baden-Württemberg: Im Melderegister werden künftig auch Daten gespeichert, die mit der eigentlichen Aufgabe der Meldebehörde – nämlich Einwohner zu registrieren – nichts zu tun haben[12]. Unbefriedigend für den Datenschutz ist beispielsweise auch das neue Gesetz über die Straßenverkehrsunfallstatistik vom 22. Dezember 1982 (BGBl. I S. 2069). Es erlaubt, Beteiligte an einem Verkehrsunfall namentlich für statistische Zwecke zu melden, obwohl sich eine aussagekräf-

[9] Vgl. Der Bürger und seine Daten, herausgegeben von den Datenschutzbeauftragten des Bundes und der Länder

[10] Referentenentwurf des Bundesministers des Innern zur Änderung des Bundesdatenschutzgesetzes (Stand: 31. März 1983)

[11] Vgl. 3. TB, aaO, S. 21 ff

[12] Vgl. Meldegesetz vom 11. April 1983 (GBl. S. 117)

tige Statistik auch ohne Kenntnis des Namens der Verkehrsteilnehmer erstellen ließe. Diese Beispiele belegen, wie wichtig es ist, daß der Bürger die Gesetzgebungsarbeit schon im frühen Stadium aufmerksam verfolgt. Geschieht dies, wird der Gesetzgeber weniger leicht einfach die Wünsche der Verwaltung oder bestimmter Organisationen übernehmen, sondern intensiver kritisch hinterfragen, ob das Erheben, Vorhalten und Weitergeben von persönlichen Daten tatsächlich erforderlich ist. Legt der Gesetzgeber diesen Maßstab an, wird er Regeln finden, die alle akzeptieren können.

Personen- und Sachregister

www.ingramcontent.com/pod-product-compliance
Lightning Source LLC
LaVergne TN
LVHW060622300926
849162LV00008B/1687